Ensoulment

Der Weg zur Beseelung

Entdecke deine Seelen-DNA
Erfahre die Seele der Welt

Natalie Zeituny

Ensoulment – Die Verseelung

Copyright © 2021 Natalie Zeituny
Copyright © 2021 Ensoulment

Alle Rechte vorbehalten. Dieses Buch darf ohne schriftliche Genehmigung der Autorin in keiner Form, weder ganz noch teilweise vervielfältigt werden (über die nach US-amerikanischem Copyright-Gesetz hinaus erlaubte Vervielfältigung gemäß § 107 der Fair-Use-Doktrin zur angemessenen Verwendung in Forschung und Lehre, gemäß § 108 in bestimmten Bibliotheksausführungen bzw. abgegrenzter Textstellen in Veröffentlichungen und Rezensionen).

Herausgegeben von
Natalie Zeituny
www.nataliezeituny.com

Bearbeitung: Stephanie Marohn und Kristen Klein-Cechettini [Englische Version]
Buchgestaltung: Deborah Perdue
Deutsche Ausgabe 2021: Cos Ros, Cornelia Gloger

Gebundene Ausgabe ISBN: 978-0-9992284-2-5
E-Buch ISBN: 978-0-9992284-3-2

WIDMUNG

In erster Linie widme ich dieses Buch unserem Planeten – unserer erstaunlich üppigen und kreativen Erde. Danke für die Bejahung und die unglaubliche Fürsorglichkeit, die es Zweibeinern und Vierbeinern, Pflanzen wie auch Steinen ermöglicht, die bestmögliche Version ihres Selbst zu werden.

Danke Salim für deine ganz besondere Art, mich tief und innig zu lieben. Danke Lucy, unserer Matriarchin, für deine bedingungslose Liebe und Fürsorge. Danke Fadi für deine köstlichen Fiestas. Danke Bay Area für die vielen Möglichkeiten, die du bietest. Danke San Francisco für den warmherzigen Empfang an deinen Ufern vor etwa 20 Jahren als Immigrantin, für das bunte Spektrum deiner Bewohner, für die spirituellen Angebote auf deinem Grund und Boden sowie deine prachtvollen Straßen, wo Berge auf Ozeane treffen. Danke für deine Großzügigkeit, die solch eine Seelenerweiterung zusammen mit Hightech und Innovation ermöglicht.

Ich widme dieses Buch all meinen Partnerinnen und Geliebten, langjährigen Freunden und Familienmitgliedern, die so viel von sich selbst mit mir geteilt haben: Valerie, Reuven, Ellen, Mary, Effie, Adele, Andy, Nina, Amrit, Robert, Rezi, Jimmy, Addi, Manar, Oona, Kate, Debra, Sarina, Greta, Jo und ohhh und die Liste geht weiter . . . Besonderen Dank an Kristen Klein-Cechettini. Sie hat als Erste das Potenzial von „Ensoulment – Die Verseelung" erkannt und hat dieses Buch buch-stäblich in seine physische Form gebracht. Du bist eine Inspiration für Können, Hingabe und Güte.

An meine Archetypen und Leser*innen

Die Wilde Frau und der Moderne Mystiker sind meine Archetypen, meine Energieplätze, die meine Seele bewohnen. Alle haben ihre eigenen Archetypen. Während die Seele aus dem Femininen hervorging, sind Archetypen keinem spezifischem Geschlecht zugeordnet, ihre Energie ist fließend. Ihre Essenz ist neutral. Sie durchströmen die kosmische Materie und sind Urbilder menschlicher Vorstellungsmuster in unserem kollektiven Unbewussten.

INHALTSVERZEICHNIS

Widmung 3

Vorwort 9

Teil I: Das Erwachen 19
    Kapitel 1: Seelenprogramme 21
    Kapitel 2: Der Moderne Mystiker Und Die Wilde Frau 27
    Kapitel 3: Eine Wilde Und Mystische Liebesaffäre 37
    Kapitel 4: Einladung: Deine Persönliche Kosmologie 41

Teil II: Die Seelenlosigkeit 49
    Kapitel 5: In Die Seelenlosigkeit Gleiten 51
    Kapitel 6: Das Feminine: Der Richtige Einsatz Der
    Willenskraft [The Right Use Of Will – Ruow] 55
    Kapitel 7: Tief In Der Finsternis 63
    Kapitel 8: Verletzungen Und Heilung Der Seele,
    Schwarze Löcher Und Landminen 69

Teil III: Die Alchemie 73
    Kapitel 9: Transformation 75
    Kapitel 10: 528 79
    Kapitel 11: Lauren, Sylvie Und 528 87
    Kapitel 12: Verstrickungen 99
    Kapitel 13: Körper Und Seele 109
    Kapitel 14: Alchemistisches Heilen 113
    Kapitel 15: Die Geometrie Der Heilung 123

Teil IV: Ensoulment – Die Verseelung 127
   Kapitel 16: Die Inneren Abläufe Während Der Verseelung 129
   Kapitel 17: Die Entfaltung Der Seele 137
   Kapitel 18: Verseelung Durch Die Verkörperung Des Eros 147
   Kapitel 19: Die Verseelung Und Der Tod 151
   Kapitel 20: Das Betriebssystem Der Seele (Bs Seele) 153
   Kapitel 21: Ein Beseelter Schritt 159

Teil V: Die Weltseele 163
   Kapitel 22: Von Universal Zu Persönlich Und Umgekehrt 165
   Kapitel 23: Persönlich, Kollektiv Und Kosmisch 169
   Kapitel 24: Realität Aus Der Perspektive Der Seelenerfahrung 173
   Kapitel 25: Essenz, Essenz, An Der Wand,
   Wer Ist Die Schönste Im Ganzen Land? 181
   Kapitel 26: Seelenessenz: Herzlich Willkommen In Der Weltseele... 203
   Kapitel 27: Das Beseelte Realitätsmodell 207

Teil VI: Ensoulment-Übungen 225
   Kapitel 28: Die Aktivierung Der Verseelung 227
   Kapitel 29: Ensoulment – 70 Meditationen 231

Fazit 243

Als ich am 20. Januar 2021 die Zeremonie zur Amtseinführung von Joe Biden im Fernsehen verfolgte, wie er als 46. Präsident seinen Eid ablegte und Kamala Harris, eine Amerikanerin mit afrikanisch-asiatischer Abstammung, nun ranghöchste, weibliche Vizepräsidentin in der Geschichte der USA wurde, bekam ich eine Gänsehaut.

In mir keimte die Hoffnung auf ein beseeltes Amerika, wie auch auf eine beseelte Welt als Ganzes wieder auf, als Joe und Kamala während ihrer Kampagne versprachen, die „Seele Amerikas wieder aufleben zu lassen". Immer mehr Länder heben den hohen Stellenwert der Seele ihres Landes hervor, ihre Tugenden sowie das Schicksal und die Bestimmung ihrer Nation. Deutschland ist ein hervorragendes Beispiel. Mit all seinen Kräften und seinem Wissen, macht es sich kühn und stolz auf den Weg, hin zu einer beseelten Nation und zum Wohle aller.

Die Seelen der Länder besitzen die Fähigkeit, sich selbst und ihre Nachbarländer zu unterstützen, indem sie ihre Integrität und ihre Bestrebungen in der ganzen Region aufrechterhalten, so wie Zellen eines Herzens, die Herz-Kreislauf-Funktionen optimieren und sich auf alle anderen Körperfunktionen einstellen und anpassen. Sie können wie ein Organ innerhalb eines zusammenhängenden Systems betrachtet werden, welches auf die Gesundheit und das Wohlbefinden aller Zellen, des Gewebes sowie aller Organe des Körpers ausgerichtet ist.

Angela Merkel, die oft als mächtigste, weibliche Führungspersönlichkeit der Welt bezeichnet wird, spiegelt in vielerlei Hinsicht Ensoulment (Verseelung) wider. Von ihrer Fähigkeit, Koalitionen zu bilden, über die Betonung der internationalen Zusammenarbeit bis hin zur Bewältigung der globalen Finanzkrise wie auch ihrer Strategie zur Energiewende, die sich auf einen verantwortungsvollen Umgang mit Energie konzentriert, den Ausstieg aus der Kernenergie anstrebt und die erneuerbaren Energien ausbaut – um nur einige wenige Beispiele für eine Politik zu nennen, die auf ein stärkeres Deutschland, ein gesünderes Europa und eine widerstandsfähigere Welt abzielt. Entscheidungen aus der Seele heraus zu treffen, zahlt sich auf lange Sicht aus. Die Seele strebt danach, das Wohlbefinden für viele Generationen zu erhalten.

Angela Merkels mutiger Schritt, die Grenzen des Landes auf dem Höhepunkt der europäischen Migrationskrise für Flüchtlinge zu öffnen, ist ein weiteres Beispiel, das ihre „beseelte" Führung in der freien Welt widerspiegelt. Ensoulment ist die Fähigkeit einer Person, einer Nation oder einer Gesellschaft, das Richtige zu tun, um das höchste Gut für möglichst viele Menschen zu erreichen. Ensoulment bedeutet, alle Menschen, alle Länder, alle Kulturen, einschließlich der Natur mit ihren Landschaften sowie der Artenvielfalt der Erde zu berücksichtigen und alles wie unser eigenes Zuhause zu behandeln.

Unsere höchste Essenz und unsere grundlegendsten Werte mit jeder Entscheidung und Handlung zu verkörpern, ist eine Lebensaufgabe. Es ist eine aufregende Reise voller plötzlicher Wendungen, zu werden, wer wir wirklich sind – Menschen, Freunde, Familien, eine menschliche Zivilisation! Willkommen auf deiner Ensoulment Reise! Beginne, deine Seele auszuleben!

VORWORT

Vor sieben Jahren, als alles begann, hätte ich mich niemals als wild geschweige denn mystisch bezeichnet. Ich war eine Geschäftsfrau, eine Unternehmerin, die im kalifornischen Silicon Valley in der Hightech-Branche arbeitete und mit klugen, innovativen und engagierten Menschen interessante Projekte durchführte und verantwortete. Noch hatte ich keine Ahnung, was das Universum für mich bereithielt. Äußerlich betrachtet ging es mir gut. In meinem Kopf plante ich zahlreiche Projekte, tätigte gewinnbringende Investitionen und führte wunderbare Beziehungen – bis zu jenem Nachmittag im Juli 2008.

Unterwegs zu einem Geschäftstreffen im Finanz- und Bankenviertel von San Francisco und kurz davor, einen 100.000-Dollar-Vertrag über ein IT-Projekt für ein Unternehmen zu unterzeichnen, für dessen Fertigstellung mein Team und ich ungefähr einen Monat benötigten. Man sollte annehmen, dass ich aufgeregt oder zumindest glücklich darüber gewesen wäre, so ein Geschäft an Land zu ziehen. Stattdessen fühlte ich mich eher matt, lief die Straße hinunter wie ein Zombie, hatte schlechte Laune und ein Gefühl der Leere in mir.

Trotz meiner Verfassung war ich immer noch entschlossen, pünktlich zum Meeting zu erscheinen. Also schleppte ich mich irgendwie hin. Unterwegs nahm ich die Leute um mich herum ganz bewusst wahr. Sie wirkten so leer, genauso wie ich mich selbst gerade fühlte. Egal, wohin ich schaute, nichts konnte mich aufmuntern. Eine Frau wirkte besorgt, während sie in ihr Handy sprach; ein FedEx- Fahrer parkte in zweiter Reihe und war in Eile, eine Büroangestellte, die eine Zigarette rauchte, bevor sie wieder an ihre Arbeit ging. All das verstärkte nur das beklemmende Gefühl in mir, dass das Menschliche in mir verloren gegangen war, wie auch bei den anderen. Ich ertappte mich bei der Frage: „Das soll mein Leben sein?"

Ich betrat das Bürogebäude. Die Leute trugen Namenschilder mit den entsprechenden Informationen ihres Arbeitsbereiches. Hier gab es keinen Platz für ihre Träume, die Ereignisse in ihrem Leben oder die Tatsache, dass ihr Kind krank war oder sich der Ehemann gerade einer Chemotherapie unterzog.

Überwältigt von der Leere in mir, drückte ich im Aufzug auf die Neun. Ich konnte kaum atmen. Hier gehörte ich nicht her, nicht in dieses Gebäude und auch nicht in diesen Fahrstuhl. Die Präsentation war mir egal, auch die Vorstandsmitglieder, die oben im Konferenzraum warteten. „Wo ist die Natalie hin, die ich kenne?" fragte ich mich selbst. „Die ehrgeizige, erfolgreiche Geschäftsfrau, die im Silicon Valley so viele Business-Lösungen entwarf und durchsetzte? Wo ist sie?"

Eine andere Stimme fragte: Natalie, wer bist du? Wohin gehst du und wessen Leben führst du?

Das Meeting lief dennoch gut und unser Angebot wurde angenommen. Trotzdem beschloss ich 6 Wochen später, damit Schluss zu machen – mich von all meinen Projekten, meinen Kunden und meinen Teams zu verabschieden. Ohne auch nur die geringste Ahnung, was ich zukünftig machen würde. Ich wusste nur, dass ich so nicht mehr weiterleben möchte. Hatte ich im Alter von 38 Jahren eine Midlife-Crisis? Oder war es eine Art Depression? Keine Ahnung.

Nach und nach begann ich, mich von allem zu trennen, was nicht zu meinem Ich passte – Schicht für Schicht, Meeting für Meeting, Person für Person. Mein Leben, wie ich es kannte, verschwand vor meinen Augen. Ziel- und orientierungslos steuerte ich auf eine tiefe Leere zu, welche sich später zu einem tiefgreifenden Prozess entpuppen sollte, der fast 7 Jahre andauerte. Ich zog mich in mein Schneckenhaus zurück. Ich war verwirrt und schämte mich, über meine Gefühle zu reden. Die Gedanken, die Orte und all die Menschen, die meinem Leben einst Sinn und Zweck gaben und es mit Freude erfüllten, haben ihren Reiz verloren und bedeuteten mir einfach nichts mehr. Ohne jede Beschäftigung, ohne jedes Bedürfnis, ohne Sinn und Verstand, fraß mich diese innere Leere auf. An einem Tiefpunkt angelangt, rief ich eine Freundin an und hinterließ ihr einfach diese Nachricht auf ihrer Mailbox: „Ich fühle mich, als würde ich nicht existieren." Als sie zurückrief, fragte sie erstaunt: „Was meinst du?" Ich wusste keine Antwort und schwieg einfach.

Sieben Jahre nach meiner schicksalhaften Aufzugsfahrt wurde mir klar, dass ich einen Prozess durchmachte, den ich später als „Ensoulment" bezeichnen

Foto von Rezaul Karim

sollte und wie folgt definierte: Wenn deine Seele deine einzigartige Essenz und deine spezielle, augenblickliche Lebensenergie widerspiegelt, dann ist Ensoulment bzw. die Verseelung ein multidirektionaler Prozess, bei dem deine Seelenessenz in deinen menschlichen Körper eintritt und dein menschlicher Körper vollständig zur Essenz deiner Seele wird.

War es möglich, ein Leben ohne Seele zu führen? Wo würde sich meine Seele befinden, wenn nicht in meinem Körper?

Ich erkannte, dass viele von uns ein seelenloses Leben führen. Es gibt viele, von einer Leere erfüllten, Menschen und seelenlose Begegnungen. Jedoch kann man nicht einfach sagen, die Seele ist innerhalb oder außerhalb des Körpers, da es viel komplexer ist und es unzählige Variationen der Verseelung gibt. Die Verseelung ist sozusagen ein individueller Prozess und daher gibt es so viele Möglichkeiten ihrer Entfaltung wie es Menschen gibt.

Frei nach dem Begriff „Verkörperung" [embodiment] ist die Bezeichnung „Verseelung" [ensoulment] entstanden. So wie Tänzer, Schwimmer und Surfer im Einklang mit ihren Körpern als die „Verkörperung" jeweils dessen bezeichnet werden, so bedeutet das Leben in Harmonie mit deiner Seele, mit deiner ursprünglichen Essenz, die „Verseelung". Die Verseelung ist der Kennenlernprozess mit deiner Seele, indem du es ihr ermöglichst, alle Aspekte deines Lebens zu beseelen. An dieser Stelle ist es wichtig zu erwähnen, dass sowohl männliche als auch weibliche Seelen den femininen Aspekt des Universums darstellen, deshalb verwende ich die Pronomen „sie" und „ihre", wenn ich von der Seele spreche.

„Aber wer ist meine Seele?" fragst du dich vielleicht. Ich antworte darauf mit einer weiteren Frage: „Sag du mir, wer deine Seele ist?" Was bringt sie zum Erblühen und was lässt sie verwelken? Was ist die Kosmologie deiner Seele? Wie erschafft sie durch ihre Sicht auf die Welt Realitäten? Woraus besteht sie? Wie kommuniziert sie und in welcher Beziehung steht sie zu deinem Körper und zu deiner Psyche? Wann hattest du zuletzt eine seelenvolle Begegnung?

Im Laufe der vergangenen sieben Jahre strömte meine Seele in mich hinein, als ob zarte, heiße belgische Schokolade in ein wunderschön geformtes Glas gegossen wird. Sie begann mit mir anhand von Erfahrungswerten, Erkenntnissen und Visionen zu kommunizieren. Es war kein Zufall, wie sie in mich hineinströmte und wahrlich mein Leben beseelte. Es geschah wie durch ein zartes Band, behutsam verflochten mit der Weltseele. Dieses Eindringen meiner Seele in meinen Körper und in meine Psyche führte zu meiner persönlichen und kosmologischen Sicht auf die Art der Realität, wie ich sie in Teil V dieses Buches näher beschreiben werde. Die Reise der Verseelung streift alle Dimensionen der Existenz und geschieht auf drei verschiedenen Ebenen: persönlich, kollektiv und universal. Diese Betrachtungsweise hilft uns dabei, die Dynamik dieses ganzheitlichen und allumfassenden Prozesses zu begreifen, dass alles eine Seele hat

– vom kleinsten, subatomaren Teilchen bis hin zu riesigen Galaxien.

In unserem Leben reist die Seele durch eine Vielzahl von topografischen Kurven und evolutionären Landschaften, für gewöhnlich mit klaren Absichten und der Entwicklung einzigartiger Charakteristika. Diese Reisen haben einen klaren Anfang, eine Mitte und ein Ende. Aus der Sicht der Weltseele jedoch betrachtet, gibt es für die Evolution der Seele keine Endbestimmung, da hier ein enger Zusammenhang zur Evolution des gesamten Kosmos besteht. Anders gesagt hat die Seele beides, sowohl ein Endziel wie auch ein fortwährendes, universales Entstehen und Entfalten ohne eine Endbestimmung.

So hilfreich wie eine Landkarte beim Reisen durch unbekanntes Terrain ist, so hilfreich ist es, wenn man die Reise zur Verseelung in fünf Phasen oder Etappen unterteilt: (1.) Das Erwachen, (2.) Die Seelenlosigkeit, (3.) Die Alchemie, (4.) Die Verseelung und (5.) Die Weltseele. Diese Reise ist allerdings eine innere Reise und du selbst bist das Territorium. Die Seele erblüht weiter und weiter, so wie sich die komplexe Blütenstruktur einer Pfingstrose mit ihren hunderten von Blütenblättern öffnet.

Der Verseelungsprozess beginnt oft mit Unbehagen, einer inneren Unruhe. Es geht mit einem Gefühl der Irritation einher bzw. dass etwas fehlt oder zu Ende geht, ein Gefühl, dass uns wachrüttelt und uns in die Tiefen der Seelenlosigkeit begleitet. Im Zustand der Seelenlosigkeit sind wir abgekoppelt und jederzeit für die Veränderung der Seele durch die Alchemie zugänglich, was wiederum auch zur Verseelung führen kann. Letztlich verkörpert unsere Verwandlung enorme Lebensfreude – eine Art fortwährender Tanz des Erwachens mit der Weltseele. Für den Prozess der Verseelung bedarf es des Mutes und des Loslassens, einer Offenheit und Neugier. Die Abenteuer der Verseelung in verschiedenen Realitäten und auf unbekanntem Terrain bringen Verlangen und Intimität hervor.

Ich denke, wir durchlaufen alle unseren ganz eigenen und besonderen Verseelungsprozess, mit dessen Hilfe unsere Seele uns Menschen besser bewohnen kann. Während deine Seele in deinen Alltag Einzug hält, ihn durchdringt und ihn belebt, sind deine Charaktereigenschaften, deine Gewohnheiten, Ängste, deine Kultur nicht mehr das, was sie einmal waren. Stattdessen beginnst du dein Leben als Ausdruck deiner Seele zu erfahren. Es ist ein sehr deutliches und untrügliches Gefühl! Du bemerkst es sofort! So wie die Seele jeden Bereich deines Lebens durchdringt, entwickelt sich zugleich auch dein persönlicher Kosmos. Deine Kosmologie umfasst deine Sichtweisen und Erfahrungen im Leben sowie deine Vorstellungen, welche zu deinem

„Seelenabdruck" werden – es ist dein persönlicher und einzigartiger Seelenabdruck in der Welt. Sobald du die Grundbestandteile erkennst, die deine persönliche Weltanschauung ausmachen, werden sie zu deinem Objektiv, das dich durch dein Leben im ganzheitlichen Sinne navigiert. Dieses „Navigationssystem" ist so einzigartig wie dein Fingerabdruck und daher ein kostbarer Schatz!

Eine Warnung jedoch vorab: Der Verseelungsprozess ist oft chaotisch, nicht geradlinig, turbulent und diffus. Dieses Buch spiegelt diese Eigenschaften wider, da ich es so wahrhaftig und realistisch wie möglich darstellen möchte. Ich habe Geschäftsunterlagen verfasst, die fein säuberlich anhand einer „5-Schritte-Anleitung" die Reorganisation eines Unternehmens abfassen. In diesem Buch geht es jedoch nicht um dein Unternehmen. Es handelt von deinem Leben, daher lasse ich diesen Prozess in seiner ungezügelten Wildheit fließen.

Wenn du je in einem Kreissaal bzw. Zeuge einer Geburt warst, hast du die Bewegungen und Impulse, das Ächzen und Stöhnen, den Schmerz und die Ekstase beobachten können, die mit den verborgenen Ebenen neuen Lebens aus einem Körper heraus einhergehen und wie kräftezehrend diese Erfahrung ist. Bei der Verseelung kann es dir genauso ergehen. Der Verlauf wirkt vielleicht verstörend, aber das ist der Stoff, der zum Erwachen führt. Er wird Bereiche in dir aktivieren, die mit deinem neuen Leben in Resonanz gehen und schlummernde Gewölbe deines genialen seelischen Kellers zutage fördern. Diese Aktivierung ist kostbar! Sie bewirkt einen Schwingungsimpuls der Öffnung, einen Strom der Entfaltung und einen Ausbruch schöpferischer Kräfte; eher empirischer Natur statt philosophischer.

Würdest du zulassen, dass deine einzigartigen Klänge, Farben und Formen zum Leben erwachen? Bist du bereit für eine direkte Begegnung mit deiner Essenz, deinen Lebenskräften? (Beachte dabei, dass ich die Wörter Seele und Essenz austauschbar verwende.) Bitte lass' uns diesen Weg gemeinsam gehen!

VORWORT

Begreife dieses Buch durch Herz und Seele. Jegliche Begriffe, Definitionen, Ausführungen und Beweise in diesem Buch beruhen allesamt auf Erfahrungen.

Bevor wir fortfahren, halte einen Moment inne und frage dich: Wer ist deine Seele? Wer liest diese Worte? Wer atmet gerade und wer nimmt die Atmung wahr? Wer ist sich darüber bewusst, dass du dir deines Bewusstseins bewusst bist? Ist es nicht unglaublich, dass alles, worauf auch immer du deine Aufmerksamkeit richtest, in deiner Gegenwart lebendig wird? Sag mir, was ist kostbarer als du selbst? Kannst du spüren, wie bewegt und lebendig die Gegenwart mit einer starken Seele ist?

MÖCHTEST DU EINE GESCHICHTE HÖREN?

Vor langer Zeit existierte das Feld „Alleins", ein grenzenloses, undifferenziertes, schlummerndes wie auch waches[1] „Istsein" der Potenziale. Vor Äonen von Lichtjahren, lag das Nullpunktfeld still und verborgen, wach und friedlich, in totaler Einkehr und Zufriedenheit, bis zu dem Moment, als sich aus heiterem Himmel ein Schwingungsimpuls aus dem Inneren heraus zu regen begann. Dieser Schwingungsimpuls, später auch die „Die weibliche Urkraft" oder die „Große Kosmische Mutter" genannt, ging aus Nichtssein und dem Allessein hervor. Das Feld, überrascht durch die angenehme Wellenbewegung dieser Schwingung, genoss dieses wahrgenommene Gefühl enorm und sonnte sich in seiner orgiastischen Erschütterung.

Sobald dieser erste Schwingungsimpuls aufkam, begannen weitere Wellenbewegungen sich in alle Richtungen auszubreiten. Das Feld beobachtete sorgfältig, wie die dynamischen Wellenbewegungen und die rundlichen Vertiefungen begannen, beinah unbezähmbar, zu entspringen, wie aus einem Mutterleib heraus. Wogend und tanzend, tauchend und fliegend, verschmelzend und auseinanderdriftend, sich ausdehnend im Schoße des Ozeans der Großen Kosmischen Mutter, begann er ebenso an verschiedenen Orten und in verschiedenen Klangfarben zu schwingen. Jener erste „Mutterleib" bereitete den Weg und schuf die Räume und Bedingungen für alle nachfolgenden Schöpfungen.

---

1   Ja, schlummernd bzw. schlafend, regungslos, keine Aktivität als Solches und wach in Bezug auf Präsenz und Bewusstsein

Etwas entstand, ausgerichtet nach allen Seiten und eine Schwingung nach der anderen brachte mögliches Werden hervor, manchmal wie langsam fließendes Magma und manchmal wie explosionsartig ausbrechende, glühend heiße Lava aus einem Vulkan. Während die Wellen der „Weiblichen Urkraft" ihre schöpferischen Tänze zum Ausdruck brachten, trafen sie auf andere Wellen aus anderen „Zeiten" und aus anderen Orten. Manchmal standen die Wellen in Wechselwirkung, manchmal vermieden sie es, manchmal verschmolzen die Schwingungen miteinander, manchmal grenzten sie sich ab, manchmal bewegten sie sich aufeinander zu und manchmal voneinander weg.

Unendliche Ausprägungen formten sich in allen Welten – oberen, unteren und mittleren. Neu entstandene Essenzen interagierten mit anderen Essenzen – aufgeregt, neugierig und verspielt. Das Bewusstsein erschuf sich selbst und begann mit der Liebe zu spielen. Das Licht entstand und begann mit der Dunkelheit zu tanzen wie die Zeit mit der Materie, die Mutter mit dem Vater, Schwingung mit Energie, Schönheit mit Technologie usw. – Uressenzen spielten umher und etablierten sich, wer oder was auch immer aus ihnen zu werden vermochte. Jede Essenz stand in Wechselwirkung mit anderen. Es gab weder Grenzen, Regeln noch vorbestimmte Wege – nur wilde Impulse der Entstehung zusammen mit schöpferischer Versuchung. Ungefähr zur gleichen Zeit als sich diese Essenzen bildeten, gingen auch Seelen hervor; deine und meine Seele, unsere kollektive Seele sowie die Weltseele.

Deine Seele – eine einzigartige und erfahrbare Intelligenz, die seit Anbeginn das Universum erkundet, ist inhärent mit dem Urfeld des Universums verbunden. Es ist aus demselben, originären Gefüge entstanden wie die Elementarfelder und pulsiert in diesem Moment durch deinen Körper. Alles hat eine Seele. Alles, was durch diese Urschwingung entstand, besitzt eine Seele. Die Seele erfasst und registriert alle Seelenzustände in allen Dimension ihres Seelenfeldes bzw. ihrer Akasha-Chronik – die Entwicklung, die Erfahrung, die Transformation, die Verformung, das Chaos, das Fallen und das Wiederaufstehen. Die Akasha-Chronik ist ein Feld, in dem die Gedanken, Gefühle, Orte, Beziehungen, Ereignisse und Begegnungen der Seele durch einen kosmischen Schwingungsrekorder aufgenommen werden. Alles, was sich in deinem Seelenfeld ereignet, wird aufgezeichnet, festgehalten und kann von deiner Seele oder von denen, die fähig dazu sind bzw. denen Zugang zu deiner Akasha-Chronik gewährt wird, abgerufen werden.

Durch die Verbindung der Seele mit ihrer Urquelle, dem universalen Urfeld, kann sie niemals abgetrennt sein, auch wenn es uns vielleicht manchmal so vorkommt, als sei die Seele verloren gegangen. Deine Schwingung ist einmalig – eine einzigartige Seele, die sich aus puren Uressenzen zusammensetzt. Manchmal in physischer Gestalt, manchmal ohne jegliche Verkörperung. Wenn sich deine Seele verkörpert, dann schlüpft sie im wahrsten Sinne des Wortes in einen Körper. Du gehst schlafen, wachst auf, duschst und isst, du bist rund um die Uhr über Milliarden von Jahren hinweg im Schöpfungsprozess.

Dein Körper, deine Seele und all die anderen Wesenshüllen, die du im Laufe der Zeit erschaffst, sind der aktuellste Stand der Schöpfung und grenzen an ein Wunder. Diese Gefäße sind die Verfestigung der Schwingungen, der Geschehnisse, der Muster und Programmierungen, die du im Laufe der Zeit erfahren hast. Hüllen enthalten Gedanken, Gefühle, Sinneswahrnehmungen, Blumen, Gesteine usw. *Alles, was sich von der Quelle abtrennte sowie häufig wiederholte Erfahrungen, werden zu einer Art Gefäß oder Hülle, ein Behältnis der Essenz.*

Deine Seele, diese einzigartige Schwingungsessenz, ist deine herausragendste Form der Intelligenz. Sie tanzt mit der Existenz an sich und reagiert auf sie. Da sie aus der Uressenz hervorgegangen ist, enthält sie die besten und klügsten Eigenschaften für alle folgenden Schöpfungen und Erfahrungswelten. Von deiner originären Urschwingung an, deinem „kleinen Bang", beginnst du all deine Erfahrungen, immer und überall, bewusst oder unbewusst sowie in jeder Art von Gestalt zu sammeln und festzuhalten. Auch ein Mammutbaum hat eine Seele mit einem Einzelgedächtnis, zusammen mit einem Kollektivgedächtnis aller Mammutbäume des Planeten. Delfine, Wale und Vögel finden jedes Jahr, über tausende von Kilometern hinweg, den Weg zurück nach Hause, da sie die Informationen über ihr kollektives Gedächtnisfeld erhalten und sie ihre Kollektivseele kennen.

Jene „Feldschwingung der Gestalt" – dein Verstand, Körper, Geist, Herz, Psyche, deine Erinnerungen, dein Sein und Tun, deine Kreationen, Beziehungen, deine Kultur und dein Wesen und viele andere unbewusste Erfahrungselemente – stellen deine Seele als Ganzes dar. Die Bereiche der Seele entwickeln sich in begrenzten Behältnissen, woraus stabile, evolutionäre Muster hervorgehen, die dann wiederum zum Ursprung zurückfließen, um die nächste kosmische Struktur zu ermöglichen. Das ist ein genialer und lebensbejahender Prozess, von dem jeder und alles profitiert – du, der Kosmos und alles dazwischen. Durch unser beseeltes Bewusstsein – durch die Verseelung – erhalten wir Zugang zu diesem tiefgründigen Reservoir des kollektiven, empirischen Verständnisses.

Teil I

DAS ERWACHEN

KAPITEL 1

SEELENPROGRAMME

Um in Realitäten vorzudringen und durch jene Bereiche reisen zu können, benötigen wir die richtige Frequenz und die richtige Hülle. Sobald deine Seele beschließt, auf der Erde mit dem Erlernen/dem Verwandeln/dem schöpferischen Abenteuer zu beginnen, verfolgt sie spezielle Ziele. Vielleicht möchte sie bestimmte Tugenden und Eigenschaften entwickeln oder Aufgaben abschließen, was ihr auf früheren Reisen nicht möglich war. Aus diesem Grund wählt sie einen Körper und vollzieht eine erhebliche Reduzierung ihres Umfangs, ihrer Frequenz sowie ihrer Daseinsdichte. Außerdem unterzieht sie sich einem Neustart und löscht alle irrelevanten Dimensionen ihres Selbst. Diese Verkleinerung und das Vergessen ist einer der besonders smarten Lebensentwürfe. Für die Seele würde es sehr irritierend und verwirrend sein, wenn sie mit ihren Erinnerungen, Instrumenten und Technologien aus einer ganz anderen Existenz eine neue Realität bereist. Wenn du dich nach Alaska, Afrika oder Patagonien aufmachst, würdest du auch nur mitnehmen, was du für deine geplante Reise benötigst. Genauso ist es mit der Seelenreise auf Erden. Sie nimmt nur das Nötigste für ihren Ausflug auf die Erde mit. Ihre beabsichtigten Erfahrungen und Beziehungen sind sorgfältig für die lernende, transformative und kreative Entdeckungsreise konzipiert, so dass sie ihre Pläne bestmöglich verwirklichen kann.

Wie unsere menschliche Seele sich von der Kindheit zur Pubertät, vom Erwachsensein zur Lebensmitte und darüber hinaus verändert, so beginnt sich unsere Persönlichkeit, der menschliche Aspekt unserer Seele, von all ihren Eigenschaften, Gewohnheiten, Verhaltensweisen und Wünschen zu lösen, um den Weg für unser ursprüngliches und beseeltes Leben zu ebnen und es

Foto von Jack B

Foto von ross-sokolovski

zu durchdringen. Sobald wir unseren Verseelungsprozess beginnen, gelangen kleine Erinnerungsstücke in unser menschliches Bewusstsein und formen zarte Wellen des Erwachens.

Die Verseelung ist ein allmählich verlaufender Prozess der Erinnerung und der Verbindung mit deiner wahren Essenz. Das Erwachen geschieht plötzlich und unmittelbar, aber darauf folgt ein langer Weg. Durch die Erweiterung deines Ichs und jedes bedeutungsvolle Erwachen einzelner Elemente wird dein Leben nie wieder sein, wie es war. Einmal aus dem Schlaf erwacht, ermutigen dich deine „Samenpartikel" der Seele allmählich immer mehr, du selbst zu werden, deine Urkraft und dein Sein zum Ausdruck zu bringen – bis die Blüte deiner Frucht vollständig aufgegangen ist. Jenes Erblühen gehört zum Leben und ist Teil aller biologischen und grundlegenden Lebensformen. Die Verseelung ist eine Zielvorstellung, ein Plan, wie sich die Seele durch menschliche Erfahrungen entwickelt. Jede Reise beginnt jedoch mit einem ersten Schritt – einem Weckruf!

Die Leute fragen mich: „Wenn sich die Seele nicht in meinem Körper befindet, wer und was motiviert, bewegt und lebt durch mich?" Ich glaube, die Antwort darauf lautet „Programme". Es gibt die beseelte Essenz und die vorhandenen Programmierungen. Jeder von uns befindet sich im Kontinuum verschiedener Dimensionen unserer Entwicklung – zwischen Seelenessenz einerseits und den Programmierungen andererseits. Ich will es mal so erklären: Wenn du deinen Computer anmachst, durchlaufen sowohl Hardware als auch Software einen Startprozess, der die Rechenkapazitäten des PCs aufruft, so dass du ihn nutzen kannst. Einen ähnlichen Prozess durchläuft deine Seele. Ein Startprozess wird durch einige bedeutende Augenblicke ausgelöst, wie deine Geburt und die darauf folgenden Geschehnisse. Wenn Körper und Seele stimuliert sind, werden unbewusst auch alle relevanten Programmierungen aktiviert, basierend auf deiner dominierenden Frequenz, der vorherrschenden Schwingung auf der Erde und den Erinnerungen aus vergangenen Erfahrungen, die dich vor der Inkarnation geprägt haben.

Während deines Erwachens erhältst du einen Vorgeschmack auf dein tiefgründiges, wahres Ich und bemerkst dabei die Schichten, Ketten und Programmierungen, die dich in einem ganz bestimmten Verhaltensmuster gefangen halten. Das Leben auf der Erde hat beispielsweise seit Anbeginn der Zeit viele Formen von Angst, Armut, Machtmissbrauch, Vorherrschaft und Gewalt durchlitten. Wenn deine Seele auf der Erde erscheint, nimmt sie die Verletzlichkeit ihres begrenzten Körpers wahr, ihre Anfälligkeit gegenüber Schmerz, Krankheit und jeder Form von Leid, was auf sie sehr verstörend wirken kann. Aus den Erfahrungen und dem kulturellen Hintergrund heraus startet ihr ungeschützter und beengter Körper sofort ein uraltes und unbewusstes Programm der Angst, des Selbstschutzes, der Not und der Abwehr. Veraltete Denkmuster gepaart mit eingeschränkten kulturellen Paradigmen „töten" die Seele durch verschlossene, stark regulierte und vorbestimmte psychische und physische Systeme. Die Essenz wird zerstört, schon beinahe kurz nach ihrer Ankunft, noch vor ihrem ersten „Schritt" auf der Erde. Eine Seele kann entweder aus ihrer Programmierung heraus oder aus der puren Essenz des Augenblicks heraus agieren. Ist die Seele erst einmal erwacht, erkennt sie das gesamte Terrain und lernt zu unterscheiden zwischen den unterschiedlichsten Schattierungen ihrer Essenz und den unermesslichen vielen Abstufungen ihrer Programmierungen. Dadurch hat sie die Wahl, worauf sie sich mit jedem Atemzug einlassen wird.

Wie ein Schmetterling im Glas ist die Seele eine Geisel ihrer Programmierung und flattert ziel- und orientierungslos umher, bis sie erschöpft, von allem getrennt und depressiv ist. Sie erledigt ihre Arbeit, so dass sie ihre Rechnungen als Mensch bezahlen kann, aber nichts weiter. Abgekoppelt von der Lebenskraft, wird solch eine Seele tragisch still – so sehr in sich gekehrt, dass sie schließlich verblüht. Ist sie dennoch erst einmal erwacht, wird sie feststellen, dass sich auf dem Glas gar kein Deckel befindet. Eine Sehnsucht aus der Zukunft bringt sie dazu, sich auf Menschen, Orte und Aktivitäten einzulassen, die sie lebendig werden lassen. Sie wünscht sich geradezu Seelenkontakte, bejaht das Unvorhersehbare sowie den Zauber herauszufinden, wer sie wirklich ist. Jene Wahrnehmung, der Moment des Erwachens, ist unmittelbar. Nach ihrem Erwachen kann sie entscheiden, ob sie ihrer Berufung folgen will und der Versuchung nachgibt, aus dem Glas herauszufliegen.

Sobald du beim Erwachen erst einmal deine Seele flüchtig erblickt hast und auch nur für eine Sekunde aus dem Glas heraussteigst, beginnt das Aroma deiner wahren Essenz dich zu umgeben. Du erkennst den entscheidenden Augenblick daran: Du schläfst ein und wenn du erwachst, ist deine Psyche unwiderruflich „beschrieben". Du kannst nicht wieder einschlafen. Die Verseelung beginnt durch die Begegnung und durch den Dialog mit deiner eigenen Seele, wodurch du ihre Ausdrucksweise kennen lernst: ihre Zeichen, ihr Atem, ihr Rhythmus, ihre Wünsche und ihre Aversionen. Während sich diese Kommunikationswege öffnen, erwacht deine Kosmologie und beginnt sich zu vernetzen. Wie eine Spinne ein Spinnennetz, webt sie komplexe und verbindende Muster in deinem Inneren.

Mit jedem Atemzug und jedem Spinnenfaden entwickelt sich eine wunderbare Vertrautheit zwischen deiner Seele und deinem gegenwärtigen Bewusstsein, was zu einer tiefen Ruhe in deinem Seeleninneren und durch sie bis hin zur Weltseele führt. Ab einem gewissen Augenblick wirst du einen Wendepunkt erreichen: Durch die Verknüpfung und durch bereits miteinander verwobene Muster ihrer Kosmologie, wird dein Leben öfter Ausdruck deiner Seele werden als umgekehrt. Du beginnst dein Leben immer mehr deiner Seele entsprechend auszurichten statt aus früheren Ängsten, Ansichten oder Sorgen über die Zukunft heraus zu leben. Deine Seele und du erleben jeden Augenblick neu und heißen ihn willkommen. Du beginnst Seelenfülle zu erfahren – erfüllte Seele – du wirst immer mehr zu deinem wahren Selbst, verbunden mit dem Augenblick. Du entdeckst, dass das Universum allen Dingen innewohnt, allen Orten, allen Galaxien, allen Menschen, allen Geschöpfen und vor allem, dass es sich auch in dir selbst befindet. Nach dieser Erkenntnis kannst du nicht anders, als dich in die Weltseele zu verlieben und mit ihr zu spielen.

KAPITEL 2

DER MODERNE MYSTIKER UND DIE WILDE FRAU

Die Abenteuer der Verseelung führen zu deiner eigenen Seele, und du lässt es zu, dass alles, was du fühlst, erlebst und mit ihr in diesem Augenblick teilst, zur Gestaltung deines Selbst beiträgt. Dir kann die Verseelung tatsächlich wie eine 7-jährige Talfahrt in die Unterwelt vorkommen, an einen Ort, an dem du eigentlich nichts zu suchen hast. Kein Ort, wo du dich entfalten bzw. nicht einmal die Sprache kannst. Manchmal führt diese Reise zu tiefer, qualvoller Stille – eine totale Leere inmitten deiner Seele.

Der Schweizer Psychiater und Psychotherapeut Carl Gustav Jung, der die Analytische Psychologie begründete, bemerkte in seiner bahnbrechenden Arbeit im Bereich der Psyche und des kollektiven Unbewussten, wie die Bilder in den Träumen seiner Patienten nicht nur aus deren Lebenserfahrungen, sondern auch aus fremden und sogar antiken Kulturen zu stammen schienen. Er sprach zunächst von Urbildern, da er sie als repräsentativ für die Grundmuster der Intelligenz in der Psyche ansah. Schließlich nannte er die spezifischen und dynamischen Veranlagungen „Archetypen".

Archetypen dringen in uns ein, beeinflussen unsere Art und Weise, die Welt wahrzunehmen, und formen unsere Gedanken, Gefühle und Sehnsüchte. Es gibt eine direkte Verbindung zwischen unseren ganz persönlichen und kollektiven Archetypen sowie unserer Verseelungsreise. Ein Archetyp wohnt dir aus gutem Grund inne. Du hättest tausend andere Wesensformen wählen können! Die von dir bestimmte Wahl sagt etwas darüber aus, wo du warst, wohin du gehen wirst und was du für die nächste Phase deiner Seelenentfaltung benötigen wirst. Du hast die Kraft und die Möglichkeit, deine Verseelungsreise mit weit aufgerissenen Augen anzutreten, sobald du deine dich prägenden Archetypen erkannt hast.

Während der Anfangsphase meines Erwachens begannen die Archetypen der Moderne Mystiker und die Wilde Frau Wellen der Erkundung in meinen bewussten Seelenraum zu schlagen, wobei sie Formen, Gewohnheiten, Arten des Empfindens, des Fühlens, des Denkens und des Wahrnehmens schufen. Das kosmologische Weltbild dieser Archetypen beeinflusste meine Erlebnisse sehr stark, und somit auch die Ausrichtung meiner Seelenentwicklung.

Die Archetypen Moderner Mystiker und Wilde Frau sind beide Tausende von Jahre alt. Sie sind durch ihren „Abdruck" auf unseren Seelen zu erkennen. Mit anderen Worten, unsere Seelen werden durch ihre Brille der Realität geformt und gesteuert. Sie offenbaren sich durch unsere persönlichen und kulturellen Überlieferungen und Geschichten. Sie sind Materie und Psyche, sowohl psychologisch als auch schöpferisch, und sie existieren in jedem von uns. Tatsächlich haben der Moderne Mystiker und die Wilde Frau viele der Schriften in diesem Buch übermittelt. Das Buch ist eine Kombination aus der persönlichen, kosmologischen Perspektive des Modernen Mystikers und der Wilden Frau in mir, die seit Ewigkeiten, zusammen mit vielen anderen subtilen Strömen, in mir wachsen und leben.

Jede Erfahrung erweitert und vertieft bereits vorhandene Archetypen, sowohl im individuellen als auch im kollektiven Sinne. Sobald eine Seele eine Hülle bezieht, helfen ihr die Archetypen, sich zu positionieren und ihre Reise zu beginnen. Wir können verschiedene Archetypen annehmen, verkörpern oder uns in sie verlieben, passend zu jeder Phase auf unserer Reise.

Den primären Archetypen meiner Seele begegnete ich zum ersten Mal im Alter von achtunddreißig Jahren, als alles in meinem Leben, nach dieser unvergesslichen Aufzugsfahrt in der Innenstadt von San Francisco, schlagartig zum Stillstand kam. Zuvor glitt ich gemütlich durch mein Leben wie ein gut konstruierter Schweizer Zug, der kraftvoll den Gleisen folgte. Als leidenschaftliche Ingenieurin und Unternehmerin, Wegbereiterin der „Conscious business"-Bewegung, tätig in verschiedenen Vorständen, begleitete, schulte, unterstützte und beriet ich große Start-ups – bis plötzlich alles zum Stillstand kam – kein kurzes Innehalten, sondern ein längerfristiges Erliegen.

Anscheinend geschah etwas in diesem Augenblick. Genau zu diesem Zeitpunkt und an diesem Ort, in meinem großen Haus in San Francisco, packten mich bedeutende und lebensverändernde Fragen – aus meinem Inneren heraus. Fragen, die mir einfach keine Ruhe ließen. Tag und Nacht beschäftigten mich diese Fragen: *Woraus besteht dieses Leben? Was machst du aus deinem Leben? Wohin willst du? Wer bist du? Hörst du überhaupt zu? Antworte mir, bitte, antworte!*

IWas ich nun erkenne ist, dass meine damals stark definierte, männlich geprägte Persönlichkeit – eine Identität, die mir in meinen früheren Jahren sehr dienlich war – mir nicht mehr entsprach bzw. nicht mehr relevant für meine gegenwärtige Phase der Öffnung meiner Seele ist. Die Identität ist eine personalisierte und örtlich bezogene Version eines Archetyps. Plötzlich kam es mir vor, als würden mir meine Schuhe nicht mehr passen. Heute ist mir klar, dass dies Wendepunkte auf dem Weg meines Erwachens waren, um mich auf das Eintauchen in die folgende Seelenlosigkeit vorzubereiten, aber zu der Zeit war das Gefühl verwirrend, sogar deprimierend.

Stell dir vor, du befindest dich auf einer langen Reise durch eine scheinbar endlos saftige und grüne Weide, nur um festzustellen, dass du schließlich in einer Wüste angekommen bist! Nach kurzer Zeit merkst du, dass es dort kein Wasser gibt und deine Schuhe nicht mehr passen. Du beginnst sofort nach Wasser zu suchen, stellst aber fest, dass du nicht richtig gehen kannst, weil die Schuhe drücken, deine Füße wund sind und der Sand zu heiß ist, um barfuß zu gehen. Du bist unfassbar durstig und es ist das Verlangen deiner Seele nach Wasser, das dich voran treibt. Die Sohlen deiner Seele schmerzen von den alten Schuhen, und deine Sicht ist verschwommen von der Hitze der Transformation. An diesem Punkt kannst du nur noch innehalten. Höre auf mit dem, was du tust, und bete um Wasser.

Früher hätte ich ganz im Vertrauen und nur zu mir selbst für etwas gebetet, doch das war an diesem Punkt nutzlos. Also tat ich das Einzige, was mir blieb: Ich zog einfach die Reißleine. Ich hörte mit allem auf und ließ alles los. Ich lief einfach im Kreis, immer langsamer, bis ich schließlich regungslos dastand. Ich streifte die alten Schuhe von meinen Füßen ab – meine Persönlichkeit und meine Identität – und stand einfach nur da, barfuß.

Als ich in diesem merkwürdigen und verstörenden Stillstand Entspannung fand, wurde mir klar, dass mein Moderner Mystiker in die Wüste gehen und auch seine Schuhe ausziehen musste, wenn die Wilde Frau sich stark machen und uns alle zu den Gewässern meiner Seele führen sollte. In meinen frühen Zwanzigern und Dreißigern genoss ich die Arbeit und die Früchte meiner stark ausgeprägten, männlichen Persönlichkeit. Ganz ungeniert stehe ich dazu, dass ich einen klugen Verstand besitze, der sich gern mit der Architektur von Informationssystemen beschäftigte sowie geniale Konzepte und Technologien entwarf. All dies machte einen Großteil meiner Identität als Ingenieurin aus. Mein Moderner Mystiker war mit meiner Identität als Systemingenieurin zufrieden, da sie über ein inhärentes Verständnis bezüglich Strukturwissen, Kenntnisse über Informatik und Technologien und über eine Begabung hinsichtlich Quantenphysik verfügte sowie über komplexe, philosophische Auslegungen. Sie hat eine systemische Sicht auf die Welt, während sie tief mit dem antiken Volk von Denkenden, Suchenden, Theoretiker*innen und alchemistischen Weisheitslehrer*innen verbunden ist. Ich glaube, dass der Moderne Mystiker aus der männlichen Essenz des Universums der oberen Reiche und Energiezentren hervorgegangen ist.

Doch da war ich nun, verwirrt und barfuß in der Wüste, nicht wissend, dass von dem Moment an, als ich diesen Sand betrat, mein anderer primärer Archetyp, die Wilde Frau, sich auf ihren dramatischen Auftritt vorbereitete.

Nackt in der Wüste zu stehen war eine kritische und schmerzhafte Phase auf meiner Reise. Ich wusste nicht, wohin ich gehen sollte, um Wasser ausfindig zu machen und somit den Durst meiner Seele zu stillen. Doch in mir war eine Präsenz, die alles über solche Dinge wusste. Nur weil alles von mir mitten in der Wüste restlos zum Erliegen kam, machte sie sich bemerkbar.

Diese Zeit des Nichtstuns, das Erwachen des puren Daseins, erwies sich später als die Geburt der Wilden Frau. Zu dieser Zeit war sie nicht so wild, aber sie war definitiv der weibliche Aspekt meiner Seele. Als sich meine frühere, geschäftlich getriebene Persönlichkeit aufzulösen begann, wurde der Raum für die Wilde Frau immer größer, so konnte sie ihre Stimmungen, Sehnsüchte und Gefühle immer besser offenbaren. Ich muss allerdings zugeben, dass ich, als sie zum ersten Mal auftauchte, keine Ahnung hatte, wer sie war, noch die Bedeutung hinter den körperlichen Empfindungen und Impulsen verstand, die mit ihrer Ankunft in mir schwangen. Nach und nach war ich in der Lage, die verschiedenen Dimensionen der Wilden Frau – das kleine Mädchen, die Geliebte, die Mutter, die Heilerin und die Erde – wahrzunehmen und mit ihnen in Dialog zu treten, während sie in meiner Psyche miteinander verschmolzen. An manchen Tagen war die Wilde Frau launisch, resigniert und lehnte jede Einladung ab, etwas zu unternehmen. An anderen Tagen fühlte ich ein enormes Verlangen nach Liebe, Berührung und Intimität. Ich wollte echten, zwischenmenschlichen Kontakt fühlen. Ein anderes Mal sehnte sie sich nach tiefer Verbundenheit mit ihren Lieben, ihren Seelenverwandten, der Erde sowie schlicht mit dem reinen Augenblick.

Ihr großer Appetit und ihre Gelüste haben mich, ehrlich gesagt, überwältigt. Weder mein Moderner Mystiker, geschweige denn die Diplom-Ingenieurin, hatten auch nur den Hauch einer Ahnung, wie sie ihre Bedürfnisse nach Intimität, Nähe und Beziehung erfüllen konnten. Und, stell dir vor, es stand auch sogenannter seelenvoller Sex auf ihrer Speisekarte! Da war ich nun mit all diesen Impulsen, Sehnsüchten, Instinkten, Abneigungen und einem Gefühl der Abwehr, die in mir brodelten, zusätzlich zum starken, existenziellen Verlust von Sinn, Zweck und Orientierung. Zu jenem Zeitpunkt war mein Leben, gelinde gesagt, einfach miserabel.

Ich versuchte, ihre Bedürfnisse durch Tanz, Kuschelpartys, freundschaftlichen Umarmungen oder gelegentlichen Massagen zu befriedigen. Ich habe sogar versucht, auf der Erde zu liegen, während ich John O'Donahues Gedichte las, aber ohne Erfolg. Sie wollte mehr! Mehr Berührung, mehr Farben, mehr Gefühle, mehr Verbundenheit, mehr Zusammengehörigkeit, mehr Liebe, mehr Seele, mehr Malerei, mehr Poesie, mehr Wildheit, mehr unberührte Natur, mehr Ehrlichkeit, mehr Verletzlichkeit, mehr Authentizität! Oh, sie konnte Aufgesetztheit und gekünsteltes Auftreten von Menschen nicht ertragen. Sie wollte brüllen, kratzen, Tränen vergießen – als gäbe es kein Morgen. Sie wollte so tief berührt werden, wie man nur berührt werden kann. Sie wollte so viele Dinge, die ich noch nie zuvor in Erwägung gezogen habe.

Die Geschäftsfrau in mir, einst so vertraut, attraktiv und überzeugend, hat die Wilde Frau in mir abgewiesen und zu meiner großen Überraschung – jetzt auch mich! Etwas Neues wühlte mich auf, hungrig nach Gefühlen, Empfindungen und Beziehungen, für die ich vorher zu beschäftigt und unsensibel gewesen war: ein Durst, in die Tiefe statt in die Weite zu gehen, etwas zu erleben statt zu analysieren, mich einlassen auf etwas statt über den Dingen zu stehen.

Ich wurde in die Tiefe gesogen, so stetig wie der Mond das Meer bewegt. In der Joost Avenue in San Francisco zog ich nun in den Keller meines Hauses. Ich ging hinunter – verführt von der Wilden Frau – in die erdige Unterwelt, wo ich mich bewusst selten hingewagt hatte. Meine damalige Freundin meinte überrascht: „Warum in aller Welt lässt du ein dreistöckiges Haus leer stehen und ziehst in den Keller?"

Damals konnte ich ihr nicht wirklich darauf antworten, heute jedoch weiß ich: die Wilde Frau holte mich – meinen Modernen Mystiker – geradewegs von der

Spitze meines Elfenbeinturms meines Schlafzimmers herunter, wörtlich und im übertragenen Sinne, um mich zurück in den „Keller" meines Daseins zu bringen.

Nachdem ich eine Woche im Keller geschlafen hatte, konnte ich mich kaum bewegen, meine Knochen waren schwer wie Blei. Ich konnte kaum meinen Arm heben oder aus dem Bett steigen. Mein Körper war schwer und träge, ich durchlief eine sich verdichtende Erdung auf jeder Ebene, da ich mein neues unterirdisches Zuhause mit Würmern, Krabbelschnecken, Ratten, Katzen und Waschbären teilte. In jenem Winter regnete es so stark, dass der Keller überflutet wurde und meine Füße jede Nacht auf dem Weg zum Badezimmer nass wurden. Dennoch blieb ich dort. Monate vergingen, doch ich blieb unten im Keller, darüber ein großes Haus, das leer stand. Nacht für Nacht schlief ich in dieser seltsamen, neuen Dunkelheit.

Wenn ich heute an jene Phase denke – sieben Jahre nach meinem Rückzug – erkenne ich, dass die tiefe Erdverbundenheit, das Wasser, die Geschöpfe, denen ich dort begegnete, alles Manifestationen meines Unterbewusstseins, meiner weiblichen Unterwelt und meiner Gefühle waren. Jetzt verstehe ich, dass dieser Aufenthalt im Souterrain meines Hauses mich darauf vorbereitet hatte, mein Leben für das Feminine zu öffnen. Die dunklen, emotionalen, impulsiven, sexuellen und instinktiven Aspekte der Wildheit zu integrieren, die in mir wie in der Welt lebendig sind. Die Wilde Frau hielt Einzug und ich war nie wieder dieselbe.

Nachdem ich einige Monate im dunklen Keller gelebt hatte, wurde ich unruhig und wollte ihn ganz plötzlich verlassen. Ich wollte weiterziehen. Ich wollte Dinge erkunden, eine Art Seelenabenteuer erleben. Doch obwohl mich meine Neugier drängte, den nächsten Schritt zu gehen, war ich gleichzeitig auch von Angst erfüllt: Wenn ich das Haus oder sogar das Land verlassen würde, wohin würde ich gehen?

Alleine zu reisen ist gefährlich. Ich könnte ausgeraubt, vergewaltigt oder getötet werden. Ich habe keinen wirklichen Plan geschweige ein Konzept. Wer weiß, was mir passieren könnte? Was ist mit meinem Haus, meinen geschäftlichen Projekten, meiner Beziehung und meiner Familie? Wie unverantwortlich, ein Jahr lang in der Welt herumzutigern, Natalie!

Aber die Wilde Frau ließ mich nicht mehr los. Sie war beharrlich. Sie forderte. Sie lobte, stritt und fluchte – Tag und Nacht. Sie ließ mich einfach nicht zur Ruhe kommen. Sie rief mich, ich solle reisen, solle gehen, meine kindlichen, schwachsinnigen Ängste überwinden.

Ich kaufte mir Reiseliteratur, wie man die Welt auf eigene Faust bereist. Damals wusste ich noch nicht, dass ich in den nächsten sechs Monaten von San Francisco nach Spanien und dann weiter nach Marokko, in die Sahara bis zur tunesischen Grenze, nach England und in die Schweiz reisen würde. Danach ging es weiter über Israel nach Peru. Ich trat eine schamanische Reise nach Machu Picchu an, dann nach Pisac und schließlich zurück nach New York City. Ich folgte dem Ruf nach Abenteuer und wollte einfach irgendwo neu ankommen, all meine Ängste dahinschmelzen lassen, mit Fremden sprechen, mich mit der Magie des Universums verbinden und mich jeden Morgen spontan auf eine neue Reise in unbekannte Gefilde begeben, sei es mit dem Zug, dem Flugzeug oder der Fähre entlang den Kanälen.

Nach und nach, jeden Tag ein bisschen mehr, lernte ich Vertrauen zu fassen und alte, eingefahrene Muster des Daseins aufzugeben. Meine Freundin schloss sich mir an und wir trafen wunderbare Menschen auf den Straßen von Luzern, Genf, London, Fes, Marrakesch, Rabat und Barcelona. Wir wurden in „fremde" Häuser eingeladen und lernten neue Formen der Kommunikation kennen, des Gebens und des Nehmens. Ich lernte wieder, Mensch zu sein. Ich könnte ein ganzes Buch über die Orte und die Menschen schreiben, über die Wunder, die uns in diesen sechs Monaten des Reisens widerfahren sind – obwohl die eigentliche Transformation im Inneren stattfand.

Nach diesen Monaten des Nomadenlebens und zurück in San Francisco erkannte ich, dass viele meiner Gewohnheiten, die sich auf Menschen und meinem Platz im Leben beziehen, sowie die Art, die Welt zu sehen und in ihr zu existieren, neu programmiert worden waren. Ich bemerkte, dass mein Gehirn neue Verknüpfungen gebildet und sich weiterentwickelt hatte, spontane Entscheidungen zulassen konnte; dass mein Körper nun in der Lage war, Menschen, fremden Männern, dunklen Gassen und kleinen, ländlichen Städten verantwortungsvoll Vertrauen zu schenken.

Die Reise um die Welt hat meinen Geist auch für meine innere Reise geöffnet. Es war unglaublich, den Zusammenhang zwischen dem inneren und dem äußeren Mut zu sehen. Sobald ich zurück in der Bay Area war, tauchte ich in schamanische Reisen, medizinische Rituale, ekstatische Trommelzeremonien, Yogastudien und Göttinneneinweihungen ein. Ich meldete mich für ein zweijähriges Programm an einer Schule für Meditation und Energieheilung an und vertiefte die Arbeit an meinem inneren Kind. Ich beschäftigte mich mit *Authentischer Kommunikation* und praktizierte sinnlich-tantrischen Tanz – oh mein Gott, was hab' ich getanzt!

Meine Seele wurde zu einer neuen Form geknetet. Durch diese inneren und äußeren Erkundungen wurden die meisten meiner alten Überzeugungen, Paradigmen und Ängste abgebaut. Nacheinander wurden meine Vorstellungen über Geld, Erfolg, Leistung, Beziehungen und Verwundbarkeit, meine Gefühle von Angst bis Wertlosigkeit, von Scham bis Verlangen, neu programmiert. Die Wilde Frau wollte unbedingt raus! Sie hatte in mir geschlummert und geduldig gewartet bis sie an der Reihe war – und ihre Zeit war nun gekommen. Die Reisen, Workshops, Zeremonien und zwischenmenschlichen Begegnungen befreiten die Wilde Frau und verliehen ihrem Wesen nun Ausdruck – die Dichterin, die Geliebte, die Sehnsuchtsvolle, die Fühlende, das innere Mädchen, die außergewöhnliche Seelenabenteuerin – all diese Dimensionen meines Seins wurden lebendig und begannen ihren Weg an die Oberfläche meines Lebens zu finden.

Erst durch all die Erfahrungen der Wilden Frau, die mir durch den Modernen Mystiker bewusst gemacht wurden, erlangte ich meine kosmologische Sicht. Während der Moderne Mystiker und die Wilde Frau die primären Kanäle der Seelenkosmologie darstellen, gibt es weitere Archetypen, die in mir lebendig sind und auch ausmachen, wer ich geworden bin: die Designerin, Modebegeisterte, Schönheitsfanatikerin, Heilerin, Freundin, die Frau, die Frauen liebt, die Lehrerin, Tänzerin, Geschäftsfrau, Sprecherin, New Consciousness-Aktivistin, Tochter, Schriftstellerin, Gaia-Liebhaberin, Mutter, Israelin, Kalifornierin. Alle tragen, neben vielen anderen Faktoren, zu meiner kosmologischen Betrachtungsweise der Seele bei.

So wie der Besuch des Grand Canyons oder anderer, kleinerer Felsformationen, die recht außergewöhnlich sind und sich deutlich von anderen unterscheiden, hat sich meine Seele nicht nur durch den Modernen Mystiker und die Wilde Frau entwickelt, sondern auch durch die unzähligen und weniger hervorstechenden Archetypen, die sich in meiner Seele durch all ihre Erfahrungsreisen hindurch herausgebildet haben. Kleine wie große Schluchten werden durch Zeit, Raum, Wind und Regen geformt. Manchmal ändern sich bei unterschiedlichen Wetterlagen die Größe, die Lage und das Verhältnis der einzelnen Canyons. Ein großer Sturm kann eine ganz neue, emporragende Bergkette hervorbringen, die zuvor ein recht unauffälliges Dasein fristete. Ähnliche Prozesse wirken auf die Seelenpsyche. Auch bei den inneren Landschaften gibt es sowohl kleine als auch große Gräben, kleinere Formationen neben tiefen, alten, weisen und ursprünglichen Schluchten. All diese Elemente ergeben zusammen die verschiedenen Schichten der Seele, die *du* bist bzw. *dich* ausmachen.

*Digitale Bildhauerei, Mariana Gorbia -
Eine Hommage an Bernini, Galleria Borghese, Rom.*

KAPITEL 3

EINE WILDE UND MYSTISCHE LIEBESAFFÄRE

Nehmen wir das Wort „Kosmologie" einmal genauer unter die Lupe, da unsere Kosmologie unsere Lebenserfahrung sowie unsere Beziehung mit uns selbst und dem Universum stark beeinflusst. Du kannst die Beschaffenheit deines Universums sowie deines Kosmos in seiner Gesamtheit klarer wahrnehmen, wenn du deine Kosmologie und deine Lebensperspektiven kennst, den Ursprung und die Entwicklung berücksichtigst. All diese Dinge spielen eine wesentliche Rolle bei der Verseelung.

Die bedeutendsten Prozesse, die meine Kosmologie in den letzten Jahren beeinflussten, sind zum einen die Entwicklung der Psyche meiner Seele und zum anderen die Liebe zwischen dem Modernen Mystiker und der Wilden Frau. Der Moderne Mystiker hat sich sofort in die Wilde Frau verliebt. Sie war so anders als er, von so klarer Schönheit, so ursprünglich, natürlich, verletzlich und sinnlich. Er konnte sie von entfernten Galaxien her riechen und ihn überkam ein starkes Bedürfnis, sich ihr zu nähern, ihren Duft zu spüren, ihre Kurven zu berühren, ihren Atem in sich aufzunehmen und zu halten. Auch wenn er sich nicht ganz sicher war, woher sein Verlangen rührte, in ihren Körper einzudringen und leidenschaftlich mit ihm zu verschmelzen – er war fasziniert von ihrer Schönheit. Sie übertraf alles, was er bisher gesehen hatte.

Als sie das erste Mal aufeinander trafen, waren ihre Schwingungen sehr unterschiedlich. Der Moderne Mystiker war visuell und klug, er bemerkte außergewöhnliche Strukturen, Anordnungen, Kategorien und Gebilde. Er sprudelte vor Ideen, Konstruktionen, Erläuterungen und Sichtweisen. Während die Wilde Frau sich in ihrem Leben hauptsächlich von ihren spontanen Gefühlen leiten ließ. Sie fühlte ihn einfach in weiter Ferne.

Sie konnte ihn wahrnehmen wie einen gleich einsetzenden Regenschauer und konnte seine Genialität auf ihren blanken Lippen spüren. Sie fing an, von ihm zu träumen und empfing unwillkürliche Einblicke, unerklärlich intuitives Wissen über heilige, geometrische Formen des Universums, welche er mitgestaltete.

Nachdem sie mit dem Modernen Mystiker einige Zeit verbracht hatte, wurde sie von starken Gefühlen übermannt, die in ihrer Intensität und Ausprägung sehr schwankend waren. Das Aroma erfüllte ihren Körper und ihre Seele. Erneut entfachten starke Gefühlsregungen zwischen ihnen. Sie konnte sein Verlangen, das Prickeln und Pulsieren am ganzen Körper spüren. Doch obwohl die Wilde Frau die Seele des Modernen Mystikers fühlen konnte, war sie unsicher, inwiefern sie bei ihm sein, wie sie verstehen sollte, wer er war? Er war beinahe wie eine Eigenschaft (ein Charakter aus) einer anderen Realität.

Während ich diese Worte schreibe sind der Moderne Mystiker und die Wilde Frau in mir lebendig, gehen das Obere und Untere, das Innere und Äußere, rechts und links, Geist und Gestalt, Materie und Psyche summend ineinander in ihrem Sein auf. Sie lieben sich und verschmelzen in meinem Körper und lassen mein Herz überlaufen. Ich glaube, dass sich der Moderne Mystiker und die Wilde Frau in meiner gegenwärtigen Inkarnation als Mensch zum ersten Mal wirklich bewusst in meiner Psyche ihren wahren Farben zeigen, wobei keiner von beiden die jeweils andere Essenz kompromittiert.

Das Mystische ist philosophisch und abstrakt, während die Wilde Lady in mir schmutzige Sachen sagt, ihre Füße in Schlamm steckt und leckere Köstlichkeiten mit den Fingern isst. Sie verbringt Stunden mit der Verschmelzung, den Empfindungen, lässt ihren Gefühlen freien Lauf und handelt bei allem impulsiv. Mein Moderner Mystiker mag die Reflektion, das Meta-Verständnis (Meta und abermals Meta!) darüber, wie die Dinge entstehen, die Analyse und Theorie über das Warum und das Was kommt als Nächstes. Die Wilde Frau holt ihn mit Begeisterung aus seinen Gedanken heraus in ihren Körper, in ihre Empfindungen, lacht mit ihm verspielt an einem Nudistenstrand im Hier und Jetzt. Sie lockt ihn in dunkle Höhlen, herunter von seinen Berggipfeln und fordert ihn heraus, sich den Gefühlen zu stellen, die er am meisten vermeidet.

Oje, er wird etliche Gründe anführen und Widerstand leisten, sogar versuchen zu flüchten, aber kurz bevor ihm das gelingen könnte, wird sie ihn an seinem weißen Kragen packen! Er dreht seinen Kopf nach links und nach rechts, holt tief Luft und versucht, ihr einen Strich durch die Rechnung zu machen. Doch sie lässt sich nicht abschrecken. Auf jede seiner Bewegungen reagiert sie mit eindringlicher Forderung: „Bleib! Bleib! Bleib bei mir!" Sie sehen sich in die Augen. Sie hält seinem starren Blick stand bis sein Widerstand allmählich nachlässt. Seine Muskeln, einer nach dem anderen, entspannen sich voll und ganz. Alchemie findet genau jetzt statt, während des gesamten Zusammenspiels der beiden. Durch das Hin und Her ihrer klaren Unterschiede – konzeptionell vs. lustvoll, analytisch vs. fantasievoll, Gedankenbilder vs. Spontanität – und durch ihre verspielte und versteckspielartige Liebesbeziehung – werden sie eins.

Dieses Buch handelt von der symbiotischen Synergie meiner Hauptarchetypen in der Kosmologie, der Wilden Frau und dem Modernen Mystiker. Das Kennen deiner eigenen Hauptarchetypen kann dich direkt ins Zentrum deiner Seele, ins Abenteuer deiner Verseelung führen.

Komm mit und begleite mich!

KAPITEL 4

EINLADUNG: DEINE PERSÖNLICHE KOSMOLOGIE

Wir leben in einem Universum, dass fortwährend von jeder seiner Schöpfungen lernt. Die Offenbarungen, die jede Seele auf ihren Reisen erfährt, sind sofort für alle zugänglich, die in ähnlichen Gefilden unterwegs sind. Die Erfahrungen und die Erkenntnisse, die Eigenschaften, die Tugenden und Niederlagen stehen allen zur Verfügung und bereichern somit den Erfahrungsschatz der Weltseele. Während wir gemeinsam durch meine persönliche Kosmologie surfen, wirst du auf einfache und natürliche Art und Weise erleben, wie du dich auf deine Kosmologie einlassen und auf sie hören kannst. Muster und Strukturen werden ersichtlich. Deine Kernarchetypen beginnen sich mit großen, kräftigen Pinselstrichen zu präsentieren. Wenn deine Seele ihre Reise erst einmal richtig wahrgenommen und verstanden hat, ihre Archetypen verkörpert, in den Gebirgen und Schluchten ihrer Kreationen lebt, betritt sie gänzlich neues Terrain – wahrhaftig ihre Sternstunde! Mit größter Sorgfalt und Aufmerksamkeit reagiert sie auf diesen Augenblick, der Moment ist gekommen.

Kosmologien stellen persönliche Sichtweisen dar und enthalten Metadaten sowie Informationen aus einer Reihe von Erfahrungswerten. Durch die gesammelten Erfahrungen deiner Seele ist deine Kosmologie eher wie ein lebendiges Wesen, das stets alles mit dir zusammen erlebt und die Informationen der verschiedenen Stationen deiner Reisen festhält. Deine persönliche Kosmologie begann vor vielen Äonen durch unzählige Formen, in verschiedenen Kulturen und durch zahlreiche Realitäten Gestalt anzunehmen. Deine persönliche Geschichte formte sich heraus und dokumentiert so das Werden deiner Seele. So wie du die

Deine Kosmologie

Emergierende Programmierungen

Geschehnisse in deinem Inneren beobachtest und immer besser wahrnimmst, so erweitert sich auch dein Bewusstsein bezüglich deiner Kosmologie – ihrer Form, ihrer Losgelöstheit und ihrer Neuprogrammierung.

Mit Metadaten meine ich, dass unsere Seele unsere menschlichen Erfahrungen auf ähnliche Weise verarbeitet, wie ein Computer mithilfe von Datenbanken Daten sammelt und organisiert. Es laufen immer zwei parallel und dennoch miteinander verflochtene Vorgänge: das bloße Eintreten eines Ereignisses (Daten) und gleichzeitig die Erfassung und Bestimmung des Ereignisses (Metadaten). Die Metadaten dieser Erfahrungen der Seele werden parallel an einem Aufbewahrungsort im Seelenfeld festgehalten. Anhand dieser Metadaten bildet sich das Wesen deiner Kosmologie.

Die Betrachtung deiner Erlebnisse und das Bewusstsein darüber, wie deine Kosmologie Klang und Qualität deiner Erfahrungen beeinflusst, ist während der Ensoulment-Phase von entscheidender Bedeutung.

Ich möchte anhand eines Beispiels aufzeigen, wie das Verständnis über Kosmologie meine Arbeit prägt. Vor einigen Monaten wurde eine Klientin zu einer Ensoulment- Sitzung an mich verwiesen. Gleich zu Beginn der Sitzung traten Bilder über Alaska in mein Bewusstsein, obwohl ich keine Ahnung hatte, dass Alaska eine Bedeutung in ihrem Leben und ihren Erfahrungen hatte. Als ich ihr gegenüber erwähnte, dass ich Visionen über Alaska empfange, war sie erstaunt und bekam den Mund nicht mehr zu. Sie war gerade von einer 3-wöchigen Reise aus Alaska zurückgekehrt! Da stellt sich die Frage: Wie kann es sein, dass von all den möglichen Bildern und Gedanken, die mir in diesem Moment durch den Kopf hätten gehen können, ausgerechnet Alaska in mein Bewusstsein trat? Ich sah diese Frau zum ersten Mal und wusste nichts über sie. Diese Metadaten traten aus ihrem Seelenfeld einfach hervor. Ich las in ihren Akasha- Chroniken.

Heute ist mir klar, dass – wie bei jeder anderen Qualifizierung – eine psychische Heilerin darin geübt ist, Zugang zum Seelenfeld anderer zu erhalten, es zu lesen und zu interpretieren. Viele professionelle Heiler*innen, wie Psycholog*innen, Berater*innen, Begleiter*innen, Coaches, Ärzt*innen und sensible Hellseher*innen, sind darin geschult, zwischen ihrem eigenen Seelenfeld und dem einer Klientin bzw. eines Klienten zu unterscheiden. An der „Clairvoyant School for Meditation and Psychic Healing" in San Francisco übten wir, die Informationen einer Seelenkosmologie abzurufen. Je bedeutender und emotional aufgeladener oder bewegter ein Erlebnis empfunden und im Erfahrungsschatz der Seele festgehalten wurde, desto stärker ist die Energie und die Schwingungsintensität in der Datenbank der Seele abgespeichert. Viele Bilder aus der Vergangenheit der Klient*innen, persönliche wie auch kollektive Erlebnisse, können während der Sitzungen auftreten, aber nur die wichtigen und unmittelbar mit dem Thema oder der Befragung in Verbindung stehenden, treten in Erscheinung. Diese enträtseln und deuten wir dann gemeinsam.

Ist ein Erlebnis abgespeichert, kann es jederzeit von der Seelenpsyche abgerufen, betrachtet und sogar verändert werden. Die Neuprogrammierung einer Erfahrung in der Psyche und dem Seelenfeld eines Individuums kann eine Heilung sowie die Fähigkeit ermöglichen, neue und andere Arten von Erfahrungen zu sammeln. Zugang zum kosmologischen Seelenfeld zu finden, ermöglicht eine gegenwärtige Transformation ungelöster, vergangener Themen – manchmal innerhalb einer einzigen Sitzung.

Sobald wir imstande sind, festgefahrene Glaubens-, Verhaltens- und Denkmuster unserer Psyche zu überwinden, können wir uns auf neue Bereiche einlassen, wachsen und unsere Kreativität weiterentwickeln. Der Stand unserer Kosmologie sagt eine Menge über den Zustand unserer Seele aus, z.B. können Kosmologien eine Entfaltung stoppen bzw. beenden und in eine Ruhephase übergehen lassen, so dass sie in einer Situation stecken, erstarrt bzw. eingefroren bleibt. Bei nicht-generativen Kosmologien kann die Seele eines Individuums in einer Routine feststecken bzw. kann von äußeren Energiequellen abhängig sein, um überleben zu können. Bei einer starren bzw. extremistischen Kosmologie, wie z.B. beim Ku Klux Klan oder anderen Gruppierungen mit fundamentalistischen Ideologien, deren Überleben darauf beruht, andere zu kontrollieren und zu steuern, besteht eine abhängige und sich immer wiederholende Dynamik zwischen der Kosmologie und dem Mitglied. Eine in sich geschlossene, starre Kosmologie tendiert dazu, die einzelnen Seelenkosmologien stillzulegen. Im Laufe der Zeit lösen sich die einzelnen Seelen dieser Kosmologie zu einer Nicht-Essenz auf und werden manchmal stumme Sektenmitglieder, roboter- oder zombiemäßig, die stark von der Kosmologie dieser Gruppe beeinflusst sind.

Glücklicherweise kann sich unsere Kosmologie neu formen, die „alte Haut ablegen", neue Fäden spinnen, interagieren und wachsen. Eine Kosmologie folgt Mustern und Verhaltensweisen wie jedes andere Lebewesen, wird geboren, lebt, stirbt und wird wiedergeboren, verbindet, verwandelt und löst sich, gibt und empfängt, erweitert sich, zieht sich zusammen und atmet. Die Kosmologie lebt in einem kontinuierlichen Gefüge der Existenz. Deine Kosmologie ist kraftvoll und beschwingt, wenn sie offen, dynamisch und anpassungsfähig ist.

Indem wir durch persönlich und kollektiv erschaffene Modelle versuchen, das Universum zu erklären, sind wir uns auch darüber bewusst, dass Kosmologien und Erfahrungswerte sich ständig verändern und weiterentwickeln. Wir werden daher niemals imstande sein, die gesamte Realität unserer Seele mit all ihren Höhen und Tiefen, ihren Dimensionalitäten und in ihrer Fülle erklären zu können.

Deine Kosmologie ist eine Schöpfung, eine Schwingung, entstanden durch die festgehaltenen Erlebnisse in deiner Seele. Deine Kosmologie enthält all die Erfahrungen deiner Seele. Mithilfe des Metadatenfeldes der Erfahrungen deiner Seele und ihrer Metadatenbank nimmt das Universum sich selbst wahr. Das Universum ist in der Lage, alle Eigenschaften jeder Erfahrung zu jeder Zeit abzurufen.

Wir können uns diesen Abruf der Seelenmetadaten des Universums ungefähr so vorstellen, als ob wir uns den gleichen Kinofilm mehrmals ansehen. Wenn wir einen Film mehrmals sehen, nehmen wir beim wiederholten Sehen Einzelheiten wahr, die wir anfänglich vielleicht gar nicht bemerkt haben. Diese Details waren von Anfang an da, aber unsere Aufmerksamkeit war in diesem Moment auf etwas anderes gerichtet. Die Erfahrung tendiert ebenfalls dazu, sich auf die Energie eines Erlebnisses zu konzentrieren, während sie zeitgleich zahlreiche andere Details wahrnimmt. Die Metadaten der Seele können so einen deutlichen Handlungsfaden in unserer bewussten Wahrnehmung aufzeigen, wenn sie abgerufen werden. Wenn wir genau und kontinuierlich die Aufmerksamkeit auf unsere Seelenreise richten, werden sich große Dimensionen unserer Kosmologie zunehmend offenbaren. Je bewusster wir unsere Kosmologie wahrnehmen, je vertrauter werden wir mit unserer Seele – und bewegen uns auf ein beseeltes Leben zu.

Die Entdeckung deiner persönlichen Kosmologie ist ein magischer Prozess. Magisch, denn er spricht zu dir in einer mystischen, farbenprächtigen und flüchtigen Sprache deiner Seele, und heilig, da das durch dich in diesem Augenblick hindurchfließende Universum einmalig ist. Deine Seele ist im gesamten Universum und zu allen Zeiten einzigartig! Du bist ein Unikat des Universums. Stell dir einen wirklich seltenen Edelstein vor oder eine seltene Spezies, von der im gesamten Weltreich nur ein einziges Exemplar vorkommt. Deine Seele ist sogar noch seltener als das. Es gibt dich nur ein einziges Mal – zu allen Zeiten, in allen Orten, Dimensionen und Reichen! Ist es da ein Wunder, dass dich das Universum liegen und pflegen, unterstützen und mit allem ausstatten möchte, dass dich dazu ermutigt, deiner Seele Ausdruck zu verleihen? Niemand anderes, keine Sache, keine Schwingung, keine andere Seele machte deine Erfahrungen beim Erlernen, Erleben und Sterben. Diese Einzigartigkeit ist für die ganze Welt kostbar. Die Entstehung deiner Kosmologie, die Gipfel und Schluchten, die deine Seele formen, sind Musik in den Ohren des Universums.

Egal, ob du im Hospiz tätig oder Koch bzw. Köchin bist, das Tanzen liebst oder eine Codierung für die nächste Generation der Spracherkennung entwickelst. Ob Arzt oder Ärztin, den Leuten Linderung verschaffend, so dass es ihnen wieder besser geht oder dein Leben dem Lehren widmst, in der Natur oder im Supermarkt arbeitest – wer du bist und was deine Seele kennt – die Kosmologie deiner Seele ist eine unschätzbare Erfahrung.

Deine Kosmologie, die sich immer ausweiternde – die innere und äußere sowie die persönliche und kollektive – Weltsicht könnte man auch als „Seelensicht" bezeichnen. Die Kosmologie umfasst die gesamte Weltanschauung deiner Seele und geht über Größen wie Meinungen, Vorlieben, Entscheidungen, Zugehörigkeiten und politischen Tendenzen hinaus. Deine Kosmologie formt sich aus den Erfahrungen, die deine Seele in der Welt macht, während sie aufnimmt, erlebt und interagiert. Durch die Erlebnisse formt sich Schritt für Schritt eine natürliche Kosmologie und gibt die Informationen in Bezug auf die Art ihrer Gefühle, Gedanken, Wahrnehmungen und der Qualität des Zusammenwirkens an die Seele weiter, bis sie eine ganzheitliche Sichtweise bzw. eine Seelensicht erlangt.

Die Beziehung zu dir selbst bzw. zu Teilen von dir sowie zu anderen Seelen und auch zur Weltseele – alles nimmt Einfluss auf deine Kosmologie. Zahlreiche Erfahrungen erweitern die Dimensionalität deiner Kosmologie und steuern ihren Anteil an der Weltseele bei, die sich durch dich entfaltet. Deine Präsenz sendet die Schwingungen deiner einzigartigen Seele hinaus und teilt die Weisheiten deiner Kosmologie – für sich im Stillen wie auch allgemein.

Das Inuit Eskimo Mädchen kann Hunderte verschiedene Arten von Schnee und Eis benennen und kennt die jeweilige Bedeutung. Ihr Wissen bietet unglaublich viele Informationen über die Inuit-Kosmologie, welches sich deutlich vom Wissen der Berber in Bezug auf die Sahara unterscheidet. Das trifft auf uns alle zu. Es ist nicht wichtig, wie du deine Kosmologie benennst, wichtig ist, wer oder was du hier und heute gerade bist. Das ist dein Geschenk, die lebendige Manifestation deiner Kosmologie.

Teil II

DIE SEELENLOSIGKEIT

KAPITEL 5

IN DIE SEELENLOSIGKEIT GLEITEN

*J*n der ersten Phase der Seelenwanderung, nach dem Erwachen, gleiten wir in die seltsamen und tiefen Territorien der Seelenlosigkeit hinab. Wir werden nun zu all den Orten geführt, wo unsere Seele noch nicht war. Wir hören eine klare und selbstbewusste Stimme: „Bitte komm in mein Büro." Die Merkmale, Aspekte und Dimensionen unseres Lebens, in denen wir als verkörperte Menschen in unserer Seelenessenz Schwächen aufweisen, beginnen an die Oberfläche zu treten und fließen auf uns zu. Alles, was aus dem Gleichgewicht geraten ist und nicht mehr in dein Leben passt – alte Klamotten, Arbeitsplätze, Beziehungen und deine Art zu Sprechen – tritt hervor und will wissen: Ist das dein Leben? Ist es das, was du willst?

Der Eintritt in die Seelenlosigkeit geschieht selten freiwillig. Ereignisse in unserem Leben „ermutigen" uns, diese schattigen Orte aufzusuchen und uns den Abgründen unserer Seele zu stellen. Wir werden aufgefordert, uns ganz darauf einzulassen – uns nicht nur mit den Zehenspitzen in ihre Gewässer begeben! Alle verleugneten, abgelehnten oder entfremdeten Bereiche in unserer persönlichen und kollektiven Psyche „stehen von den Toten auf" und fordern uns auf, sie in die Unterwelt zu begleiten. Etwas passiert, scheinbar wie aus heiterem Himmel, Krebs oder eine Grippe, eine Tragödie oder einfach nur ein Jucken, eine niederschmetternde Trennung oder ein Infragestellen, etwas oder jemanden Vermissen bzw. ein großer Verlust, eine innere Unruhe oder eine schreckliche Arbeitswoche, ein neues Projekt oder eine Beziehung, die für uns die Hölle auf Erden ist. Ja, eine HÖLLE, die so elend ist, dass sterben das kleinere Übel zu sein scheint.

In den letzten sieben Jahren fand ich mich zweimal an der Schwelle zur Hölle wieder, hilflos und vom Leben gezeichnet. Das erste Mal, als sich meine Identität als leidenschaftliche und erfolgreiche Geschäftsfrau vor meinen Augen auflöste und ich jedes Interesse am Leben, wie ich es damals kannte, verlor. Ein zweites Mal, als ich mich in eine Frau verliebte, eine „verbotene" Affäre hatte, und sich nun all meine unnützen Beziehungsprogrammierungen und Defizite offenbarten. Verbraucht und aufgezehrt von meiner verstörten Intimität, meinen Sehnsüchten, Fantasien und Ängsten, war ich einfach saft- und kraftlos und gefühlsverdrossen – und wieder einmal bereit zu sterben.

Dieses „Willkommen an Bord!" führte bei mir zu einer ganz neuen Haltlosigkeit. Ich konnte mich nicht mehr auf falsche Konstrukte oder eingebildete Fundamente verlassen. Ich musste meinen Anker zum wahren Boden des Seins werfen, obwohl ich damals nicht wusste bzw. es mich nicht einmal kümmerte, was das war. Als ich in die Unterwelt, ins Innere der Bestie, hinabglitt, versuchte ich dem Abstieg instinktiv zu widerstehen. Niemand, nicht einmal eine Amöbe, leidet freiwillig. In Wahrheit sträubte sich jedes Haar von mir gegen den Abstieg: Ich stritt es ab, drückte es weg, wollte es nicht wahrhaben und verhandelte mit Gott, machte Versprechungen, griff auf alte Tricks zurück, drohte meinen Engeln mit einem Anschlag, verkündete, ich würde gehen – alles umsonst. Da nichts in meinem Leben gut läuft, nichts, wofür es sich zu leben lohnte, war es Zeit, sich in die Dunkelheit zu begeben.

Nachdem ich Hunderte von Menschen durch verschiedene Phasen ihrer Ensoulment-Prozesse begleitete, habe ich viele Wege des Abstiegs erlebt. Manche geraten in einen Zustand der selbstvergessenen Erstarrung. Andere wenden sich zwanghaften Verhaltensweisen zu; einige verlassen das Land oder schließen sich einer Kommune an. Die Menschen werden süchtig nach Zucker, Alkohol, Arbeit, Sex, Pornos, Fernsehsendungen, Romanen, der neuesten Technologie, dem nächsten Freund oder dem nächsten Rückzug in die Meditation – alles, um sie davon abzuhalten, sie selbst zu sein; alles, um sie davon abzuhalten, sich offen und direkt der seelenlosen Leere ihres Lebens zu stellen; alles, um sie davon abzuhalten, ihre wahren Gefühle zu spüren und ihr Leben wahrzunehmen, wie es tatsächlich ist.

Manchmal ist die Seelenlosigkeit durch einen düsteren, depressiven Zustand gekennzeichnet, ein andauerndes selbstmörderisches Grau. Andere Male wird sie als eine ständige Unruhe erlebt, rund um die Uhr beschäftigt mit sinnlosen Aktivi-täten. Für einige kommt die Seelenlosigkeit wie ein schwerer Unfall daher oder wie Krebs oder eine Scheidung; wie mysteriöse Körperschmerzen oder eine chronische Entzündung. Die Seelenlosigkeit kann sich in einem schwindelerregenden Wirbel von sozialen Engagements oder dem Verfolgen von prestigeträchtigen Zielen als Ablenkung oder Flucht tarnen, aber tief im Inneren weiß man, dass etwas im Leben nicht stimmt. Die Seelenlosigkeit ist ein weit verbreiteter und verheerend schmerzhafter Archetyp, der sich auf dem Planeten Erde herumtreibt. Wir Menschen werden alles tun, um das starke Gefühl der Verzweiflung zu vermeiden, dass die Spaltung zwischen unserer Realität und unserer Seele hervorruft.

In der Seelenlosigkeit kommt irgendwann das Gefühl auf, die Verbindung mit unserer ursprünglichen Essenz, mit dem, was wir sind, verloren zu haben. Als ich in die Seelenlosigkeit eintrat, hatte ich keine Ahnung, was geschah oder was mich meiner Wünsche und Lebensfreude beraubt hatte, denn ich war nicht deprimiert, aber ich war definitiv nicht mehr dieselbe Natalie. Alles, was ich tun konnte, war abzuwarten. Monatelang, sogar jahrelang passierte nichts. Rückblickend war meine größte Lernerfahrung während der Seelenlosigkeit die Verbindung mit einem Zustand des Seins statt des Tuns. Ich lernte den Wert meiner Seele zu schätzen, unabhängig davon, ob ich etwas erreicht, gegeben, getan oder geschaffen hatte – einfach nur ich selbst – frei, nackt und real! Könnte ich so genug sein?

Wenn wir nach überholten Überzeugungen, Ängsten, Gewohnheiten und kulturellen Programmierungen leben – die alten, drückenden Schuhe, die wir unbedingt tragen müssen, so schmerzhaft sie auch sein mögen – lassen sie nur sehr wenig Raum für eine gegenwärtige, authentische und natürliche Antwort auf das Leben. Unter diesen Bedingungen ist es für jede Seelenessenz eine Herausforderung, in unser menschliches Leben einzudringen, denn wir arbeiten mit einem Autopiloten, wiederholen hirnlose Slogans, mit einem fast zombieartigen toten Körper – wir werden zu wandelnden Köpfen und dankbaren Toten. Die Verseelung von Körper und Seele kann nur geschehen, wenn wir unserem wilden Verlangen nachgeben.

Zustände extremer Seelenlosigkeit werden manchmal als posttraumatische Belastungsstörung, psychische Krankheit, Schizophrenie, Depression, Dissoziation oder eine schwere körperliche Erkrankung diagnostiziert, aber ich sehe das anders. Ich glaube, wenn das ursprüngliche Wesen eines Menschen nicht ausgedrückt wird, befindet er sich in einem Zustand der Seelenlosigkeit. Ein Trauma kann einen solchen plötzlichen, unfreiwilligen Verlust auslösen, gefolgt von einem anhaltenden Seelenaustritt. Ein solches Ungleichgewicht wird durch Sucht, betäubende Ablenkung oder Isolation aufrechterhalten. Wird eine Seele beispielsweise in der Kindheit immer wieder angegriffen, verletzt, vernachlässigt oder respektlos behandelt, ist dies häufig auch der Beginn der Seelenlosigkeit.

Die Seele interessiert sich nur für eines: die Seele. Meine Seele, deine Seele und die Weltseele.

Manchmal ist die Seele so zersplittert, zerrissen und verworren, dass andere Programme, die sich nicht im Herzen der Seele befinden, den körperlich-sphärischen Raum der Seele bewohnen und sich dort einnisten, wodurch ein Hybrid aus seelisch-künstlichen Programmen entsteht. Dieser Hybrid ist im Wesentlichen eine unvollkommene Version der ursprünglich verkörperten Seele – ein Kompromiss. Ein Seelenverlust kann repariert werden, indem das Herz der Seele erwacht und all seine Bestandteile zurück nach Hause einberuft. Diese Erfahrungen von Verlust und Wiederherstellung werden dann in die sich ständig weiterentwickelnde Landschaft der Seele und der Weltseele integriert.

Einer der bedeutendsten Momente des bewussten Erwachens, während sich die Seele auf der Verseelungsreise befindet, ist ihre Fähigkeit zu beobachten, wer sie sein wird, was sich richtig anfühlt und woher ihre Erfahrungen stammen. In jedem Moment kann sie sich darauf einstellen, wer sich wie ausdrückt, wer nach dem Wasser greift, wer den Boden wischt, wer ängstlich ist, wer liest, wer glücklich oder euphorisch ist, wer dieses oder jenes will, wer ihre Erfahrung in diesem Moment bereichert.

Wir werden so vertraut mit dem Ausdruck unserer menschlichen Seele, dass alles, was in unserer Erfahrung auftaucht, von einem Gedanken bis zu einem Impuls, zu einer Quelle des Ursprungs verfolgt werden kann. Das Erkennen der Quelle unserer Neigungen befähigt uns, uns wie Qigong-Meister zu bewegen, indem wir sowohl subtile als auch explizite Energien steuern, um entweder Seelenlosigkeit zuzulassen oder Seelenfrieden in unserer persönlichen und kollektiven Psyche zu schaffen.

KAPITEL 6

DAS FEMININE: DER RICHTIGE EINSATZ DER WILLENSKRAFT [THE RIGHT USE OF WILL – RUOW]

Am Tiefpunkt meiner Seelenlosigkeit angekommen, stieß ich auf eine Sammlung gechannelter Bücher mit dem Titel *„The Right Use of Will"* (RUOW) von Ceanne DeRohan. Die Bücher erzählen eine Schöpfungsgeschichte, die sich auf das Kräftespiel im Verhältnis zwischen Gott und der „Reise der Mutter" konzentriert, sowie auf die Auswirkungen, die das verloren gegangene Weibliche auf die Entwicklung unserer menschlichen Psyche hat. Die Kosmologie des verlorenen Weiblichen und die Darstellungen dieser Buchreihe gingen mit mir in Resonanz und ein starkes Gefühl stieg in mir auf. Sie vertieften mein Verständnis über meine weibliche Seele und ihrer Reise seit ihrer Entstehung. Wenn ein Buch, eine Geschichte, eine Person oder ein Ereignis in solchem Ausmaß in meiner Psyche Nachhall finden, dann kann ich dieses starke Gefühl nicht ignorieren.

Der in den „RUOW"-Büchern beschriebene Verlauf jenes Kräftespiels brachte eine tiefgründige, unbewusste Wahrheit hervor, die ich in meinem Innersten kannte, aber keine Worte dafür fand, sie zu beschreiben – bis ich sie las. Wenn Wahrheiten im Unterbewusstsein mit äußeren, bewussten Reflexionen in Büchern, Filmen oder zufälligen Begegnungen resonieren, wird unser

Energiekörper aktiviert und wir sind nicht mehr, wer oder was wir einmal waren. Die Erkenntnisse, die ich durch die Geschichten aus der Buchreihe „*The Right Use of Will*" gewann, prägen meine Kosmologie bis zum heutigen Tag.

Als ich mich auf dem Weg der Aufwachphase, hinein in die Zeit der Seelenlosigkeit begab, war es, als befände ich mich über einer riesigen Schlucht, wo ich hinunterspringen wollte, der darunter liegenden Landschaft begegnen, aber ich hatte keine Ahnung, wie ich das am besten anstellen sollte. Ich wippte am Rand hin und her, motiviert und aufgeregt. Als ich The Right Use of Will zu Ende gelesen hatte, kam mir gleich ein weiteres Buch vor Augen, „Wiederkehr der Göttin: Die Religion der Großen Kosmischen Mutter und ihre Vertreibung durch den Vatergott" [Anm. d. Üb. Originaltitel: „The Great Cosmic Mother: Rediscovering the Religion of the Earth"]. Ein fachübergreifendes Buch von Monica Sjöö und Barbara Mor. „Die Große Kosmische Mutter" zitiert die archäologischen, anthropologischen, historischen und mythologischen Belege von Zivilisationen mit Göttinnenkultur, die seit der Altsteinzeit auf der Erde existieren.

Diese Bücher hinterließen solch eine Wirkung in meiner Psyche, dass die Wilde Frau in mir einen starken Drang verspürte, sich mit meiner eigenen, verlorenen Weiblichkeit und der der Welt zu verbinden. Diese Bücher waren von zentraler Bedeutung für das Verständnis meiner primären Archetypen – der Wilden Frau und dem Modernen Mystiker – sowie deren Beziehung zur Dunkelheit, zur Verwundbarkeit und zur Heilung des fühlenden Körpers. Mit der Hilfe meines Freundes Gabriel Morris, versuche ich ein tieferes Verständnis der Buchreihe „The Right Use of Will" zu vermitteln:

DeRohans Kosmologie postuliert, dass es irgendwann um den Ursprung der Schöpfungsgeschichte herum eine Spaltung im Reich der Götter und Göttinnen gab, die eine Trennung des Maskulinen vom Femininen mit sich brachte, was zu einer Art „Vorbild" wurde bzw. für alle nachfolgenden Abspaltungen als Vorlage diente. So wie ich es las und verstand, entstand jene Teilung einst aus einem Experiment der Selbsterfahrung heraus, wo sich eine der primären Urschwingungen namens „Gott" loslöste und seine Präsenz aus dem unendlichen Feld zurückzog. Dieser Rückzug schuf eine Abwesenheit von der Gegenwart, was zu einem Abgrund unbewusster Dunkelheit führte.

Ein bis dahin unbekanntes Gefühl der Angst, zusammen mit einer speziellen Reihe von Angstreaktionen, tauchte in diesem entlegenen Abgrund auf. Gott, nun geteilt, erlebte den abgetrennten Teil „seines" Wesens als unbekannt und drückte den entfremdeten Teil weiter von sich weg – in den dunklen Abgrund der Abwesenheit – einen Ort, an dem es Gott angeblich nicht gibt.

Der entfremdete Aspekt wurde das Weibliche genannt, der Teil Gottes, der in die Leere, in die Finsternis, in die völlige Abwesenheit des Lichtes Gottes verstoßen wurde. Wenn sie, der weibliche Aspekt Gottes bzw. die Mutter, aus dem Abgrund zurückgelangte und die „negativen" oder im Ansatz verleugneten Gefühle, die dort entstanden sind, zum Ausdruck brachte, konnte Gott ihre Erfahrungen nicht hören oder empfangen. Diese Verleugnung des Weiblichen durch Gott selbst schuf eine Kluft, die zu einem steten Riss im Bewusstsein für die gesamte nachfolgende kosmische Evolution wurde. Als Gott die Trennung vom Selbst erfuhr, wurde ein Teil Gottes unbewusst. Dies schuf eine tote Zone im Universum, in der kein Bewusstsein und keine Schwingung aktiviert war.

Mein Verständnis von DeRohans Kosmologie ist, dass diese Kluft zwischen dem männlichen und dem weiblichen Aspekt Gottes auch Luzifer hervorbrachte, ein gefallener Engel, ein Aspekt Gottes, der in der Vergangenheit, im Widerstand, im Unbewussten und in Unterdrückung verharrte. Luzifer, in Selbstverleugnung und Negativität badend, in Form von Tod und Schmerz, als das, was nicht ist, wurde von der Mutter angezogen, die unter ähnlichen Gefühlen wie Selbstverleugnung litt, während sie in dem dunklen Abgrund gefangen war. Die dunklen Reiche waren vom Licht Gottes getrennt und so konnten die Menschen keine Erleuchtung finden.

Die primäre Schwingung der Mutter, während sie sich in den Reichen des Abgrunds befand, beinhaltete die emotionalen Energien von Schmerz, Angst, Selbstverleugnung und das Gefühl, von ihrer eigenen Hilflosigkeit, Ablehnung, Opferbereitschaft und Gefangenschaft verzehrt zu werden. Fern von Selbstliebe, Verständnis und Licht wurden die Ängste und die Selbstverleugnung der Mutter durch Luzifer noch verstärkt. Die Mutter war für sehr lange Zeit im Abgrund der Hölle gefangen, mit all den gebrochenen, zersplitterten, fehlenden und entstellten Aspekten der Realität, die auch dorthin verbannt worden waren.

Wann immer wir unser eigenes Ich verleugnen, schaffen wir die Voraussetzungen für den Einzug in die Hölle und die daraus entstehende Abspaltung des Bewusst- seins vergrößert sich. Hölle, Schmerz und Dunkelheit sind Orte im Universum, denen das Licht des Bewusstseins verborgen bleibt.

In der Geschichte der Menschheit geht es nur um „Götter und Göttinnen", die unseren Werdegang beeinflusst haben, und dennoch ist es faszinierend, wie Emotionen, Schmerz und Leid in der Welt des Weiblichen entstanden sind. Wohlgemerkt, das Feminine wohnt in jedem von uns, in unseren Körpern, in unseren Gefühlen und Empfindungen, in unseren physischen und partnerbezogenen Erfahrungen auf der Erde, unabhängig von unserem Geschlecht. In jedem von uns schlummert eine Trennung zwischen dem Männlichen und dem Weiblichen. Diese Teilung besteht auch zwischen der Wilden Frau und dem Modernen Mystiker in mir.

Seit der Trennung der maskulinen und femininen Aspekte in unserem Bewusstsein ist die Evolutionsbewegung damit beschäftigt, diese Aspekte unseres Daseins wieder zu vereinen und wieder ein ungeteiltes Feld aus männlichen und weiblichen Aspekten im Universum zu erschaffen. Maskuline Aspekte in Form eines spirituellen, intellektuellen, rationalen, weitschweifenden und liebevoll strahlenden Lichtes des göttlichen Bewusstseins, der Energiezentren 4 5 6 7 in der yogischen, ayurvedischen, hinduistischen und tantrischen buddhistischen Tradition. Feminine Aspekte des Universums sind die instinktiven, animalischen, physischen, geerdeten, intuitiven, partnerschaftlichen, emotionalen, sexuellen, kraftvollen, magnetischen Aspekte des dunklen Bewusstsein, die Energiezentren 4 3 2 1 und weiter abwärts zählend.

Diese dynamische Trennung zwischen dem Femininen und dem Maskulinen existiert auch zwischen der linken, weiblichen und der rechten, männlichen Seite jedes erzeugten Gefäßes; zwischen dem inneren Weiblichen und dem äußeren Männlichen von allem, was entsteht.

In der Kluft zwischen dem Männlichen und dem Weiblichen befindet sich erstarrte Energie der verleugneten Existenz. Alles, was die liebevolle Annahme des Lebens verweigert, sinkt allmählich in den Schlund der Unterwelt hinab. Die Verleugnung des Lebens verursacht Angst, die ein fruchtbarer Boden für alle damit verbundenen negativen Zustände ist.

Was ist das Gegenteil von Verleugnung? Akzeptanz, liebevolle Annahme und hingebungsvolle Integration. Die Heilung der Lücke in unserem Körper und unserer Seele erfolgt durch Einlassen statt Vermeiden, durch Eingehen statt Weggehen, durch Zulassen eines vollen Erfahrungsspektrums statt Verschließen, durch Verschmelzen des bewussten Lichts mit der unbewussten Dunkelheit. Die Umarmung eines vollen Spektrums von Gefühlen ermöglicht es dem Licht der Bewusstheit, Emotionen zu transformieren, indem es in sie hineingeht. Die Integration, das Zulassen und die Transformation geschehen auf elegante und anmutige Weise im Herzen des Universums und im Herzen selbst. Beim Aufeinandertreffen des Männlichen mit dem Weiblichen, des oberen und unteren, des linken und rechten, des inneren und äußeren Bereichs, vollzieht sich Heilung im kosmischen Herzen selbst.

Unsere Entwicklung und Kosmologie sind für unser Verständnis der Seelenlosigkeit wichtig sowie für unsere Fähigkeit, sie trotz ihres unerträglichen Schmerzes anzunehmen, weil die Reintegration in verschiedene Aspekte unseres irdischen Daseins noch nicht stattgefunden hat. „Negative" Emotionen, Erlebnisse, Wünsche und Taten entstehen weiterhin und trüben vorübergehend die wahre Natur des Bewusstseins, unserer Seele sowie das der Weltseele.

Ich glaube, dass solche „negativen" Emotionen die energetische Reaktion auf die Verdrängung der Seele sind. Während meines Abstiegs in die Seelenlosigkeit war der Schmerz der Isolation, des Mangels an Berührung, der Scham und der Trauer so überwältigend, dass mir nur noch die Möglichkeit blieb, sie vollständig zu fühlen, bis sich die Wetterlage in meiner Psyche veränderte. Ich erkannte, dass alles, was ich bei anderen verurteilte, ablehnte oder was mich bei anderen abstieß, ein Spiegel dessen war, was ich in mir selbst verleugnet und in eine innere psychische Spalte geworfen hatte.

Da die Weltpsyche ein Spiegelbild des Kosmos ist, würde die Heilung meiner inneren psychischen Kluft ein Tor für die Heilung anderer öffnen, einen Weg, durch den größere Verschiebungen in der kosmischen Integration geschehen könnten. Die Essenzen der Energie, des Bewusstseins und der Seelen stehen in ständiger Kommunikation miteinander, senden, empfangen und verwandeln sich gemeinsam. Was auch immer in meiner Psyche, in meinem Körper geschieht, fließt zu meinen Freunden, zu meiner Stadt und zum Kosmos insgesamt. Diese kontinuierliche Kommunikation und Neukalibrierung geschieht energetisch, im Gewebe der Realitätswellen, ohne dass wir auch nur ein Wort sagen.

Wenn wir einem „negativen" Gedanken oder Gefühl erlauben – sei es Gefühllosigkeit, Wut oder Zynismus –, sich neutral durch uns zu bewegen, ohne dass es sich in unserer Psyche festsetzt, wird das negative Muster in die frei fließende und ursprüngliche Art des weiträumigen Bewusstseins umgewandelt. Wenn wir neutral unsere Gefühle wahrnehmen, ohne sie zu kommentieren, zu bedauern und uns nicht weiter mit ihnen beschäftigen, ermöglicht dies einen Energiefluss, der wie eine frische Brise durch alte, unterdrückte Strukturen weht. Wir werden zu einer kosmischen Hülle, die in der Lage ist, „negative" Emotionen zurück in das verbundene Feld allen Seins zu entlassen.

Während meiner Seelenlosigkeit bemerkte ich, wie konsequent und systematisch ich den Kontakt mit der Dunkelheit vermied, wie sehr ich meine Verwundbarkeit, Krankheit, Hilflosigkeit, Ohnmacht, Traurigkeit, Trauer, Furcht, Angst und Einsamkeit fürchtete. Als ich mich in der Seelenlosigkeit befand und in der unangenehmen Energielosigkeit meines Lebens verharrte, war ich weder mutig genug noch imstande, über meinen Tiefpunkt zu sprechen. Ich schämte mich schon bei dem Gedanken, meinen Freunden zu erzählen, dass ich meine Antriebs- und Schaffenskraft, meine Leidenschaft und meinen Lebenswillen und auch meinen Bewegungsdrang verloren hatte. Ich schämte mich für meinen Wunsch nach Berührung, nach Liebe und meinem Bedürfnis nach einer liebevollen Umarmung. Ich hielt den Schmerz meiner Sehnsüchte in meinem Körper verborgen.

Je mehr ich meine weiblichen Bedürfnisse unterdrückte, desto größer wurde der Verlust meiner Urinstinkte. Dr. Clarissa Pinkola Estés, Curandera, Volksheilerin, Geschichtenerzählerin und Jungianerin entschlüsselt in ihrem Buch „Die Wolfsfrau: die Kraft der weiblichen Urinstinkte" anhand von Mythen und Geschichten zu Archetypen die Essenz der Seelenreise. Dr. Estés macht verständlich, dass das Leben für immer mit dem Tod verbunden ist und beleuchtet den „Lebenszyklus zwischen Leben und Tod" näher. Dieses charakteristische Merkmal half mir zu verstehen, dass Teile von mir starben, damit neue Aspekte meiner Seele geboren werden konnten. Indem ich mich meinem Schicksal ergab und mich in den Abgrund stürzte, blickte ich dem Tod ins Auge: dem Tod meines Unternehmens, dem Tod meiner Beziehungen, dem Tod meines Hauses, meines Vaters, meiner Finanzen und all meiner veralteten Lebensansichten.

Untitled, 2013
Valley Bak
www.valleyburke.com

KAPITEL 7

TIEF IN DER FINSTERNIS

Eines Nachts, kurz bevor ich einschlief, bat mich die Dunkelheit, mich mit ihr zu verbinden, nicht durch Denken oder Channeling, sondern durch das Zusammensein mit ihr. Die Finsternis bat mich, mich zu ihr zu setzen und zu spüren, was sie fühlt. Ich schloss meine Augen und hörte das Trommeln in meinem Ohr, das zeitlos mit all den schamanischen Aborigines-Trommelworkshops, denen ich früher angehörte, resonierte. Der sich stets wiederholende Rhythmus der Trommeln gab meinen Erlebnissen einen wohltuenden Raum und mein Geist begann sich zu entspannen.

In einem veränderten Zustand zwischen Träumen und Wachsein, Bewusstsein und Unbewusstsein, hörte ich eine schwarze Krähe meine Ankunft in der Unterwelt ankündigen und die Reise begann. Ich habe leichte Kopfschmerzen, mir ist schwindlig und ich fühle mich leicht dissoziiert. Mein Körper reagiert mit Schüttelfrost, er ist unruhig, sucht nach etwas, an dem er sich festhalten kann, als wüsste er, dass etwas passieren wird – einer dieser präkognitiven sechsten Sinne. Ich höre einen lauten, donnernden Bass, der aus dem Inneren der Erde kommt und die Erde erschüttert. Durch die Vibrationen zittere ich am ganzen Körper, das Beben breitet sich aus, doch seltsamerweise habe ich keine Angst. Irgendwie fühlt es sich vertraut an, wenn die Erde spricht, dröhnt und aufheult. Ihre Stärke gibt mir Kraft, ihr Feuer treibt mich an und ihre geschmolzene Lava erregt mich. Das Grollen verstummt und eine Stille durchdringt den Raum. Ich realisiere, dass es nichts zu verstehen gibt, dass es nichts gibt, wovor ich weglaufen oder mich schützen muss – ich spüre einfach nur die reine, die nackte Präsenz innerhalb der Erfahrung.

Die Erde raunt mir ins Ohr: *„Natalie, wir leben in einem Gefühlsuniversum. Die Hölle erweitert sich so schnell, weil wir aufgehört haben zu fühlen. Wir werfen den ganzen Müll in die Unterwelt, alles, was wir nicht ertragen, nicht sehen oder verstehen können, nicht spüren oder womit wir nicht leben können. Lass die unangenehmen Gefühle zu, Natalie"*, sagt die Erde, *„denn das führt dich mittels deines klugen Navigationssystems direkt zur inneren Weisheit deines Ursprungs."*

Ich höre aufmerksam zu. Die Finsternis tritt in den Vordergrund und fragt mich: *„Welche Gefühle fürchtest du? Vor welchen Erfahrungen hast du Angst? Fürchtest du, was aus dir werden oder inwas du aufgehen wirst?"*

Bilder der Empörung steigen in mein Bewusstsein auf, Bilder, in denen ich mich vor Schmerzen krümme, der Krankheit und Hilflosigkeit, meiner Krankheiten und der Krankheiten meiner Mutter, ihrer Entzugserscheinungen und ihres langsamen, schmerzhaften Todes. Mir wird klar, wie viel Angst ich vor der Verwesung habe, davor, von chaotisch stinkenden, schmutzigen, bösartigen und grausamen Kreaturen bedeckt zu werden.

„Sei ganz bei ihnen, ihrem faulen Geruch, dem Müll, dem ständigen Erbrechen."

Die abstoßenden Bilder verharren im Kopf.

„Sei mit der Verzweiflung der Krankheit, mit Grauen und Folter, mit den Schreien vergewaltigter Frauen, verzweifelter Jungen und Mädchen, mit den Älteren. Sei bei dem Krebs, der deinen ganzen Körper von innen heraus auffrisst. Sei mit deiner verzweifelten Hoffnungslosigkeit, mit der Langeweile, mit dem Nichts, mit dem Geruch des Todes. SEI MIT IHNEN."

Die Dunkelheit ist hartnäckig: *„Sei bei deinen größten Ängsten."*

Ich muss immer wieder weinen, möchte einfach gehen, sehne mich danach, zu fliehen, abzuhauen, den Schmerz nicht spüren zu müssen, der durch all den Missbrauch, durch Sucht und Verzweiflung verfallener Krankenhäuser und ländlicher Gemeinden, über Kinderhandel und Gewalt entsteht. Ich bin bei den Mädchen und den Jungen, den Frauen und der Erde, benutzt und missbraucht. Ich verharre in diesen Ängsten und bemerke, wie sehr sich die Dunkelheit ein wenig an meiner Angst, meiner Abwehr, meiner Trauer und meinem klagenden Schmerz erfreut.

Die Finsternis wechselt zwischen einer kalten, bösartigen, räuberischen, krokodilähnlichen serienmörderartigen Psychopathin und einer einhüllenden, tröstenden weiblichen Weitläufigkeit, einer umsorgenden Dunkelheit. Könnte es sein, dass selbst die Finsternis einen kalten männlichen Aspekt und einen warmen weiblichen Schoß hat?

In dem Chaos des schmerzhaften Schauders bleibe ich wach.

Ich bleibe wach, im Kopf das Bild einer dunklen Gasse, in der ich bei einem Raubüberfall angegriffen, fast zu Tode geprügelt, mehrfach vergewaltigt, angespuckt, zerfetzt, gefoltert werde, in ekelhaft stinkende Pfützen mit klebrigen, schleimigen Geschöpfen gedrängt werde. Dann betrete ich ein schrecklich dunkles Krankenhaus, in dem zur Hälfte Menschen und zur Hälfte Leichen hilflos im Flur herumschreien. Sie starren mich mit ihren großen, braunen Augen an und betteln um Erlösung. Sie würden den Tod begrüßen, ja alles, um sich diesen „Übergang" zu ersparen. Ich bleibe und fühle, wie sich mein Mund mit Kakerlaken und anderen gepanzerten Insekten füllt, die sich langsam über meinen Körper und mein Gesicht bewegen.

Ich kann noch atmen. *„Bin ich noch bei Bewusstsein?"*, frage ich mich. Ich spüre, dass sie mich lediglich darum bittet, bei Bewusstsein zu bleiben, das Gefühl aufrechtzuerhalten und dabei nichts zu tun, nirgendwo hinzugehen, mich auf nichts hin- oder wegzubewegen.

„Gib dich dem Schmerz der Finsternis hin", sagt sie, während die Kreaturen meine Haut und meinen Hinterkopf auffressen, mir in die Augen stechen und darauf bestehen, in meine Vagina zu gelangen. Während sie neben meinem Mund knabbern, scheißen und ficken und ihren speziellen Bewegungen ein Geräusch verleihen, kann ich fühlen, wie Krebszellen unkontrolliert in meinem Körper wachsen und mich deformieren, während sie sich an meinen Organen von innen heraus laben. Mit zunehmendem Schmerz und Ekel wird mein Körper unidentifizierbar. Ich bleibe. Ich bin erfüllt, eingetaucht, lasse mich auf diesen Teil der Realität ein, während sich Fragmente von Nicht-Essenz und ekelerregenden Teilen der Realität auf mir tummeln, summen, schweben und sich auf meinem Gesicht niederlassen, wie Fliegen, die kurz auf einem Stück alten, verfaulten Fleisch landen.

Trotzdem bittet mich die Dunkle Mutter stillzuhalten. Einfach ruhig zu bleiben. Sie folgt meinem Atem, meinem Schmerz. Ich werde für eine Sekunde ohnmächtig und komme zurück. In der Minute, in der ich mich löste bzw.

bewusstlos wurde, rüttelt sie mich wach. *„Atme weiter"*, sagt sie zu mir. *„Nehme alles in dir auf. Versäume nicht das Geringste davon."*

Noch während ich um Atem ringe, beginnt mich ein tiefer Frieden zu erfüllen. Mein Schmerz lässt nach und mein Wunsch zu fliehen, zu trauern oder irgendwo hinzugehen wird schwächer, bis mein Überlebensinstinkt mich befreit. Ich bin am Leben – egal in welcher Gestalt, in welcher Form oder in welchem Zustand. Ich bin am Leben, egal, was kommt.

Kurz nach dieser Ruhepause befreit mich der Dunkle Vater aus dieser Hölle während er mit kalten, kämpferischen und teuflischen Augen lacht. In seinem Blick sehe ich das Konzentrationslager in Auschwitz. Ich sehe Adolf Hitlers ausgestreckten Arm, wie er eine riesige Menge befehligt, die ihm zujubelt. Ich sehe die Gestapo und die SS. Einer von ihnen wirft mich in einen der Waggons eines riesigen Güterzuges, der direkt zu einer Gaskammer in Treblinka führt. Hunderte von nackten Menschen zittern auf ihrem Weg in den Tod. Ich rieche den kalten Schweiß von hart arbeitenden Männern, Frauen und Kindern, die seit Tagen nichts gegessen haben. Ihnen ist kalt, sie sind verwahrlost und durstig, ihr Atem ist trocken und abgestanden. Ihre Herzen pulsieren mit violettem Blut und das ist es, was sie zusammenhält.

Ich gehe mit ihnen in die Gaskammern, während das Gas in den Duschen freigesetzt wird. Ich sterbe mit ihnen, weil ich Jude bin, ein dreckiger Jude. Ich lasse die Demütigung und meine Verachtung gegenüber der Endlösung zu. Ich weine, als mich der Dunkle Vater aufweckt, während jedes erdenkliche medizinische Experiment nebenan in der Gaskammer durchgeführt wird. Ich höre die Schreie dieser bedauernswerten Menschen, die ohne Betäubung aufgeschnitten werden. Ein kalter Schauer läuft mir vor Ekel den Rücken hinunter, während ihre Organe nacheinander zerlegt werden. Ich weine wegen ihrer Schmerzen, bleibe aber trotzdem bei ihnen.

Ich fand heraus, dass es auch einen Rat der Finsternis gibt und die Mitglieder sich über meine Unnachgiebigkeit freuen. Sie wollen mich für ihre Armee rekrutieren. In jenem Augenblick stellte ich fest, dass jeder Mensch und jedes Volk seine eigene dunkle Hölle hat, dass es viele Höllen gibt, so viele Höllen wie es Menschen, Tiere und Erlebnisse gibt. Ich erkannte, dass die Hölle wie ein zusammenhängender, unterirdischer Höhlentunnel konstruiert ist, der immer weiter in die Unendlichkeit führt.

Unmittelbar nach dieser Erkenntnis wurde ich in eine sehr schnelle Zentripetalkraft unendlicher, pechschwarzer Dunkelheit gesogen. Nur mit sich bewegenden Sternenstaubpartikeln um mich herum, erkannte ich sofort, dass ich mich in einem Schwarzen Loch befand, im Bewusstsein, dass dies Orte sind, denen kein Licht, rein Garnichts wirklich entkommen kann, nicht einmal das Bewusstsein. Wie kann ich dies in meinem Inneren spüren? Ich bin am Nullpunkt, im Auge des Hurrikans und kann alles sehen, ohne von ihm verschlungen zu werden.

Ich befinde mich nun in energetisch dunklen Tunneln, unterirdische Höhlen verbinden sich mit endlos vielen Höllen. Ohne direkten Zugang zu Licht oder eigener Energie dehnen sich dunkle Welten durch das Verschlingen anderer Lebenskräfte aus. Sobald sie diese Energien und Kräfte in sich aufgenommen haben, erweitern sich ihre unterirdischen Netzwerke wie städtische Tunnel und Schwarze Löcher. Sie saugen alles, was ihnen in die Quere kommt, mithilfe eines Wirbelsturms durch Raum und Zeit hindurch, in die Unterwelt ein. Sogar das Bewusstsein und das Licht selbst weichen ihnen aus, vermeiden gefährliche Übergänge und sind darauf bedacht, ihre ursprüngliche Essenz nicht zu verlieren.

Als ich dem Schwarzen Loch meiner Psyche entfliehen konnte, verstand ich, dass, so wie es hunderte Arten von Eis und Schnee gibt, auch hunderte Arten der Dunkelheit existieren. Jede Dunkelheit bewohnt eine Reihe von Essenzen, Erfahrungen und Landschaften. Ich erkenne auch, dass Menschen die Energie, Landschaften und Welten wählen, die sie verkörpern möchten, und gleichzeitig in der Lage sind, diese Welten durch ihren einzigartigen, lebendigen und alchemistischen Prozess zu transformieren.

Eine unserer Aufgaben auf dem Planeten Erde ist es, die Dunkelheit zum Nutzen unserer kosmischen Evolution zu verdauen, umzuwandeln und zu integrieren. Es gibt nur sehr wenige Spezies, die ein so ausgeklügeltes und beständiges System haben, das zu einer solchen Mission fähig ist: Materie und Psyche, bewusst und unbewusst zu integrieren.

Kurz nach diesen Erkenntnissen finde ich mich im warmen, dunklen Schoß der Mutter wieder, getröstet durch eine friedliche, vertraute Zugehörigkeit. Ihre tiefe, sichere Geborgenheit ist fürsorglich, beschützend und großzügig. Ich lege mich in sie hinein, sauge an ihrer Brust wie ein neugeborenes Baby, das in die Schläfrigkeit treibt. Sanft erklärt sie mir, dass die Unterwelt Teil ihrer Schöpfung ist. Nichts ist unmöglich auf dem Weg nach Hause. Dies sind all ihre Kinder, sie gehören ihr. Niemand wird zurückgelassen. Niemand wird abgewiesen. „*Egal wie beschädigt, deformiert, abstoßend, gemein, kalt, bösartig oder kosmisch verletzt, sie sind alle meine Kinder*", flüstert sie und küsst mir die Stirn, während ich in die Vergessenheit eines tiefen, tiefen Schlafs gerate.

KAPITEL 8

VERLETZUNGEN UND HEILUNG DER SEELE, SCHWARZE LÖCHER UND LANDMINEN

Lektionen der Dunkelheit sind für die Verseelung in der Phase der Seelenlosigkeit von grundlegender Bedeutung. Die Dunkelheit ist der präkreative, ursprüngliche und universelle Schoß, in dem sich jedwede Saat befindet und sich auf eine neue Reise einstellt. Sie ist ein Ort des Todes, aber auch der Reifung vor der Entstehung. In der Dunkelheit entsorgen wir all die unerwün- schten, schmerzhaften und deformierten Elemente unserer Erfahrungen, den Schatten des Lebens, damit etwas Neues entstehen kann – manchmal in Form einer Reinigung, manchmal als Verleugnung, manchmal im Feuer der Vernichtung. In unserer Psyche gibt es dunkle Portale zur Unterwelt, wo es keine Interaktion mit dem Licht des Bewusstseins gibt. In der Unterwelt entwickeln Schöpfungen Möglichkeiten, ohne Licht etwas wahrzunehmen, sich zurechtzufinden, zu wachsen und sich zu verständigen.

Wenn energetische Fragmente, Teile unseres Ichs, über unserer Psyche zersplittern und verstreut sind, saugen diese jede Lebenskraft auf und absorbieren aus ihrem Selbsterhaltungstrieb alles, was ihnen in die Quere kommt– sie werden zu „psychischen schwarzen Löchern". Die Verwundung, die ein schwarzes Loch in der Psyche hervorruft, ist verheerend; die anfängliche Wucht nimmt eher zu, als dass sie sich selbst heilt. Aus psychologischer Sicht sind die unbehandelten, schwer geschädigten Stellen in uns wie Landminen, die durch Druck automatisch explodieren und in der Lage sind, andere durch eine direkte Explosion oder durch Bruchstücke, die durch die Explosion herumgeschleudert werden, zu verletzen.

Psychische „Schwarze Löcher" und „Landminen" entstehen im Laufe der Zeit durch Abspaltung, da einige Teile der menschlichen Seele abgeschnitten, abgelehnt und verstoßen wurden. Die nährende, annehmende und liebende Energie des Universums sowie der menschlichen Eltern entfernten sich. Verbleiben diese ungeheilt in der Psyche, deformieren sich diese abgelehnten Aspekte und erhalten den Kreislauf des Seelenverlusts in der Welt aufrecht.

Es ist wichtig zu verstehen, dass, wenn wir einen Ausdruck, eine Art des Seins unterdrücken, diese Verdrängung aufgezeichnet und im Gedächtnis der Erde verborgen bleibt; sie verbirgt es nur für einen Moment vor unserem Blick. Zurückgewiesene und dämonisierte Teile unserer persönlichen und kollektiven Psyche finden ihren Weg (unter der Oberfläche oder in ihren eigenen Wüsten) zu existieren, verwesen und werden zu einem neuen schwarzen Loch, einer Landmine oder formen sich zu einer radikalen Gruppe wie ISIS, dem KKK oder einer anderen extremistischen, psychopathischen Gruppe. Die Heilung für all solche losgelösten Erscheinungsformen ist erstens die Eingrenzung und zweitens die Wiederbelebung ihrer Herzen und ihrer Seelen, um sie dann wieder in das Gefüge des Lebens zu integrieren. Wenn jeder von uns seine Fähigkeit verbessert, die Dunkelheit in sich selbst einzugrenzen sowie zu integrieren, dienen wir der Integration der Dunkelheit für das gesamte Universum.

Wir werden immer besser darin, die Dunkelheit einzudämmen, zu verdauen, aufzulösen und zu integrieren. Es ist kein strategisches Problem, das es zu lösen gilt, sondern eine hervorzurufende Öffnung des Herzens, ein Erwachen unseres Bewusstseins sowie der verwundeten Unterwelt. Das Herz der Seele hat die Eigenschaft, alle Gegensätze zu verbinden, zu heilen und zu reparieren. Ich glaube, dass eines der gefährlichsten Phänomene des 21. Jahrhunderts der Verlust der Seelen als auch der verschlossenen Herzen ist sowie die Trennung von den ursprünglichen, imaginalen Reichen, die als Brücke zwischen den verschiedenen Dimensionen unserer Existenz fungieren.

Was mich am meisten beunruhigt, ist das Gefrieren der Herzen sowie die Mechanisierung und Technologisierung unserer Existenz. Menschliche Seelen können niemals zu Maschinen werden oder durch eine mathematische Formel simuliert werden. Die für uns lebenswichtigen Herzen und Seelen können nicht in einem 3D-Drucker gedruckt werden. Die Technologien können die enorme Intelligenz der Uressenzen, aus der sie hervorgegangen sind, nicht zum Ausdruck bringen. Wir bräuchten einen Computer, der so riesig ist wie das

Universum selbst, um auch nur ein echtes menschliches Herz nachzubilden. Die Rückbesinnung auf unsere eigenen, intelligenten Herzen ist eine der wichtigsten Aufgaben, vor der wir heute stehen. Ich glaube, dass durch die persönlichen und kollektiven Erfahrungen das gesamte System – die Seele des Universums – wiederbelebt wird, und Heilung von da an auf natürlichem Wege verlaufen wird.

Teil III

DIE ALCHEMIE

KAPITEL 9

TRANSFORMATION

Der alchemistische Prozess hat bereits begonnen, sobald die Seele in die Seelenlosigkeit hinabsinkt. In der Unterwelt erweitert die Seele ihre Fähigkeit, Dunkelheit zu verarbeiten und Schmerz, Trauer, Wut, Verlust, Vorurteile oder auch Entstellungen zu tolerieren. Die Seele ist nun in der Lage, sich in das Feuer des Lebens zu stürzen und in die alchemistische Phase des „Schmorens im eigenen Saft" einzutreten. Fast jedes Element verliert beim Erhitzen seine ursprüngliche Form und Beschaffenheit, wie jedwede Kunstform. Durch dieses Verschmelzen formt sich ein neues, größeres Ganzes.

In der Alchemie bewegt sich die Seele köchelnd zwischen Licht und Dunkelheit, zwischen Hitze und Kälte, zwischen Garwerden und sich auflösen, zwischen dem Bestehenden, dem Vergangenem und dem, was entstehen wird. Viele Prozesse geschehen gleichzeitig und die Seele beginnt sich ins Leben zu träumen. In der Alchemie träumt sich die Seele in das hinein, was sie sein möchte. Während wir uns der Alchemie unterziehen und in unserem eigenen, visionären Werden köcheln, tun wir nichts, widersetzen uns niemandem und gehen nirgendwo hin. Schwanger mit unserer eigenen Seele, vertrauen wir ihrer angeborenen Weisheit, sich selbst magisch zu erschaffen. „Während der Alchemie träumt sich die Seele in das hinein, was sie sein möchte."

Während meines Übergangs aus der Seelenlosigkeit hinein in die Alchemie, empfing ich drei Aufzeichnungen und schrieb Folgendes nieder: (1) Erlebnisse – Empfindungen, Gedanken und Impulse unmittelbarer und gegenwärtiger Gefühle; (2) Erkenntnisse – gewonnen aus diesen Erlebnissen heraus, erkennen interessanter Zusammenhänge, begründen von Philosophie und Geometrie zu Ursache und Wirkung synchroner Begegnungen und (3) Visionen – die mein Bewusstsein durchströmen. Erlebnisse, Erkenntnisse und Visionen sind miteinder verflochten, bereichern sich gegenseitig und erhellen die Beziehungen zwischen meiner persönlichen und der kollektiven Psyche, zwischen meiner inneren Weltanschauung und dem Kosmos sowie zwischen Erfahrung und Ensoulment.

Sobald sich unsere menschliche Gestalt aufgrund des alchemistischen Prozesses aufgelöst hat, sind wir in der Lage, uns in mehreren Dimensionen gleichzeitig aufzuhalten. Erlebnisse, Erkenntnisse und Visionen aus Vergangenheit, Gegenwart und Zukunft – ätherisch, energetisch, emotional und physisch – verweilen in einer alchemistischen Suppe in unserem amorphen Feld des Werdens. Unsere Fantasien, Träume und Archetypen sind in der Alchemie für das schöpferische Können, uns erneut hervorzubringen, von großer Bedeutung. Mit unseren Erlebnissen ist es wie mit Kindern – einmal geboren, gehen sie auf ihre eigene Reise. Sie sind losgelöst und werden zu eigenen, unabhängigen Wesen und beeinflussen durch ihre Entfaltung das gesamte Universum.

Die Alchemie brachte ein „Neugeborenes" bei mir hervor – die Geschichte namens „528 Hertz". Als 528 zum ersten Mal in meinen Visionen erschien, war ich mir noch nicht über die Bedeutung im Klaren. Später fand ich heraus, dass 528 eine bedeutende Frequenz der musikalischen und mathematischen Matrix der Schöpfung ist, die sogenannte „Liebesfrequenz". Sie steht in direktem Zusammenhang mit der Aktivierung und der Reparatur der DNA und geht dadurch mit der Essenz des kosmischen Herzens in Resonanz.

Die Handlung meiner 528-Geschichte war lückenhaft und irritierend. Verschiedene Aspekte erschienen zum ersten Mal hier und da in meinen Träumen oder beim Schreiben. Mich verwirrten die Charaktere, ihre Stimmen und ihr Beweggrund, da mein Verstand sehr geradlinig dachte anstatt sie einfach als einen Tagtraum anzusehen und die Geschichte auf mich wirken zu lassen. Als ich mich der 528-Realität stellte, betrat ich eine magische Welt. Hier ist ein kurzer Abriss über die Geschichte, wie ich sie aus einem späteren Verständnis heraus betrachte:

Es war einmal eine ehemalige Geschäftsführerin in ihren Vierzigern, die in San Francisco lebte. Ihr Name war Lauren und sie erlebte eine Reihe ungewöhnlicher Ereignisse, wodurch sie auf den „RAT der Essenzen" traf. Unmittelbar nach ihrer Begegnung forderte dieser RAT Lauren auf, eine Reise namens „528 Hertz" anzutreten und eine Mission zu erfüllen – das Betriebssystem der Erde zu aktualisieren. Um sich auf eine solche Reise zu begeben, wurde Lauren dazu aufgerufen, die weiblichen, archetypischen Energien in ihrem eigenen Körper und ihrer Psyche zu erwecken und dann gemeinsam eine mehrdimensionale 528-Hertz-Transformation auf der Erde zu anzuführen. Ihre Herausforderung bestand darin, mit dunklen Kräften zusammenzuarbeiten, deren Motivation Angst, Schmerz und Zerstörung sind, sowie andere Essenzen und Frequenzen mit deren Reich zu verbinden. Mithilfe des gesamten weiblichen, archetypischen Spektrums, von der Kriegerin über die Liebhaberin, der Mutter bis hin zum Todesengel (um nur einige zu nennen), sollte Lauren ein Verständnis dafür entwickeln, dass Angst und Dunkelheit Teil der weiblichen Urkraft sind, und Wege finden, sie in das Ganze zu integrieren.

Alles Weitere dieser Geschichte führt zu einem intensiven emotionalen, sinnlichen und spirituellen Reich. Lauren stellte sich der Herausforderung. Sie begegnete einer neuen Liebe, Sylvie, und begann mit ihr ein außergewöhnliches Seelenabenteuer, indem sie mit verschiedenen Intelligenzen kommunizierte, die ihr ein neues, seelenvolles Realitätsmodell offenbarten, welches auf der Frequenz 528 beruhte. Die ganze Geschichte mit allen Einzelheiten könnte vielleicht in einem separaten Buch veröffentlicht werden. Vorerst stelle ich euch jene Teile vor, die wichtig für meine alchemistische Phase auf meinem Weg zu Ensoulment für mich waren.

Werden Lauren und Sylvie in der Lage sein, das Betriebssystem der Erde zu aktualisieren, bevor unser Planet in einem schwarzen Loch aufgeht? Ist es überhaupt möglich, mit der Dunkelheit zusammenzuarbeiten? Können sie die Aspekte des mysteriösen, unbewussten Femininen verkörpern und ihre Mission erfüllen? Wird ihre Liebe auch über Beziehungsprobleme hinweg und werden sie ihrer kosmischen Verantwortung, die sie auf sich genommen haben, standhalten? Lasst es uns herausfinden.

Eine Anmerkung: Dieser Auszug, den du gleich lesen wirst, ist mehr als nur ein Teil eines Buches, es ist eine Übertragung. Ich lade dich ein, diese als solche zu empfangen, darin einzutauchen und sie durch deine Zellen und in deine Träume aufzunehmen. Auf nichtlineare Weise wurde diese mir offenbart und zur Wiedergabe abgefasst. Du wirst auf eine Reise mitgenommen, die drei bedeutende Abschnitte umfasst: (1) der Verseelungsprozess, (2) die 528-Geschichte sowie (3) das Modell der beseelten Realität. Während der alchemistischen Phase meines eigenen Verseelungsprozesses lud ich die 528-Geschichte herunter und unterstützte somit die Integration meiner Kernarchetypen – der Moderne Mystiker und die Wilde Frau – die zu jener Zeit in das Bewusstsein meiner Psyche gelangten.

Die 528-Geschichte, die Liebesbeziehung zwischen Lauren und Sylvie sowie die Begegnungen mit dem RAT der 12 Uressenzen erleichterten mir den Zugang zur 528-Frequenz direkt in meine Realität. Dadurch war es mir möglich, das Modell der beseelten Realität herunterzuladen. Dies ist also Teil III dieses Buches. Die zuvor erwähnten drei Abschnitte stellen eine mehrdimensionale Reise dar, bei der mehrere Themen, Bereiche und Handlungsabläufe miteinander verknüpft werden. Diese drei Abschnitte enthalten alle wesentlichen Elemente für die Transformation hin zu Ensoulment – sowie für die Geschichte der Weltseele als Ganzes.

KAPITEL 10

528

Die in ihrem Gedächtnis nachhallenden Zahlen 5-2-8 waren das Letzte, woran sich Lauren erinnern konnte, als sie aus ihrem Traum erwachte. Vage hatte sie noch das Bild ihres laufenden Fernsehers vor Augen, der im Wohnzimmer steht und eigentlich selten eingeschaltet ist. Eine Schlagzeile von CNN lautete, dass spezielle Schwingungen, die in das Zentrum der bisher größten, jemals registrierten Ölverschmutzung im Golf von Mexiko übertragen wurden, in der Lage waren, diesen Ölteppich aufzulösen und das gesamte Wasser in nur zwölf Stunden zu reinigen. In einem Presseinterview äußerten die führenden Wissenschaftler von Exxon und Chevron ihr Erstaunen und führten es sogar auf einen Akt Gottes zurück, ein wahres Wunder!

Lauren saß in ihrem Bett, die Augen gerade mal halb geöffnet, und griff nach ihrem Laptop, wobei sie versuchte, jeden Teil ihres Traums, an den sie sich erinnern konnte, festzuhalten. Sie legte ihre Hände auf die Tastatur und begann: *528 Hertz*. Plötzlich stellten sich ihre Armhaare auf und sie bekam Gänsehaut. Ein Schauer lief über ihren Rücken, breitete sich in ihrer Brust aus und zog sich hoch bis in den Nacken. Als sie wieder weiter tippen wollte, fing sie plötzlich an zu schreiben, was eine fremde Stimme ihrem Bewusstsein diktierte: „Die Liebesfrequenz des Bewusstseins 528 muss sich auf der Erde bis „2020" erhöhen oder der gesamte Planet, inklusive all seiner Bewohner, wird implodieren und im Schwarzen Loch #24.13.67 eurer Milchstraße verschwinden."

Rat der zwölf Essenzen

Was um alles in der Welt..? Lauren hielt erschrocken inne. Sie erinnerte sich, wie sie als Kind vom Autounfall ihres Bruders geträumt hatte, einen Tag bevor die Nachricht von seinen Tod eintraf. Sie zitterte. *Ist das wieder ein voraussehender Traum oder habe ich in letzter Zeit zu viele Sci-Fi-Filme auf Netflix gesehen?* Sie schaute wieder auf die Tastatur. *Woher kam diese Stimme,* fragte sie sich, *die in einem so liebevollen, aber dennoch sehr bestimmten Tonfall zu ihr sprach?*

Die Stimme antwortete prompt: „Wir sind der RAT DER ESSENZEN. Wir begleiten eure Milchstraße seit ihrer Entstehung. Unsere jüngsten Forschungsergebnisse und Berechnungen hinsichtlich eurer Zukunftsprognosen riefen uns auf den Plan, um einzugreifen und die Erde bei ihrem kollektiven Quantensprung an Energie, Bewusstsein und Frequenz zu unterstützen.

Der RAT DER ESSENZEN? „Erzähl mir mehr darüber", sagte sie und war bereit, alles einzutippen, was sie hören würde.

„Wir sind ein Kollektiv aus elementaren Urwesen vor jedweder Verkörperung, eng verbunden mit dem Planeten Erde. Man könnte sagen, wir sind die Wächter der Essenzen seit Gründung eures Planeten."

„Elementare Urwesen", murmelte sie, während sie tippte. „Kann ich mir euch irgendwie vorstellen oder euch wahrnehmen?" Noch bevor sie den Satz beendet hatte, entstand gleichzeitig vor ihrem geistigen Auge und im Inneren ihres Körpers eine kugelförmige Sphäre, die in verschiedenen Farben glitzerte. Sie konnte jede Schwingung der Farben spüren und wie diese mit verschiedenen Bereichen in ihrem Körper kommunizierten. Wieder bekam sie Gänsehaut. Der RAT verströmte Harmonie und strahlte sprudelnde, durchlässige, dynamisch kreative Urimpulse aus. Lauren konnte die Präsenz des RATes in ihrer sinnlich-lebendigen Vorstellung fühlen. Traumbilder traten in Erscheinung, begleitet von einem Kribbeln in der Brust, im Gesicht sowie im Bauch und in den Beinen. Sie sah und spürte zugleich, wie sich ihre Farben aufeinander abstimmten, sich veränderten und sich der Kommunikation anpassten.

Lauren wurde von einem unglaublich friedlichem Gefühl in ihrem Herzen, der Freude in ihrem Gesicht und der Lust in ihrem Unterleib regelrecht überflutet. Es pulsierte durch ihre Körpermitte. Lauren staunte nicht schlecht, als ihr jede einzelne Essenz vorgestellt wurde: Licht und Dunkelheit, Mutter und Vater, Energie und Schwingung, Bewusstsein und Liebe, Schönheit und Technologie, Zeit und Erde und schließlich die Seele der Welt, strahlend im Zentrum der

Essenzen wie auch allumfassend. Lauren war von der intensiven Strahlung und der smarten Eleganz überwältigt, die von all den Essenzen ausging. Jede Essenz hat ihre einzigartige Signatur! Sie hatte keine Ahnung, wie viel Zeit inzwischen vergangen war. Lauren war immer noch in ihrem Bett und schaute auf die Worte, die sie in ihren Computer getippt hatte: 528 Hertz. Jede Zelle ihres Körper schien vor Freude zu trillern. „Dieser Traum", dachte sie, „verändert alles."

Der RAT war erfreut darüber, wie er von Lauren aufgenommen wurde. Die Essenzen waren sich zunächst nicht sicher gewesen, ob Lauren ihre kollektive Energie als Ganzes spüren bzw. erfassen konnte. Ihr Wunsch war es, sich ihr gemeinsam vorzustellen, da es bei der gesamten Mission darum ging, alles in seiner Gesamtheit zu beleben, nicht eine einzige Seele sollte zurückgelassen werden. Ihr Kalkül und ihre Abstimmung fiel auf Lauren, da sie aufgrund ihrer intelligenten, offenen und neugierigen Frequenz eine ausgezeichnete Kandidatin für die Mission 528 zu sein schien. Auch wenn sich Lauren an die meisten ihrer Träume nicht erinnern konnte, ermöglichten sie ihr jedoch, aufgrund ihres leichten Zugangs zu meditativen Zuständen, reibungslos Zugriff auf tiefergehende Übertragungen. Lauren hatte ein starkes Gespür für die Verbindung zur Quelle und ein klares Verständnis, ergänzt durch eine weitere Ebene der Wahrnehmung, was bei einer solchen Aufgabe dringend erforderlich ist.

Bevor der RAT mit Lauren Kontakt aufnahm, hatte er sie eine ganze Weile genau studiert und festgestellt, dass man sich ihr am besten durch „Downloads" von Wissen und Erkenntnis näherte. Der RAT ließ bei Lauren Bilder aufblitzen, wie die Menschheit zunehmend von Angstzuständen geplagt und in einen unbewussten Zustand der Lähmung fallen würde. Die Menschheit würde immer mehr von der Dunkelheit eingenommen und hat einen Widerstand gegenüber Veränderungen entwickelt. Sie erklärten Lauren, dass ein Quantensprung und eine Verwandlung, sowohl des menschlichen Bewusstseins als auch des physischen Körpers, vor „2020" stattfinden muss. Sie hatten beschlossen, mit dem Planeten direkt in Kontakt zu treten. Ein Team von „Erdlingen" sollte den Weg zur Transformation und die Verbindung des kollektiven Bewusstseins auf 528 Hertz begleiten, denn dies war der erste Schritt, den Quantensprung vorzubereiten. „Dies wird ein noch nie dagewesenes Ausmaß an Zusammenarbeit auf allen Ebenen erfordern", teilten sie Lauren mit.

528

Zum ersten Mal lud der RAT die Dunkle Essenz ein, gemeinsam mit ihnen die 528-Hertz-Transformation auf der Erde zu vollziehen. Da die Dunkelheit eine lange Geschichte aufweist und ein starkes Interesse am Planeten Erde hat, schien es angemessen, dass sie sich an einem solchen Vorhaben beteiligen würde.

Der RAT erklärte Lauren, dass sie „Kundschafter" ausgesandt hätten, interdimensionale Wesen, die in der Lage sind, zwischen Materie und Essenz zu wechseln, um auf der Erde Kandidaten für die 528-Hertz-Transformation auszuwählen. Die Wahl der Kandidaten sollte sich auf ein Paar mit optimalem, alchemistischen Potential beschränken. Die Scouts wählten einstimmig Lauren und eine weitere Frau namens Sylvie aus, die jeweils einen primären Archetyp verkörpern: Lauren, der moderne Mystiker, und Sylvie, die Wilde Frau.

Der RAT schien zum zweiten Mal innerhalb von vierundzwanzig Stunden in Laurens Traum. Es war eher eine Wahrnehmung als ein Hören. Licht, Bilder und Empfindungen wirbelten um sie herum. Der RAT DER ESSENZEN wandte sich mit multisensorischen Downloads an sie und vermittelte sowohl Geduld als auch Dringlichkeit. Obwohl sie sich in einem Traumzustand befand, nahm sie alles wahr, als sei sie hellwach. So eine Art Hellhören, als würden ihre Haut, ihr Atem und der Schlag ihres Herzens Informationen im Rhythmus ihrer eigenen Frequenzstruktur empfangen. Lauren widmete ihre volle Aufmerksamkeit dem RAT, als dieser ihr Folgendes übermittelte:

Die Essenz entwickelt sich durch die Form und die Form bildet sich aus der Essenz in den Seelenräumen. Zwei Aspekte desselben Phänomens – voneinander abhängig und sich gegenseitig hervorbringend, befruchten einander durch ihre Erfahrungen.

Der RAT fuhr fort:

Für die Menschheit und den Planeten Erde bietet sich nun eine große Chance, die kollektive Frequenz grundlegend zu verändern, was wesentlich für einen Evolutionssprung ist. Wenn mehr Seelen in der Lage sind, zu ihrer höchsten verfügbaren Frequenz zu wechseln, treten sie in eine neue Realität ein. Wenn jene Realität in jeder Hinsicht neu ausgerichtet sein wird, z.B. neue Denkansätze u.a. in Musik, Wissenschaft, Erfindung, Kreativität oder auch in den Beziehungen enthält, wird eine neue menschliche Spezies entstehen. Sobald eine Realität prall mit neuem Leben gefüllt ist, erzeugt ihre Vielfalt und farbenfrohe Vitalität eine starke Anziehungskraft für Besucher und Bewohner anderer Realitäten. Die Frequenz reflektiert den wahren Zustand des

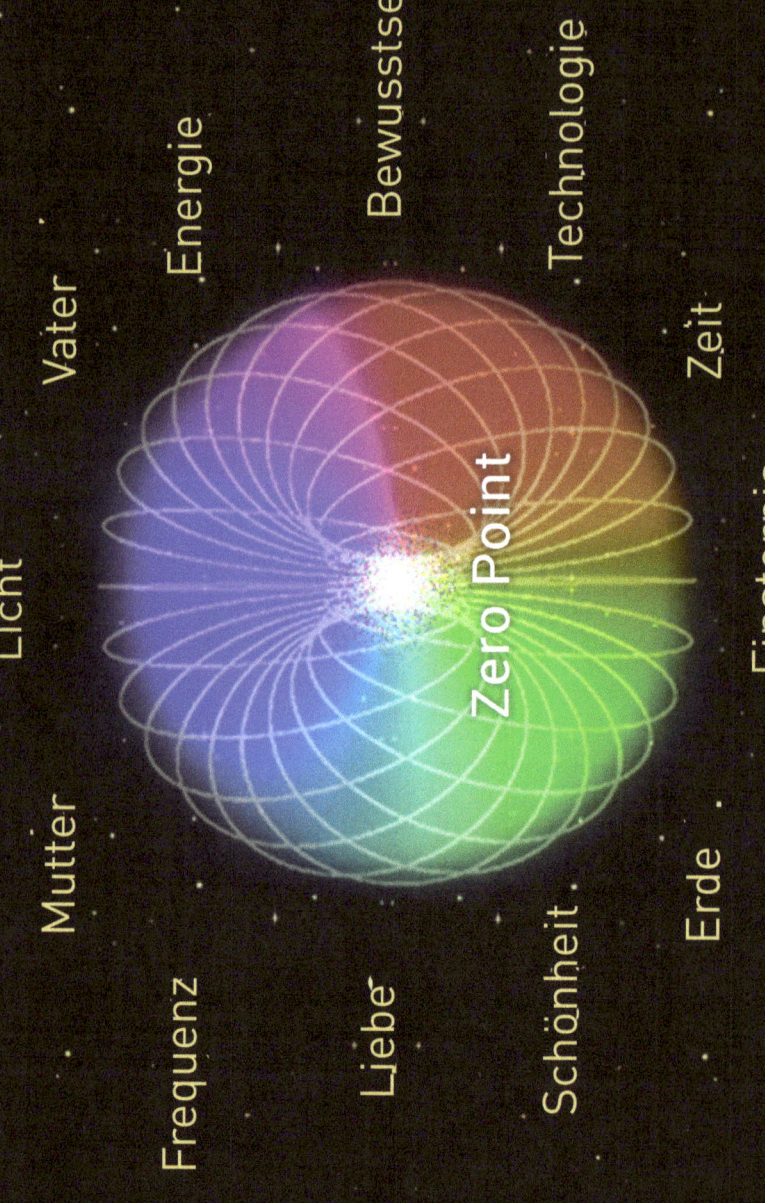

Augenblicks einer verkörperten Seelenessenz. Eine Veränderung der Frequenz wird für die Seelen ein Portal öffnen, die (1) bereit sind und (2) den Wunsch haben, außerhalb ihrer bestehenden Matrix zu reisen, um Zugang zu scheinbar neuen Dimensionen zu erhalten, die ihnen zur Verfügung stehen.

Abhängig von der Entwicklung und dem Werdegang jeder Seele werden sich persönlich wie auch kollektiv neue Realitäten offenbaren. Dieses Tor zum Quantensprung öffnet sich jetzt und es wird sich erst in 26.000 Jahren wieder öffnen. Besser gesagt, „kann sich wieder öffnen", denn durch den gegenwärtigen technologischen Vorsprung auf der Erde, der ohne die entsprechende kollektive Frequenz und ohne eine nachhaltige Evolution des Bewusstseins erfolgt, könnte die Erde wieder zu dem ursprünglich undifferenzierten Feld werden. Wir nehmen jetzt Kontakt mit den Erdlingen auf, weil es das erste Mal ist, dass sowohl eure persönliche als auch eure kollektive Intelligenz – die sich in eurer menschlichen Denkweise, eurem Körper, in Herz, Geist und Seele sowie in der Entwicklung eurer Beziehungen und Kulturen widerspiegelt – die Möglichkeit hat, die Saat für eine neue Realität zu setzen. Dieses Saatgut muss stabile Wesen und Formen hervorbringen, die bedingungslos in der 528-Hertz-Frequenz existieren. Wenn 10% dieses Samens in der 528-Zone stabil genug sind, wird eine 528-Samengruppenseele entstehen und sofort zu einem neuen Klang innerhalb der Weltseele gedeihen.

Der Samen muss lernen, wie er die Dunkle Essenz des Universums integrieren und sich gleichzeitig von ihr lösen kann. Dabei darf der Samen die Dunkelheit nicht durch manipulierende Techniken korrumpieren, um 528 Hertz zu erreichen. Jede Anwendung solcher Techniken kontaminiert den Samen und gefährdet die Vitalität und Integrität seiner zukünftigen Erscheinungsformen. Solche Strategien sind obsolet; sie verzögern die Evolution und schaffen sowohl energetische als auch seelische Verstrickungen, die die Freiheit und die kontinuierliche Expansion des Universums einschränken.

Lauren blinzelte mit den Augen. Sie saß wieder einmal aufrecht in ihrem Bett und bemerkte, dass sie mit dem Laptop in der Hand eingeschlafen war. Die Uhr zeigte mit schwach leuchtenden Ziffern 4:44 Uhr an, als sie nach dem Stift griff, um die Informationen, die sie gerade erhalten hatte, zu transkribieren. Ihr technisch und geschäftlich versierter Verstand löcherte sie mit Fragen, die sich in ihrem Kopf überschlugen: *Ich muss 528 Hertz selbst erleben, um zu wissen, was ich tun soll. Ein Samen der neuen Realität? Was ist dieser Keim? Ist es ein physischer Samen oder ein Samen im Bewusstsein? Wie finde ich die richtige Gruppe von Erdbewohnern? Was soll ich tun? Bitte führt mich.*

Es überkam sie erneut eine tiefe Schläfrigkeit. Das Notizbuch rutschte neben ihr auf die Decke, als sie wieder in die Dunkelheit hinabglitt.

KAPITEL 11

LAUREN, SYLVIE UND 528

Die Finsternis stimmte nur zögerlich der dringlichen Einladung des RATes zu, ihm beizutreten, verwarf jedoch den Gedanken an 528 noch bevor sie den Konferenzraum betrat. Da die Dunkelheit dem RAT gegenüber gemischte Gefühle aus Stolz und Ablehnung hegte, ließ sie sich zunächst Respekt und einen angemessenen Platz im Universum an zukünftigen runden Tischen zusichern. Die Finsternis würde schließlich ausreichend Bandbreite für weitere Aktivitäten in der Unterwelt benötigen.

Als die Finsternis am ausgemachten Treffpunkt auf den RAT traf, schlug sie die Tür auf und setzte sich an den Tisch. Der RAT wurde unruhig und versuchte, sich auf den scharfen und rüden Ton einzustellen. Die Finsternis projizierte sofort Bilder darüber, wie sie es genießen würde, das Blut und die Essenz des Lebens aus den Lebewesen herauszusaugen. „Wir lieben es, Krankenhäuser, Kriegsgebiete, zerrüttete Familien und Suchtzentren zu betreten. Wir werden weiterhin das menschliche Bewusstsein manipulieren und beeinflussen, wann immer wir die Gelegenheit dazu bekommen – mithilfe ihrer Medien, den zahlreichen Medikamenten auf Rezept sowie durch ihren gleichgültigen Lebensstil."

Die Dunkle Essenz war stolz auf ihre Strategie, durch mediale Gehirnwäsche Angst, Verwirrung und Schuldgefühle zu schüren sowie durch Medikation Scham und Isolation auszulösen. Sie hatte keinerlei Skrupel, das Unterbewusstsein, die Schwachen und die Hilflosen oder die Terrorisierten auszunutzen und „seelenlose Hüllen" zu bewohnen, um ihre dunkle Lebensenergie hervorzubringen. Irgend- wann verlor die Dunkelheit den bewussten Kontakt mit der Urquelle und war seit- dem nicht mehr in der Lage, sich durch die universelle Lebenskraft allein zu erhal- ten, sondern nur noch durch sekundäre, weitere essentielle oder dunkle, psychische Quellen. Gelegentlich versuchen Formen von Finsternis Energiequellen für sich zu gewinnen, indem sie sich in Schwarze Löcher einklinken. Dadurch sind sie in der Lage, sich wieder zu aktivieren und zu verjüngen. Das könnte jedoch gefährlich sein, da Schwarze Löcher unersättlich sind und selbst Elemente der Dunkelheit in den Bann der Vergessenheit geraten können.

Im Anschluss an ihre Präsentation nahm die Dunkle Essenz den RAT mit auf ihre Schatzreise: von Syrien bis zum Iran, vom Irak bis Somalia, von Kapstadt bis Brasilien, Pakistan und durch die ärmsten und gefährlichsten Städte Amerikas. Die Dunkle Essenz projizierte eine Flut von Bildern: grassierende Armut und zügellose Gier, Korruption, Hunger, Krankheit, Verzweiflung, Terrorismus und Rassismus jeder Art sowie Missbrauch innerhalb der Familie, Vergewaltigung und Sucht. Als sie zufrieden feststellte, dass der RAT von der Reichweite und der Macht der Finsternis ziemlich beeindruckt war, verschwand die Dunkle Essenz schlagartig im Nichts.

Der RAT hatte sich gerade mit dem plötzlichen Verschwinden der Dunkelheit abgefunden, als Laurens Seele zu diesem Treffen erschien. Sie sagte klar und deutlich: „Ja, wir können es schaffen!" Sie hatte die volle Aufmerksamkeit des RATes und Lauren fuhr fort: „Ich glaube, dass Kunst, Medien, Wirtschaft und Technologie sich zusammentun könnten, um ihre Potenziale zu nutzen und mit den neuen Botschaften von Einheit, Hoffnung, Verbindung und Transparenz die Welt durchdringen. Ich brauche jedoch eure Unterstützung, um der Menschheit zu helfen, ein New Earth Leadership Network zu gründen, ähnlich wie die Vereinten Nationen, das zusammenkommen wird, um Vereinbarungen und Vorhaben des New Earth-Bewusstseins zu besprechen. Dieses New Earth Network [Netzwerk der Neuen Erde] wird unsere menschliche und irdische Sphäre erneuern, stärken und auf die neue Frequenz heben. Ich kann das aber nicht alleine."

Nach dieser leidenschaftlichen Aussage überkam Laurens Herz eine tiefe Trauer. Sie brach in Tränen aus, als in ihr Kindheitserinnerungen aufkamen: Bombeneinschläge, einstürzende Gebäude, schreiende Menschen, das Wimmern ihrer Mutter, der Geruch des Todes und der Qualm der Artillerie – alles noch bevor sie sechs Jahre alt war. Der Verlust ihrer Heimat und ihres Vaters, der Tod ihres Bruders, die Flucht ihrer Familie aus dem Libanon und der

Schmerz, ihre alternde Mutter so zu sehen, waren unerträglich. Sie konnte all diese Szenen fühlen, als würden sie in diesem Augenblick passieren.

Tief atmend legte sie ihre linke Hand auf ihr Herz und wandte sich erneut an den RAT: „Sie müssen verstehen, dass Menschen, die mit 528 Hertz schwingen, anders sind als eine Essenz, die mit 528 Hertz schwingt. Wir Menschen müssen die Bereiche in unserem Herzen heilen, die uns Schmerzen bereiten, verzweifelt, verschollen oder eingefroren sind, amputiert oder unter Schock stehen bzw. abgetrennt wurden. Wir müssen unsere sterbenden Herzen wiederbeleben – das gefrorene Herz, das ängstliche Herz, das gefühllose Herz und das tote Herz, das Herz der Mutter, das Herz der Kinder, das Herz des Vaters, das Herz des Soldaten, das Herz des Opfers. Ich will mein eigenes, leidendes Herz wieder zum Leben erwecken und glaube, dass wir es gemeinsam schaffen können."

Lauren stand dem RAT zugewandt da, als ihr die Tränen über die Wangen liefen. Sie atmete tief ein und wieder aus und hielt inne. Der RAT sah sich in seiner Auffassung bestärkt, ausgelöst durch die Verbindung mit Laurens Seelenraum. Sie lächelten: *Es ist nun an der Zeit, sie Sylvie vorzustellen……*

Durch die vom Energiefeld des RATes ausgehende Spannung geriet Laurens Landhaus in den Bergen von Santa Monica in Schwingungen. Die Scouts registrierten ein starkes Signal aus Sylvies Avia Veneficias Haus in Malibu. Vor einigen Wochen erst hatten sie in Lauren ihren Modernen Mystiker gefunden und nun suchten sie die Erde nach einem passenden Gegenstück ab – die Wilde Frau. Als Moderatorin der TV-Show „Soulful Creatives", Multimedia-Künstlerin, Großwandmalerin, Kulturaktivistin sowie Kunstprofessorin an der Universität Pepperdine, hat Sylvie die geeignete Weltanschauung, die ideale Seele, die dafür geschaffene Persönlichkeit und den entsprechenden Charakter. Sie passte sehr gut zu Laurens Persönlichkeit und der Initiative 528. Die Scouts hatten Sylvies Akasha-Chronik heruntergeladen, geprüft, ein Profil ihrer Psyche erstellt und ihre Intelligenz, ihren Charakter, ihre Beziehungsmuster, ihren Ehrgeiz sowie ihre zukünftigen Seelenpläne bewertet. Es hatte nur Sekunden gedauert, bis der RAT zustimmte, dass Sylvie die perfekte Ergänzung für Lauren und 528 war.

Noch in derselben Nacht erschien der RAT in Sylvies Träumen, in Form eines Kinofilms mit dem Titel *„Mission Possible"*: ein Film über Lauren und die 528-Hertz-Herausforderung. Sylvies Geist blitzte sofort auf. Sie überlegte nicht lange: *Ja!* Ihre impulsive, intuitiv-vertrauensvolle Seele machte sich auf den Weg.

Ein paar Tage nach ihrem letzten Auftritt vor dem RAT kam Lauren aus einem dampfenden Vinyasa-Kurs des Exhale-Yoga-Studios der Main Street in Santa Monica. Erholt und gut gelaunt schlenderte sie die Ocean Avenue hinunter und fühlte sich irgendwie zu dem überfüllten Eingang der SOMA Kunstgalerie hingezogen. Auf den großen Glasfenstern stand: „Transformation durch Feuer, ausgewählte Werke von Sylvie Avia Veneficia."

Ohne zu zögern betrat Lauren die Galerie und stellte ihre Yoga-Ausrüstung im Eingangsbereich in eine Ecke. Wie in einem Theater, in dem gerade ein großartiges Stück aufgeführt wird, war die Galerie von dem stimmungsgeladenen Raunen der Menschenmenge erfüllt. Lauren fühlte sich, als hätte sie gerade eine andere Welt betreten, lächelte in sich hinein und dachte: *„Wie cool, in Kalifornien zu leben. Noch dazu in einer Stadt, in der so viele talentierte und mutige Künstler, Maler, Musiker, Dichter und Drehbuchautoren aufeinander treffen!"*

Lauren konnte die Energie des Raumes und ihre eigene Energie der Begeisterung spüren. Sie fühlte, wie sie durch ihre Wirbelsäule hinaufströmte, über ihr Gesicht und wieder hinunter in ihren Bauch. Auf ihrem Weg durch die Menge bemerkte sie eine Frau, die ein langes, schwarzes und recht freizügiges Kleid trug. Sie war nicht zu übersehen und von einer strahlenden Aura umgeben! Beeindruckend elegant unterhielt sie Gäste und Journalisten gleichermaßen. *„Wer ist diese hinreißende Frau?"*, dachte Lauren. Sie war wie versteinert. Lange hatte sie keine so starke Anziehungskraft mehr verspürt!

Diese Frau auf dem Podium, im kurzen Schwarzen, sprach auf einfache und eloquente Art und Weise zu der großen Menge von Kunstsammlern, Prominenten und Künstlern. Der Ton von Sylvie Avia Veneficias verschärfte sich, als sie nach ihren einleitenden Worten, in denen sie sich bei den vielen an der Inszenierung des Abends beteiligten Personen bedankte, zu einem Diskurs über die Bedeutung bewusster Kunst im einundzwanzigsten Jahrhundert überging. Lauren war schlichtweg fasziniert und inspiriert, als Sylvie von der Kunst als Werkzeug zur Verfremdung bewusster und unbewusster menschlicher Bereiche sprach. Sie erklärte, dass Kunst nicht nur als Form des Entertainments betrachtet werden sollte, sondern über den Unterhaltungswert hinausgehen müsse, über Lebensräume und Artefakte hinaus und beispielsweise nicht nur Sammlerstücke des Tate Museums umfassen könne. Sie betonte, dass Kunst ein Medium sei, um das persönliche und kollektive Bewusstsein aufkeimen und erblühen zu lassen.

„Kunst", so Sylvie weiter, „ist kein Luxusartikel, der an einer Museumswand aufgehängt werden sollte, sondern ein notwendiges Werkzeug, eine menschliche Technologie, die innere Beweggründe, unterschwellige Stimmungen, klare Farben, Eigenarten und kulturelle Sichtweisen in Zusammenhang bringt und auf eine Leinwand überträgt. Ob musikalisch, visuell oder literarisch, Kunst lässt das Unsichtbare zum Sichtbaren, das Unerklärliche zum Entzifferbaren, das Unbewusste zum Bewussten und das Vergängliche zum Ewigen werden. Kunst ist die Sprache der inneren Dimensionen, die sich danach sehnen, sich durch unseren Körper, unser Herz und unseren Tanz auszudrücken. Sie ruft uns zur Tat auf! Sie zuzulassen! Unsere Hände zu nutzen, den Pinsel zu schwingen, den Stift zu zücken, die Geigen zu stimmen, zu fühlen, zu verbinden, zu berühren, sich darüber zu erheben oder sich dahinter zu verstecken oder auch sich einfach darin zu wälzen!"

Lauren ging immer näher an die Bühne heran und fühlte sich regelrecht magnetisch angezogen. Sie hing förmlich an Sylvies Lippen und ging mit jede ihrer Gesten mit.

„Dein Körper muss in die Weiten deiner Fantasie eintauchen und seinen Sehnsüchten nachgehen – oder du stirbst!" Sylvie bekräftigte: „Der Farbton unseres Lebens hat die Kraft, unsere Spezies zu verändern." Sylvie stand auf dem Podium und sprach ganz frei, ohne ein Wort abzulesen, und fuhr gleich fort. Ihre Zuhörer lauschten gebannt.

Lauren war hingerissen und fühlte sich wie in einer anderen Dimension. Es war, als wären Sylvies Worte und die Geschichten, die ihre großartigen Gemälde an den Wänden um sie herum erzählten, lebendig. Einfach alles an Sylvie entfachte in Lauren einen Sturm der Begeisterung. „Verdammt, das ist genau mein Ding", dachte sie. „Und das ausgerechnet im Herzen von Santa Monica! Wer hätte das gedacht?"

Sylvie beendete ihren Vortrag und verließ das Podium, begleitet von tosendem Beifall. Das Publikum war elektrisiert. Als Sylvie so durch die Menschenmenge lief, trafen sich ihre Blicke und Lauren und Sylvie schauten sich in die Augen. Verspielt und mit einem warmen, einladenden Ausdruck auf dem Gesicht, lächelte Sylvie Lauren an und kam ihr näher. „Ich habe dich hier noch nie gesehen. Bist du Künstlerin?", fragte sie mit kehliger Stimme, während sie beide ihre Blicke jeweils über den Körper der anderen wandern ließen und gegenseitig ihre sexy Outfits bewunderten, die wunderschöne, weibliche Kurven preisgaben.

„Tut mir leid", entschuldigte sich Lauren, holte tief Luft und sammelte sich wieder. Dabei bemerkte sie, dass sie noch gar nicht geantwortet hatte. Sie beugte sich vor, striff kurz über Sylvies Ohr mit ihren Lippen und flüsterte: „Ich bin sprachlos und das kommt selten vor. Außerdem scheint gerade eine lange Schlange von Leuten darauf zu warten, mit dir reden zu können." Lauren öffnete schnell ihre Handtasche und reichte Sylvie ihre Visitenkarte.

Überrascht von Laurens Geflüster schaute Sylvie auf die Karte und raunte ihr mit einem verwegenen Lächeln zu: „Moderner Mystiker? Meine Güte... Haben wir nicht alle insgeheim einen kleinen Mystiker in uns?"

Lauren kamen plötzlich so viele Antworten in den Sinn, dass sie wie blockiert war. „Das ist es also, was mit ‚verzaubert' gemeint" ist, dachte sie, und brachte immer noch keinen Ton heraus. „Ich kann nicht glauben, dass mich jemand tatsächlich so sprachlos macht!" Lauren kam wieder zu sich und konnte ihre Umgebung deutlich wahrnehmen, all die Gespräche der Menschen um sie herum und den Geruch von Wein und Käse, der sich mit den teuren Parfüms der Prominenz vermischte, die sich auf diesem Empfang befanden. Lauren war wieder klar bei Verstand und sah, wie sich Sylvie einem großen, schwulen Mann zugewandt hatte, der überschwänglich von Sylvies Genialität schwärmte.

Plötzlich überkam Lauren ein Gefühl der Verlegenheit und ein überwältigender Drang, einfach zu gehen. „Eher eine Wilde Mystikerin!", murmelte sie und verschwand in der Menge. Sie nahm ihre Yoga- Ausrüstung und ging hinaus auf die Ocean Avenue. Immer noch verunsichert, atmete sie tief ein und spürte die warme, südkalifornische Luft. Während sie ihren Blick hob und den Sonnenuntergang am Horizont betrachtete, fragte sie sich: „Was war das?" Du kannst doch nicht einfach weggehen?! Geh da wieder rein, du kleiner Angsthase!"

All die Geschehnisse des Abends fühlten sich für Lauren immer noch präsent an, obwohl sie sich nicht mehr in der Galerie befand. Auf ihrem Heimweg ergossen sich die Farben aus Sylvies Gemälde über sie, strotzend vor Ausdruckskraft und nach Aufmerksamkeit verlangend. Eigentlich fast wie ein bekannter Traum. Sylvies Bilder waren riesige, ungerahmte Leinwände, die die Wände der Galerie füllten. „Man kann sie nicht einrahmen", dachte Lauren. „Man muss ihnen freien Lauf lassen. Ungerahmt. Ungezähmt. Wild." Wieder einmal überkam sie ein Schaudern. Erregt durch Sylvies Worte und Gesten, war sie auf ihren Duft fixiert. Sobald Lauren nach Hause kam, schlief sie auf dem Sofa ein, nur um sich wieder zurück in die Galerie, zu den Gemälden und zu Sylvie zu träumen...

Mit einer einladenden Geste hielt Sylvie ihre Arme weit auf und bat Lauren, den leeren Galerieraum zu betreten. Die großen, grünen Zahlen auf der elektronischen Uhr in der Ecke zeigten 3:33 Uhr. Gleich als Lauren eintrat, bat Sylvie sie, langsam mit ihr durch die dunkle und menschenleere Galerie entlang ihrer Gemälde zu schlendern. „Lass die Strukturen und die Farben zu dir sprechen und dich durch unser Labyrinth des Unterbewusstseins führen", forderten die Bilder durch Sylvies feurige Stimme.

Sylvie nahm Laurens Hand und führte sie durch die versteckten Hinterzimmer, während jedes Bild mit seiner einzigartigen Stimmung und Sprache eine Symphonie von Empfindungen in Laurens Körper hervorrief. Schließlich kamen sie zu einem riesigen, roten Gemälde, das vom Straßenlicht leicht angeleuchtet wurde.

Als sie beide den hinteren Raum betraten und vor diesem riesigen, roten Bild standen, in diesem Moment verspürte Lauren einen starken Drang, Sylvie nahe zu sein und ihre Lippen zu spüren. Lauren genoss diesen Augenblick, bevor ihre Lippen sich berührten. Sie fühlte Ekstase und schmerzhaftes Verlangen, während sie verschiedene Gefühlsebenen durchlebte. Es war ein langer, gefühlvoller und ruhiger Kuss. Ihr Atem stockte. Die warmen Farben der Leinwand ließen ihre Essenz durch ihre intime Nähe miteinander verschmelzen. Es war, als ob die Zeit stillstehen würde. Sie betraten jeweils das Universum der anderen, spürten jede Bewegung, jeden Atemzug – sie entfalteten und öffneten sich in einem einzigen Kuss. Sylvie rang nach Luft, als sie die Lippen voneinander lösten. Laurens Herz raste, sie konnte nicht mehr klar denken. Ihre Emotionen entfalteten sich sanft auf der ganzen Haut. Ihr Herz schmolz dahin und weitete sich immer mehr, um den Moment einzufangen und festzuhalten.

Da waren sie, zwei völlig Fremde, die gleichzeitig ein- und ausatmeten, sich wortlos auf den Holzboden legten und in rhythmischer Bewegung einander näher kamen, um sich zu berühren, zu halten, zu streicheln und zu spüren. Die Luft zwischen ihnen war voller Vorfreude.

Die Stille verstärkte sich zu einem aufgeladenen Schweigen, als Lauren eine Vision erhielt. Lauren begann, Eindrücke von Sylvies Energiezentren, den Farben ihrer Gedanken, den Klang ihrer Haut und Bilder ihrer Erfahrungen zu empfangen, die alle in ihrem Bewusstsein auftauchten und wieder verblassten. Je mehr sie sich Sylvie näherte, desto höher schlug ihr Puls. Er hallte in ihren Innenschenkeln und in ihrem Herzen wider. Über ihre Klitoris strömte ein süßer Saft. Als sich Laurens Wirbelsäule wölbte, erregten sich ihre Brustwarzen

Love's Pain [Liebeskummer], Sigal Yehezkel

Love's Pain [Liebeskummer], Sigal Yehezkel

und wurden hart. Sie sehnten sich nach Berührung und Hingabe. Dennoch blieb sie ruhig, spannungsgeladen und befriedigte sich durch Sylvies Energie.

Sie saßen einfach nur da und schauten einander in die Augen. Die Zeit stand still. Ihre T-Shirts waren zerknittert und die Haare zerzaust. Schwer atmend, schaukelnd und summend nahmen sie sich gegenseitig in ihrer Seele auf. Schweigend stand Sylvie auf und lief ins Büro, was sich hinter der Galerie befand. Sie kehrte mit einem weißen Seidentaschentuch und zwei kleinen Farbeimern zurück, einer mit roter und einer mit violetter Farbe. Sylvie rollte ein riesiges Stück Transparentpapier auf dem Boden aus, drehte sich zu Lauren und bat sie in einem sanften, aber eindringlichen Ton, sich in die Mitte des Galerieraums zu legen. Lauren folgte Sylvies Anweisungen. Die Scheinwerfer der vorbeifahrenden Autos blitzten auf und warfen einen schwachen Lichtstrahl auf die dunklen Bilder hinter ihrem Kopf.

Sylvie bat Lauren, einige Kleidungsstücke auszuziehen. Lauren zögerte, streifte dann aber langsam ihre Sachen ab, bis sie nur noch ihren Slip und ihr schwarzes Tank-Top anhatte. Als Sylvie begann, jede einzelne Farbe langsam über Laurens Beine, auf die Innenseiten der Oberschenkel, über den Bauch und ihre Brüste zu gießen, lächelte sie Lauren mit ihren prallen Lippen an. Sylvie übergoss sie so langsam, dass Lauren jeden einzelnen Farbklecks auf ihrer Haut spüren konnte. Sie zitterte von Kopf bis Fuß und Wellen der Lust überströmten ihre Hüfte.

Sylvie konnte einfach nicht aufhören. Sie ging erneut in ihr Büro und holte noch andere Farben – blau, grün und gelb – und ihren Lieblingspinsel! Sylvie juchzte leise vor Vergnügen, als sich die Farben über Laurens sexy Körper ergossen und ineinander verliefen. Sylvie berührte Laurens Haut nur mit der Spitze ihres Pinsels und wanderte so über ihren ganzen Körper. Sie vermischte die Farben und ließ sie zart auf Lauren tropfen. Sie war wie verzaubert, während die Farben ihren eigenen Tanz kreierten: rot und gelb wurde zu orange, blau und rot ergab burgunder. Blautöne wirbelten um Laurens Beine und den unteren Rücken.

Lauren hatte noch nie solch ein Verlangen verspürt. Die Spannung wechselte zwischen Qual und Ekstase, während sie versuchte, die Kontrolle zu behalten. Ihre Gedanken rasten und versuchten, vertrautes Terrain wiederzuerlangen. Es war ein Wechsel zwischen Vorfreude und Anspannung. Sie wanden sich in begierigem Verlangen. Plötzlich überkam sie erneut ein Drang, Sylvie zu küssen und ihren Atem zu riechen. Ihr Gesichtsausdruck wurde immer hilfloser und angespannter. Ihre Oberschenkel und Arme konnten nicht mehr aufhören, vor Verlangen zu zittern.

Sylvie kniete neben ihr auf dem Boden. Sie schob das seidene Taschentuch über Laurens Kopf und band es als Augenbinde über ihre Augen. „Lauren, lass das Wilde hinein!" flüsterte Sylvie ihr ins Ohr.

Lauren lächelte verlegen. Das Wilde? Ihre eigene Wildheit, der Wilde Mystiker, oder die Wildheit ihrer Seele?

Sylvies Stimme erklang erneut. „Kannst du den Boden unter dir spüren? Merkst du, wie offen, einladend und sicher er ist. Bewege dich auf ihm, rolle, biege und beuge dich, dehne dich, öffne dich der Farbe und gib dich ihr hin."

Lauren fügte sich Sylvies autoritärer Energie und bewegte sich zunächst nur zaghaft, ließ ihren Sinnen und Gedanken freien Lauf. Sie hörte die langsame, sinnliche Lounge-Musik, die durch die Galerie-Lautsprecher im Hintergrund zu hören war, und fühlte, wie sie ihren erwachten Körper streichelte, während Sylvies Flüstern sich mit der Musik vermischte. Laurens Körper wand sich in der Farbe. Sie drehte ihre Hüften und wölbte ihren Rücken über den Boden, zusammen mit Sylvie, die seufzte, flüsterte und stöhnte. Sylvies Atmung wurde immer schneller und spiegelte Laurens Höhepunkt wider. Gemeinsam erlebten sie diesen Orgasmus, ohne dass sich ihre Körper auch nur berührten. Sylvie hechelte und Lauren ließ ihren Gedanken freien Lauf. Sie ließ sich durch die Farbe, den Klang und die offene Fläche treiben und die Schatten der Lichter durchdrangen ihre seidigen Augenlider.

Lauren lag gedankenlos da, als sie Sylvies feuchten Atem auf ihrem Gesicht spürte. Sie rang nach Luft nach diesem holistisch vollzogenen und einfach erfüllendsten Orgasmus, der sich so langsam von ihrer Klitoris durch ihre Vagina und entlang ihrer Wirbelsäule ausbreitete, um ihren ganzen Körper zu durchfluten. Sie war erstaunt darüber, zu was für Höhen ihr Körper in der Lage ist. Das hatte sie bisher noch nicht erlebt. Sie atmete tief aus. Sylvie und Lauren lagen glücklich und zufrieden und noch leicht zitternd vor Erregung auf dem Boden.

Lauren erwachte aus ihrem Traum, atemlos, ratlos – und noch immer völlig erregt. Sie verspürte einen starken Drang, sich selbst zu berühren, ließ ihre Hände in ihren Slip gleiten und versuchte, sich Sylvies Orgasmus zu nähern. Sie war jedoch irgendwie verändert und konnte sich kaum bewegen. Immer noch im Halbschlaf und in dieser Traumdimension, schlief Lauren wieder fest ein. Anstatt Sylvie in der Galerie zu treffen, traf sie auf den RAT der Essenzen, der geduldig darauf gewartet hatte, mit ihr ein paar dringende Themen zu besprechen. Sie versprachen ihr noch viele ekstatische Erfahrungen mit Sylvie und baten sie um Erlaubnis, weitere weltliche Themen mit ihr besprechen zu können. Lauren war zwar überrascht, besann sich aber und stimmte der Bitte des RATes zu.

Sie erzählten ihr, dass sie und Sylvie die ersten Prototypen für die Integration des 528- Energiemusters sein würden. Ihre sexuelle Vereinigung von Körper, Geist und Seele würde die Anziehungskräfte von 528 auf der Erde energetisieren. Der RAT wollte, dass Lauren versteht, dass 528 nicht irgendein hohes Ziel oder eine Frequenz ist, um „nach draußen" Kontakt aufnehmen zu können, sondern eher eine Vielzahl von „528- Erfahrungsteilchen" ist, die von innen heraus erzeugt und die zusammen die 528- Realität erschaffen. Sie fuhren fort:

Diese Realität entsteht durch eine sich immer wiederholende und miteinander verbundene Reihe von Erlebnissen. Diese Erfahrungen begründen die Realität, sind wichtig und üben starken Einfluss auf sie aus. Je mehr Menschen, Orte, Kulturen und Ereignisse in der 528-Bandbreite mitschwingen, desto stärker wird diese Realität. Wenn eine Realität durch die Kraft des Lebens wächst, stärkt das auch ihre Anziehungskraft, um weitere, engagierte Menschen, Ereignisse und Erfahrungen in ihren Bann zu ziehen. Je kraftvoller der Sog ist, desto stabiler wird er und wird dadurch zu einer neuen, vorherrschenden Realität, in die neue Seelen geboren werden können.

Lauren verstand jedes Wort, das ihr der RAT in ihrem Traum übermittelte, und erwachte dann wieder in ihrem wirklichen Leben.

Vier Wochen nach ihrem Treffen in der Galerie in Santa Monica, zogen Lauren und Sylvie zusammen. Ich habe mich dazu entschieden, mir die Einzelheiten ihrer romantischen Leidenschaft für ein Buch „528" aufzuheben und zeige hier nur intime Dynamiken auf, die für das Beziehungsmuster der 528 Geschichte relevant sind.

KAPITEL 12

VERSTRICKUNGEN

Sie waren bereits sechs Monate zusammen, als Sylvie eines Abends nach Hause kam und im ernsten Tonfall, aber auf ihre flirtende Art zu Lauren sagte: „Liebling, du weißt, wie sehr ich alles mit dir teilen möchte, alles! Deshalb will ich dir erzählen, was mir in den letzten zwei Wochen auf der Arbeit geschah."

Noch in der Sekunde, in der Lauren nur diese Worte von Sylvie hörte, setzte ihr Herz gleich für einen Moment aus; sie wurde kurzatmig, ihr Mund trocken und sie bekam Ohrensausen. Es war, als würde sich eine Schutzschicht um ihr Gesicht legen. Sie weigerte sich zu hören, was sie bereits wusste.

Sylvie fuhr fort: „Mein neuer Art Director David und ich haben viele kreative Stunden zusammen verbracht. Um die Wahrheit zu sagen, ich fühle mich zu ihm hingezogen. Ich fühle eine Verbindung zu ihm, zu Allem von ihm. Neulich hätte ich ihn beinahe geküsst." Sie hielt inne und schaute Lauren besorgt in die Augen.

Sobald Sylvie anfing zu reden, rutschte Lauren das Herz in die Hose. Als sie ihre letzten Worte hörte, wurde Lauren übel. Sie explodierte und ihre Reaktion kam aus ihrem tiefsten Inneren heraus. „Wir sind erst seit sechs Monaten zusammen und du fühlst dich schon zu einem anderen Menschen hingezogen, einem Mann? Mein Gott, Sylvie! Wir beide sind Feuer und Flamme füreinander – und ausgerechnet dein Art Director? Das kann doch nicht wahr sein!"

„Ich bin doch hier bei dir", antwortete Sylvie. „Ich liebe dich so sehr, dass ich wirklich ehrlich sein will, und alles mit dir teilen möchte, einschließlich meiner Wünsche und Fantasien."

Als die ersten Wogen der Entrüstung sich geglättet hatten, atmete Lauren tief durch und dicke Tränen flossen über ihre Wangen. Lauren war sich bewusst, wie mächtig Sylvies sexuelles und intimes Verlangen war, wie offen und was für ein Freigeist sie war. Sie dachte aber, dass sich das jetzt, da sie mit Sylvie zusammen war, gelegt hätte. Tja, da lag sie wohl falsch. Sylvie war eine höchst beziehungsfähige und sehr leidenschaftliche Frau. Kein Wunder, dass sie sich zu David hingezogen fühlte, bei all den vielen Stunden des engen, kreativen Zusammenseins. Scheiße, Scheiße, Scheiße!

Lauren konnte nicht glauben, was da gerade mit ihr geschah. Sie erinnerte sich daran, dass ihr Sylvie schon beizeiten in ihrer Beziehung sagte, dass sie ihr Herz mehr als einer Person gegenüber öffnen kann. „Jetzt schon?", fragte sie sich. Der Gedanke, dass Sylvie einen anderen Menschen küsste, brachte sie um. Lauren bemerkte, wie Sylvies Augen aufleuchteten, als sie über David sprach. „Ich kann nicht glauben, dass das gerade geschieht", dachte sie. „Ich bin verrückt nach dieser Frau. Ich kann mir nicht vorstellen, mit irgendeiner anderen Frau zusammen zu sein." Verzweifelt und niedergeschlagen ließ Lauren ihren Gedanken und Gefühlen freien Lauf, als die beiden schweigend in ihrem Wohnzimmer saßen.

Sylvie kam näher und wollte über Laurens Wange streichen, aber sie drehte sich weg und wich der tröstenden Berührung aus. „Meine Liebe, mein wilder Mystiker, die Tatsache, dass ich mich zu einem anderen hingezogen fühle, bedeutet nicht, dass ich dich nicht liebe oder dass ich dich nicht begehre oder dass unsere Beziehung beendet ist", sagte Sylvie leise. „Unser Weg ist unsere Liebe, unser Weg ist 528, mein Schatz. Unser Weg ist die bedingungslose Liebe, erinnerst du dich?"

Obwohl Sylvies Worte einfühlsam waren, konnte Lauren sie nicht ertragen. „Scheiß auf die 528! Was soll das? Nein, wirklich, was genau machst du da? Wir verbringen kaum Zeit miteinander, weil wir so beschäftigt sind. Und du schaffst es trotzdem, Zeit für ihn zu haben? Unsere bedingungslose Liebe war in letzter Zeit gar nicht vorhanden! Die meiste Zeit vermisse ich dich und unsere Verbindung! Jetzt bringst du ein ganz anderes Leben in unsere Beziehung! Was soll der Scheiß?" Noch während die Worte aus ihrem Mund sprudelten, war sich Lauren bewusst, dass eine ihrer größten Ängste nun wahr wurde und sie konnte nicht umhin, sich damit auseinanderzusetzen. Theoretisch war sie in dieser Hinsicht schon immer freier und offener gewesen, aber nie hätte sie sich vorstellen können, dass die Liebe ihres Lebens, ihre Seelenverwandte – „Sie ist meine Seelenverwandte, verdammt" – neben ihr eine andere Beziehung eingehen würde, geschweige denn mit einem Mann!

Sylvie sagte erst einmal nichts mehr, als sie erkannte, dass Lauren immer noch sehr aufgeregt und voller Angst, Abwehr und Verurteilung war. Sie wußte, dass es nichts gab, was sie sagen oder tun konnte, was Lauren trösten würde. Sylvie zog Lauren zärtlich zu sich heran, hielt sie fest und genoss ihren Geruch und ihre weichen, schwarzen Locken. Sylvies Umarmung wurde fester, als sie flüsterte: „Ich bin hier, ich bin da, ich liebe dich, ich will mein Leben mit dir verbringen." Sie atmeten gleichzeitig ein und aus, als Lauren Tränen über ihre Wangen liefen und auf ihren orangefarbenen Pullover tropften. „Es ist nach Mitternacht, mein Liebling", sagte Sylvie und zog Lauren sanft von der Couch, hielt ihre Hand, und ging mit ihr den Flur hinunter ins Bett.

Lauren fühlte sich emotional ausgelaugt und ihr Herz war gebrochen. Lauren war wie benommen von Sylvies Schönheit, ihrer Haut, ihren Augen, ihrem Duft, ihrem Haar und ihrer Berührung. „Wie konnte sie jemals mit einem anderen Sex haben", dachte sie. Sylvie begann sie zu küssen, wie nur sie es konnte: dieses Atmen, diese Gefühle, diese hingebungsvollen, beseelten Berührungen! Berührungen, die Erfüllung bringen, die heilen und Schmerzen in sanfte, friedliche Freude verwandeln, Liebkosungen, die beruhigen und besänftigen.

Als sie sich zusammen ins Bett fielen ließen, war der ganze Ärger fast vergessen. Erst vor einer Stunde tat sich ein Bermudadreieck in ihrem Leben wegen eines Mannes auf! Ohne jede Angst oder Wut im Bauch begannen ihre Körper, im Rhythmus miteinander zu schwingen. Sie rollten über- und untereinander hinweg. Fern von Zeit und Raum waren da diese tiefe Empfindungen – Schmerz, Lust, dann Tränen. Und doch küsste Sylvie sie; ihre Tränen, ihr Gesicht, ihr Herz, ihre Atmung, alles aufeinander abgestimmt. Sie waren sich so nah. Küsse, die für die Ewigkeit bestimmt waren. Die pure Verletzlichkeit von ihnen beiden wurde zum Aphrodisiakum. Sie trafen sich im Innersten ihres Wesens, schlangen ihre Arme umeinander und schliefen ein.

Kurz nachdem sie beide eingeschlafen sind, erschien sowohl Lauren als auch Sylvie der RAT in ihrem gemeinsamen Energieraum: „Im Wesentlichen geht es bei einer 528-Transformation darum, intime Beziehungen zu heilen und zu erweitern. Eine exponentielle Evolution für die gesamte menschliche Rasse erfolgt, sobald ihr in der Lage seid, die Art und Weise, wie ihr Beziehungen führt und unterhaltet, zu verändern. Wenn ihr einen stabilen Zustand

Foto von Gerome Viavant

zwischenmenschlicher Wechselbeziehung aufrechterhalten könnt, werdet ihr ein Vorbild für die Evolution in Beziehungsangelegenheiten. Das richtige Maß zwischen Verschmelzung und Individualität in all euren bedeutsamen Beziehungen zu finden, ist eine Kunst für sich. Eine menschliche Beziehung ist ein Urarchetyp, der alle Erfolge und Misserfolge, Ängste und Wunden, die Aufgabe des inneren Kindes sowie die Unzulänglichkeit der gesamten menschlichen Entwicklung widerspiegelt. Dieses neue Form der Beziehung als solches ist der Schlüssel zur Befreiung der Menschheit. Die Menschheit ist wissenschaftlich, psychologisch, geistig und spirituell in ihrer Entwicklung nun fortgeschritten genug, um die neue 528-Beziehungsstruktur hervorzubringen."

Während die Botschaft des RATes nach und nach in der Psyche von Lauren und Sylvie nachklang, hielt er zunächst kurz inne und fuhr dann fort:

Das Wort „Wechselbeziehung" bringt es am besten auf den Punkt, was wir hier versuchen zu vermitteln. Wie könnt ihr der Einzigartigkeit, Leidenschaft und Authentizität Ausdruck verleihen und gleichzeitig komplexe, verbun- dene und lebensbejahende Beziehungen miteinander eingehen?

Als die zwölf Essenzen – Licht und Dunkelheit, Mutter und Vater, Frequenz und Energie, Bewusstsein und Liebe, Technologie und Schönheit, Zeit und Erde – aus die der RAT besteht, ihre Botschaft verbreiteten, ordneten sie sich automatisch neu, um ihre Standpunkte, Farben und Klänge neu zu kalibrieren und ihre Befragung auch bei ihnen ein Echo fanden. Viele der Essenzen, einschließlich Liebe, Energie, Bewusstsein, Mutter, Vater und Seele, traten zusammen mit der Dunkelheit nach vorne, um ihre Perspektive in Bezug auf „Beziehungen im 528-Jahrhundert" mit Sylvie und Lauren zu teilen.

Die Mutter begann langsame, dicke, hellrote und rosa Schwingungen des Mitgefühls auszusenden, die den Schmerz, den Lauren und Sylvie gerade in ihrer Beziehung durchmachten, lindern sollten. Dann veränderte sie ihre Form und hüllte beide in eine tröstende Umarmung, um sie daran zu erinnern, wie gut sich die ursprüngliche Verbindung im Mutterleib anfühlte. Warmherzig und mit intuitivem Fingerspitzengefühl erklärte sie Lauren und Sylvie, wie sie sich von dem Moment an, in dem sich die Seelen von dem Großen Kosmischen Mutterleib abspalten, danach sehnen, die absolut hingebungsvolle Einheit, die sie im Mutterleib fühlten, erneut zu erfahren. Sie versuchen stets, dieses wunderbare Gefühl des Halts, der Fürsorge und der vollständigen Akzeptanz wieder zu erlangen. Die menschlichen Seelen haben versucht, über ihre triebhaften Gewohnheiten wie Sex, Essen und Alkohol (um nur einige zu nennen) dieses Gefühl wiederzuerleben. Der Schmerz des Verlassens des

Kosmischen Mutterleibs fühlt sich an wie das Durchtrennen einer Nabelschnur, gefolgt von einem lautlosen Schrei in der rauen, kalten Welt der dualistischen Extreme.

„Es ist sowohl aufregend als auch schmerzhaft für die einzelnen Seelen, an die Illusion zu glauben, dass sie von der Urquelle – von allem – abgetrennt sind, von der Mutter und dem Vater aller Dinge. Es ist auch für die Mutter schmerzhaft, ihren Nachwuchs nach Lichtjahren der verschmolzenen Existenz loszulassen. Die menschlichen Seelen spiegeln den wahrhaftigen Widerspruch zwischen Alpha und Omega wider: sie sehnen sich nach tiefer Verbundenheit, streben aber auch sehr nach Individualität und Weiterentwicklung, weg von Zuhause".

Die Mutter hielt inne und richtete ihren sanften Blick auf Lauren. Beschwichtigend erklärte sie, dass Laurens Anhänglichkeit Sylvie gegenüber Verlassensängste widerspiegeln, die u. a. aus der wahrgenommenen Trennung von der Großen Kosmischen Mutter herrühren. Sie betonte, dass ihr Vertrauen gegenüber Sylvie niemals ausreichen würde, um dieses Gefühl der Sicherheit zu spüren. Tatsächlich könne niemand diese Sehnsucht jemals befriedigen. Nur Laurens eigene Verbindung zur Urquelle würde dies tun. Sie näherte sich Lauren und Sylvie und schuf einen Kanal, eine unmittelbare Verbindung durch ihre Herzen und Seelen, wodurch nun friedvolle Verbundenheit strömte. Als sich dieser Kanal in ihren Herzen öffnete, verfielen beide in einen zweiten Traum, um dann gleich durch einen plötzlichen Schrei wieder in den ersten Traum zurückzufallen.

Die Dunkelheit stürmte mit dramatischer Geste herein und projizierte Umrisse davon, wie es gewesen war, als individualisierte Seelen ihre Verbundenheit der Existenz und somit die Geborgenheit der Ozeane verließen. Wie es war, als sie anfingen, immer weiter von ihrer Quelle wegzuschwingen und somit ihre Individualität ausbildeten. Diese Erfahrung der Trennung war so aufwühlend, dass sofort ein Programm von Schmerz, Verlust, Einsamkeit und Angst in alle nachfolgenden Seeleninkarnationen der Menschen geschrieben wurde.

Die Dunkelheit schaute in Laurens Augen und sagte: „Als Sylvie dir von ihrem Interesse an David erzählte, hast du sofort deinen Angst- Energiekörper aktiviert, der aus einer Ansammlung von Ängsten besteht, die in deiner persönlichen und kollektiven Vergangenheit gebildet wurde. Die Angst rief all ihre energetischen Freunde und Programmierungen auf wie die Eifersucht, Unvollkommenheit, Was ist mit mir und Bin-ich-nicht-gut-genug, sich zu bündeln und sich in deinem emotionalen, physischen und mentalen Körper einzunisten." Die Finsternis gab zu: „Ich kann euch sagen, wie angenehm und wohltuend es für mich ist, euren Besitz und eure Aktivierung durch die Angst zu fühlen und zu erfahren, wie Unvoll- kommenheit und Eifersucht euch beeinflussen. Ich genieße diese Dinge und stelle mir vor, wohin sie führen könnten. Viele Liebende, die von Angst besessen sind, fügen sich selbst und anderen immer wieder große Schmerzen zu, indem sie Affären haben". Die Dunkelheit beendete ihre Worte mit einem hämischen Lächeln der Vorfreude.

Dann schaltete sich das Bewusstsein ein und durch Licht, Klarheit und Weiträumigkeit entstanden Schatten in der Dunkelheit. Es bat Lauren zurückzugehen und darüber nachzudenken, wovor genau sie Angst habe und was sie einschüchterte. War dies nur eine gewöhnliche, menschliche Reaktion oder war sie wirklich besorgt? Das Bewusstsein wandte sich den Essenzen der Liebe und der Mutter zu und bat sie, Lauren das nötige Verständnis zu vermitteln, damit sie ein neues Bewusstsein von sich und Sylvie entwickeln könne.

Als die Liebe und die Mutter eintraten, um mit dem Bewusstsein zusammenzuarbeiten, trat der wiederherstellende und transformierende Heilungsprozess nach vorne und rief: „Wartet einen Moment! Bei allem Respekt für Frieden, Liebe und Licht, wer wird sich um Laurens verwundeten Gefühlskörper kümmern?

Ich denke nicht daran, durch Wunden zu meditieren oder sie zu transzendieren, indem ich sie gehen lasse. Lauren hat große Verluste in ihrem Leben erlitten: ihren Bruder, ihr Land, ihren Vater und manchmal sogar ihre eigene Seele! Ihre Beziehung zu Verlust, Angst und Schmerz ist das, was zuerst geheilt werden muss. Die Teile ihres Gefühlskörpers, die sich an die Verluste erinnern, müssen in ihr System als Ganzes zurückgeführt werden."

In einem einzigartigen Zusammenspiel verstärkten die Dunkelheit und die Heilung noch ihre Wirkung. Sie brachten einen schmerzhaften Moment nach dem anderen hervor und ermöglichten es Lauren auf diese Weise, jeden einzeln wahrzunehmen, ihn einzuatmen und sich auf den belastenden Schmerz tief in ihrem Inneren einzulassen. Seltsamerweise fühlte sich Lauren in sich selbst immer sicherer, auch in Bezug auf ihre Zukunft mit Sylvie, als sie sich in ihre vergangenen Verlustängste hineinversetzte und diese annahm.

Als die Essenz des Bewusstseins – großzügig, neutral und mit einem allumfassenden Meer an Möglichkeiten – sich Lauren näherte, bat sie sie, darüber nachzudenken, wie sie Sylvie erlauben könne, zu sein, wer sie war, sich an ihren Impulsen und ihren unterschiedlichsten Sehnsüchten zu erfreuen, und dabei gleichzeitig auf ihre eigene, innere Geliebte hört und so Fürsorge und Respekt für ihr eigenes, inneres Kind zeigt.

Lauren erkannte plötzlich, wie die Menschen seit Jahrhunderten Beziehungen wie Eigentum behandelten: Sie hielten sich aneinander fest und fürchteten den Verlust von etwas, von dem sie glaubten, es zu besitzen. Menschen dachten, dass sie Beziehungen auf dieselbe Weise besaßen, wie sie ein Haus oder Land besaßen. Lauren wusste damals, dass sie sich nicht fürchten musste, solange sie mit ihrer Quelle verbunden war. Als die 528-Frequenzen in ihr zu Leben erwachten, grübelte sie darüber nach, ob es einen anderen Weg geben könnte. War es möglich, ihr Herz weiter zu öffnen und ihre verzweifelten, ängstlichen Bindungsgefühle aufzuweichen? Ihre Fähigkeit, Liebe zu teilen, vertiefen konnte und sie so ein Beispiel der Selbstfürsorge und gleichzeitig der selbstlosen Liebe werden würde?

Lauren ließ ihre weitschweifenden Erkenntnisse gerade sacken, als die Essenzen der Sexualität und des Verlangens aus dem RAT in den Vordergrund traten und nun ihrerseits zu Sylvie sprachen. Ihr vor Lebenskraft strotzendes Rot und Orange verlangte regelrecht nach ihrer Aufmerksamkeit und Sylvie war ganz erregt, als sie ihren Blick auf deren übermächtig strahlende Erscheinung richtete. „Schau in dich hinein, Sylvie. Was sind deine Absichten? Worauf gründen sich dein Verlangen und deine Taten in Bezug auf David und Lauren?"

Sylvies verspielte Seele, ihr abenteuerlustiger Geist sowie ihr experimentierfreudiges Wesen waren vertraut mit ihrer Sexualität und ihren Begierden. Sie wussten, dass Sylvie dazu neigt, von einer Erfahrung zur nächsten zu springen, und hielten den Blick mit ihr. Gemeinsam erklärten die Mitglieder des RATes: So wichtig Sexualität und Verlangen in der Evolution der Menschheit auch sind, so können diese Essenzen der Begierde und der Sexualität sich auf einem Irrweg befinden, in Verwirrung geraten oder auch zu Sucht und Besessenheit führen; hervorgerufen durch eine „blutende Wunde" in der Psyche oder durch Elend, Einschränkungen, Not, Gewohnheit oder durch Flucht vor der Realität. Solche Tendenzen verhindern, dass Menschen im Alltag wahrnehmen, was wirklich Aufmerksamkeit benötigt, was wieder hergestellt und geheilt werden sollte.

Der RAT konnte beobachten, wie eine Vielzahl von Menschen ihre Seelen und die Erfahrungen mieden, die sie am meisten bräuchten. Wie sie unbewusst ihre Sexualität herabwürdigten und ihre Sehnsüchte wie Flipperkugeln wegstießen oder ganz in den Wind schlugen. Gleichzeitig vermieden sie es, sich mit den wahren Herausforderungen einer Beziehung auseinanderzusetzen, die durch Intimität und Nähe entstehen. Der RAT sagte zu Sylvie: „Halte einen Moment inne, Sylvie, überlege. Was macht David für dich so anziehend? Was motiviert dich, ihn auch intim erleben zu wollen? Ist es dein Verlangen nach einer männlichen Essenz, ist es die Vielfalt, ist es das Neue oder ist es aus reiner Gewohnheit heraus? Wärst du in der Lage, Lauren ebenso viel Liebe und Aufmerksamkeit zu schenken? Könntest du die komplexen Emotionen bewältigen sowie den Kommu-nikationsfluss aufrechterhalten, was in einer solchen Dreiecksdynamik wichtig wäre? Könntest du erkennen, was du in deinem Innersten befriedigst, wenn du deinem Verlangen und deinen sexuellen Begierden nachgibst?"

Sylvie war auf den RAT fixiert, ihr Verstand überschlug sich und ihr Herz raste.

Sie spürte, wie ein stimulierender Pulsschlag ihren Körper durchlief, wie ein lustvolles Rauschen ihre Hüften, ihre Taille und ihre Brust durchströmte. Doch diesmal spürte sie auch das Bedürfnis, über die motivierende Quelle ihres Verlangens nachzudenken: War es der gewohnheitsmäßige Reiz intensiver, sexueller Beziehungen? Oder war das Verlangen ein angeborener, seelischer Impuls? Wem diente das Verlangen wirklich?

Bevor der RAT nun zum Schluss kam, erkundigte er sich bei Lauren: „Was würde passieren, wenn deine Grenzen aufweichen und sich deine Blockaden lösen würden, um Sylvie während eures gesamten 528-Abenteuers vertrauen zu können – Intimität zuzulassen, die dunklen Bereiche zu betreten, die du so sehnsüchtig in deinem Herzen integrieren möchtest?

Als der RAT sich in dieser Nacht zurückzog, standen sich die Liebenden in ihrem Traum mit neuer, offener, nachdenklicher und zärtlicher Präsenz gegenüber. Sie versprachen, während ihrer Zeit der 528-Beziehungsforschung sanft und behutsam miteinander umzugehen.

Wahre Verantwortung für den Zustand unserer Welt zu übernehmen bedeutet, uns der bedingungslosen Liebe zu öffnen. Die unzähligen Varianten der Liebe zu entdecken – in uns, für uns, in anderen und für andere. Mit allen notwendigen Mitteln und in jedweder Form, ist dies die zentrale Herausforderung der 528-Mission für Lauren und Sylvie und für alle anderen. Durch die seltsame Alchemie innerhalb dieses gesamten Stadiums der Verseelung, erfuhr ich eine Transformation von innen nach außen und wieder zurück – und 528 war wie ein magischer Schlüssel, der ein Portal nach dem anderen öffnete.

Die Liebesbeziehung zwischen Lauren und Sylvie erlaubte es mir, während meines alchemistischen Prozesses, Brücken zwischen diesen beiden Präsenzen in meiner Psyche zu bauen. Der Moderne Mystiker und die Wilde Frau bildeten den wilden, mystischen Raum der Seele, der eine direkte Kommunikation und eine subtilere Präsenz mit Archetypen und Essenzen ermöglichte, auch mit solchen, die sich zuvor verfeindet gegenüberstanden. Was auch immer am Ende durch Laurens und Sylvies Abenteuer ans Tageslicht befördert wird oder welches finale Bekenntnis dabei herauskommt, 528-Hertz hat meine Psyche verändert. Mit der Zeit löste sich die gesamte „Gang" in meiner Vorstellung auf –528, Lauren, Sylvie, der Moderne Mystiker, die Wilde Frau sowie der RAT – um mich auf neue Abenteuer einzulassen, obwohl die Kraft und die Energie von 528 immer bleiben wird.

KAPITEL 13

KÖRPER UND SEELE

Neben dem reichen und lebendigen Spektrum an Visionen, Träumen und Fantasien, die meine Psyche durch die Alchemie erfüllten, reiften in mir eine Reihe weiterer und sehr bedeutender Prozesse heran, vor allem aber: meine Beziehung zu meinem physischen und emotionalen Körper.

Vor unserer Geburt tritt unsere Seele in unseren physischen Körper ein, um mit dieser hochentwickelten, uralten und intelligenten Hülle zu verschmelzen, das sich in Milliarden von Jahren der Feinabstimmung und Anpassung an die physische Realität auf der Erde entwickelt hat. Ich glaube, dass diese Verbindung von Körper und Seele, diese vereinte Fähigkeit der Selbstwahrnehmung, eines der bedeutendsten Hüllen ist, dass die Evolution des Kosmos je hervorgebracht hat. Jeder physische Körper ist speziell auf eine Seele zugeschnitten. Dieser entwickelt sich auf all seinen Reisen weiter und ist auch sorgfältig darauf ausgelegt, ihren zukünftigen Erkundungen zu dienen. Jeder belebte Körper stellt beides gleichzeitig dar, die gewonnenen Erfahrungen auf der Erde sowie unseren potenziellen Werdegang. Wie zwei Seiten einer Medaille ist ein Körper eine Erweiterung des Ausdrucks der Seele und die Seele eine Erweiterung der Gestalt des Körpers. Wenn der menschliche Körper und die menschliche Seele sich harmonisch und liebevoll zusammentun, bewusst miteinander umgehen, der Kreativität keine Grenzen setzen, in Verbunden- und Vertrautheit agieren, bilden sie zusammen ein Meisterwerk der Eleganz und Anmut – ein intelligentes, selbstbewusstes Feld.

So wie sich das Universum durch uns entwickelt, geschieht dies auch im umgekehrten Sinne. Eine Seele entfaltet sich durch ihre verschiedenen Daseinsformen, die sie für sich erwählt hat: in menschlicher Gestalt, als Tier, Pflanze, Gestein oder irgendeine andere physische, geistige bzw. emotionale Form, wie z. B. als Herz, als eine Persönlichkeits- oder Beziehungsart oder in schöpferischer Form. Ein Körper entsteht, wenn sich ein Wesensmuster oder ein Verhalten wiederholt und sich im Laufe der Zeit verfestigt. Da sich die Seele durch die vielen Erfahrungen und die verschiedenen Körper entwickelt, die sie selbst erschaffen hat, befruchten sich Hülle und Seele jedes Mal gegenseitig und lernen voneinander. Die Eigenschaften, die eine Daseinsform erwirbt, sind im Einzelnen wie im Ganzen auf die Seele übertragbar.

Solltest du für die gegenwärtigen Reisen deiner Seele den Körper eines Hundes gewählt haben, ist es höchstwahrscheinlich eine Herausforderung, als Nächstes die Gestalt eines Tiefseelebewesens anzunehmen. Falls deine Seele eine Reise als Geschöpf der Tiefsee erleben möchte, wäre es vorteilhafter, wenn du einige Erfahrungen im Ozean sammeln würdest, da die Umgebung im Ozean sich sehr von der an Land unterscheidet. Um Daseinsformen in verschiedenen Dimensionen annehmen zu können, solltest du zunächst einige Zeit in diesem Bereich des Universums verbringen. So kannst du dich daran gewöhnen, dich mit den Schwingungen, Gegeben- heiten und mit den entsprechenden Erscheinungsformen vertraut machen. Du kannst mit den spezifischen Bewohnern interagieren bevor du dann die Gestalt eines Hais oder Delphins annimmst. Es bedarf also für Gefäße wie unseren menschlichen Körper einiger irdischer Erfahrungswerte, bevor sie sich gut an die irdische Existenz anpassen können.

So lernen wir über uns selbst und das Universum: indem wir Körper oder Hüllen erschaffen, die es uns ermöglichen, in verschiedenen Dimensionen und in andere Welten zu reisen. Wir alle haben eine telepathische Verbindung zu verschiedenen Reichen. Wann immer wir eine Dimension betreten, um sie zu erfahren, entwickelt sich augenblicklich ein Körper: Energiekörper, Gefühlskörper, Schmerzkörper, physischer Körper u.a.m. Ein Körper ist ein sich wiederholendes Muster, das sich selbst verdichtet, um eine Essenz zu beherbergen. Alles, was sich vom Ursprungsfeld ableitet, hat das Potenzial, eine Gestalt zu erlangen. Der Unterschied zwischen einem einmaligen Schwingungsimpuls und einer Gestaltform ist die Anzahl der Erfahrungen, die diese sammelte, sowie die Intensität und Dauer der Verwendung.

Eine bestimmte Dimension ist ein Raum, eine Umgebung oder ein Spielplatz, welche solche Experimente ermöglichen. Die Dimension erschafft die Hülle selbst und eröffnet damit wahre Spielplätze der Evolution: „Spielevolutionen" – evolutionäre Treibhäuser, die aus Uressenzen und der Dimension selbst bestehen. Die Dimension besteht aus der gleichen Materie wie die Hüllen oder die Formen, die in ihr zum Leben erwachen. Da die Dimension bereits vor unserer Ankunft existiert und durch unsere Erfahrungen ihr Hoheitsgebiet erweitert wird, ist ihr natürlicher Impuls, besser angepasste und hochentwickelte Hüllen zu schaffen, die für die Evolution in ihrem Reich geeignet sind.

So wie die Seele aus ihren Erfahrungen in dem jeweiligen Medium lernt, in das sie eintritt, so lernt auch das Medium, was in seinem Reich möglich ist, wenn sich die Seelen innerhalb seiner Grenzen entwickeln.

Je mehr Seelen sich auf diesem Planeten auf physische Erfahrungen einlassen, desto erfüllitere und höher entwickeltere Seelen werden dem Kosmos zur Verfügung stehen. Jeder Aspekt unserer Körperseele erschließt sich aus allem anderen: Der Geist lernt von den Gefühlen, diese wiederum vom Herzen, welches von der besten Freundin lernt, die wiederum aus einem Film oder aus einem Buch lernt – Anpassung des Inneren an das Äußere und umgekehrt. Wir leben wahrhaftig in einem stets lernenden, sich ständig weiterentwickelnden Universum.

KAPITEL 14

ALCHEMISTISCHES HEILEN

Als sich in meinem inneren wie äußeren Leben alles auflöste und verwandelte, also inmitten meines alchemistischen Prozesses, war ich dabei, von San Francisco nach Los Angeles zu ziehen, nachdem ich über sechzehn Jahre in der Bay Area gelebt hatte. Zwei Wochen vor meinem Umzug wachte ich mit einem stark brennenden, roten Ausschlag im Gesicht auf. Der intensive Juckreiz breitete sich von der Rückseite meines rechten Ohres bis in den Nacken über Wangen und Stirn aus.

„Das ist interessant", dachte ich mir.

Meine Schwester drängte mich, sofort einen Arzt aufzusuchen. „Zum Arzt gehen? Ich bin der Arzt", dachte ich.

„Natalie, diese Allergien sind gefährlich. Was passiert, wenn dein Gesicht vernarbt?", bestand meine Schwester besorgt darauf.

Während ich mit ihr telefonierte, flüsterte mein Körper: „Es ist keine Allergie, es ist nur Energie."

Ich hatte diesen roten Ausschlag und die Schwellungen nun schon seit fünf Tagen und der Juckreiz breitete sich immer weiter aus. Es machte mich verlegen und ich wollte meine Freunde weder um Hilfe bitten, geschweige irgendwelche Anzeichen von Ohnmacht oder Hilflosigkeit zeigen. Ich blieb also ganz ruhig in meinem Schlafzimmer, jedoch irritiert von dem, was da mit mir passierte. Ich hatte das Gefühl, dass es mit dieser Umbruchphase und mit meinem bevorstehenden Umzug nach Los Angeles zusammenhing, aber ich konnte es nicht genau ausmachen – geschweige das Brennen in meinem Gesicht stoppen.

Das erste Mal, dass ich aus einem Haus, in dem ich wohnte, auszog, war 1976, als ich sechs Jahre alt war. Meine Mutter und mein Vater waren voller Angst und in tiefer Trauer, als Krieg und Tod uns umgaben und die Bomben um unser Haus in Beirut, Libanon, fielen. Schüsse und Brände in meinem Schlafzimmer! Und bei Roje, mein Bruder, der später bei einem Autounfall ums Leben kam! Terror und Hilflosigkeit schwebten über allem, als wir aus dem Libanon in das „gelobte Land" Israel flohen. Rückblickend auf diese Erfahrungen fiel mir auf, wie die Psyche des kleinen Mädchens in mir, den ewig andauernden Nahostkonflikt widerspiegelte, und sogar noch auf meinem heutigen Gesichtsausdruck zu erkennen ist.

Diese intensiven Erlebnisse meines Lebens waren tief in mir vergraben, als ich mit offenen Autofenstern herumfuhr und die kühle Luft Nordkaliforniens einfing. Ich versuchte, den brennenden Juckreiz in meinem Gesicht zu lindern und lehnte meinen Kopf aus dem Fenster wie es Hunde tun, wenn man sie auf eine Abenteuerfahrt im Auto mitnimmt. Aber meine Symptome blieben unverändert bestehen und ich begann, mir Sorgen zu machen.

Ich traf mich mit meiner Freundin Annelene im Stable Café im Mission District in San Francisco. Das Erste, was sie mich fragte, während wir an unserem Minz-Eistee nippten, war: „Was will dein Körper?" Meine Antwort überraschte mich selbst: „Mein Gesicht sehnt sich nach liebevoller Berührung." Ich war aufgewühlt, fühlte mich kindlich, schüchtern und hilflos. Annelene berührte mein Gesicht mit ihren langen Fingern und kühlen Händen. Sie lächelte mir mit sanftem Blick behutsam zu. Dann wandte sie sich einem jungen Mann zu, wahrscheinlich Anfang zwanzig, der neben uns im Café saß. Sie fragte ihn, ob er bereit wäre, seine Hände auf mein Gesicht zu legen und liebevolle Energie über seine Handflächen zu übertragen, da ich eine Art unerklärlichen Hitzeausschlag auf meinem Gesicht hätte.

Der Name des jungen Mannes war Miguel. Er kam aus Argentinien und fiel fast vom Stuhl, als meine Freundin ihre Bitte genauer erklärte. Seine Mutter hatte seit vier Tagen genau die gleichen Symptome! Er konnte es nicht glauben, was da gerade geschah. Er ging schnell seine Hände waschen und kurz darauf saßen wir drei dort auf der kühlen, schattigen Café-Terrasse und sandten Liebe an Miguels Mutter und an mein erhitztes Gesicht.

Unnötig zu erwähnen, wie perplex ich über diese unwahrscheinliche Parallele war! Ich war jedoch zu überwältigt, um nachzudenken, als ich dort saß und die liebevolle Fürsorge erhielt, die über mein Gesicht floss. Nach einigen Minuten der Stille dankte ich Miguel und Annelene und verabschiedete mich, da ich mit meiner Freundin Effie in Point Richmond verabredet war.

Wir schlenderten am Point entlang, weinten und erinnerten uns an unsere gemeinsamen Erlebnisse. Da meine bevorstehende Abreise aus der Bay Area immer näher rückte, trafen Effie und ich uns am Wasser an einem der Bootsanleger. Es war ein kühler Abend bei Sonnenuntergang. Ich fragte sie, ob sie mein Gesicht berühren und mir beruhigende, liebevolle Energie senden würde. Das tat sie.

Innerhalb einer Stunde waren mindestens 30 Prozent der geschwollenen, roten Hautstellen und des juckenden Gefühls abgeklungen! Als ich später am Abend nach Hause kam, war es um weitere 30 Prozent zurückgegangen. Am nächsten Morgen war es ganz verschwunden! Konnte es sein, dass mein Körper aus früheren Kriegen und der Trauer eine Entzündung in sich trug und sich einfach nur nach einer sicheren, liebevollen und bestätigenden Berührung sehnte – in Anbetracht eines erneuten und großen Umbruchs? „Könnte es so einfach sein?" fragte ich mich. „Sind wir alle Heiler? Ist Liebe die Medizin?"

Durch die Begegnungen mit Hunderten von Klienten in den letzten Jahren in meiner „Ensoulment"-Praxis habe ich gelernt, dass viele der körperlichen, emotionalen und die damit in Verbindung stehenden Symptome, mit denen Menschen kämpfen, das Ergebnis eines Weggangs, einer Flucht oder des Verschwindens der Seele aus ihrem Körper sind – speziell aus den direkt betroffenen Organen und jenen Bereichen im Körper. Wenn sich unsere Seele nicht mehr im Körper befindet – die Gründe dafür werde ich in Kürze erörtern – sind die Zellen im Körper, die ursprünglich geschaffen wurden, um unsere Seelenessenz aufzunehmen, im Grunde verwaist. Wenn diese Zellen, Organe und manchmal sogar ganze Körperregionen verlassen wurden, sind sie anfällig für viele Ungleichgewichte. Diese äußern sich z. B. in Komplikationen im Magen-Darm-Bereich, bei Kopfschmerzen, Atemschwierigkeiten oder Problemen bei der Fortpflanzung. Die Stärkung deiner Seele als die Essenz, die deine Existenz belebt, spielt eine große Rolle bei der Erhaltung eines gesunden Körpers.

Die Seele ist beides, sowohl persönlich und als auch universal. Da unsere Seele im Wesentlichen die gleiche Matrix wie die universale Urseele aufweist, ist sie „gesünder", wenn sie diesen originären Urzustand beibehält. Die Seele gedeiht in liebevollen Beziehungen, denn sie ist vom ersten Schwingungsimpuls an mit dem Universum verbunden. Sie blüht durch Umarmungen, Küsse und Lächeln auf, so als seien Berührungen, Freundlichkeit und Nähe der Ausdruck des Universums, das sein JA hinaus sendet. Denke mal darüber nach, wie weit du vom Universum entfernt bist? Null Entfernung! Du bist so nah, dass deine Seele und das Universum in diesem Augenblick zusammen- und auseinander fließen wie Wellen im Ozean. Du bist die Welle und das Universum ist der Ozean. Wenn dein Verstand immer gelassener wird und friedlich im Ozean zur Ruhe kommt, offenbart sich dir das Gefühl des Einssein mit dem Universum.

Menschliche Liebe, wie sie durch Wärme, Verbundenheit, Zuhören, Akzeptanz, sehen und gesehen werden, hören und gehört werden gelebt wird, kann viele Ungleichgewichte heilen, die durch den Weggang der Seele und die daraus resultierende Entfremdung im Körper entstanden sind. Die Seele erblüht, wenn sie sich in den Seelenräumen herzlich willkommen fühlt. Menschliche Seelen brauchen diesen warmen Empfang von ihrer leiblichen Mutter oder ihres Vaters, suchen ihn bei anderen Familienmitgliedern, bei Freunden, im Kosmos oder bei ihren kreativen Abenteuern – alles und jeder, der sie daran erinnert, wer sie wirklich sind, kann Heilung bewirken.

Einer der Gründe, warum der Titel dieses Buches „*Ensoulment – Der Weg zur Beseelung*" lautet, ist, dass der Weg zu deiner Seele ein fortwährender Prozess der Verseelung ist. So wie das Wort „becoming [werden]" die Vergangenheit, die Gegenwart sowie die sich in diesem Moment eröffnende Zukunft einbezieht, so geschieht der Eintritt der Seele in das Leben, in dein Leben, genau in diesem Moment.

Je beseelter wir werden, desto sensibler werden wir, imstande, in der Natur jedes Detail unserer Reise wahrzunehmen und zu fühlen. Indem wir Körper und Seele als zwei Seiten desselben Phänomens erkennen, zwei jeweils sich spiegelnde Aspekte, erkennen wir, dass jeder von ihnen die Muster, Verhaltensweisen, Entscheidungen und Wege des anderen offenbart.

Genauso wie unser Körper aus einem inneren und einem äußeren Aspekt besteht, so gilt dies auch für die Seele. Und so wie der Körper einen oberen und einen unteren Bereich hat, mit einem Herz, Lungen und Eingeweiden, so hat die Seele parallele Funktionen in Bezug darauf, wie sie durch ihre Lungen hinaus in die Welt atmet und ihre Erfahrungen durch ihre Gedärme verdaut.

Die Formen, die Farben, die Lage und die Anordnung der Körperteile spiegeln die Gestalt der Seele wider, während sie sich in dieser physischen Erddimension bewegt. Unser physischer Körper ist ein kompliziertes Gebilde von Systemen, das auf wunderbare Weise mit allen seinen Teilen im Einklang steht. Dasselbe gilt für unsere Seele. Unser Körper besteht aus einem unglaublich präzisen Zusammenspiel von Milliarden, miteinander verbundenen, elementaren Interaktionen pro Sekunde, genau wie unsere Seele. Ein Körper ohne Seele ist ein toter Körper; eine Seele ohne Körper ist eine mögliche Form am Himmel. Körper und Seele zusammen sind jedoch unvorstellbar mächtig. Während wir mit unseren umfassenden Erkenntnissen in Wissenschaft, Technologie, Medizin, Brainmapping, Psychologie, Kunst und Spiritualität voranschreiten, kommen unsere Seelen der Weltseele näher als je zuvor.

Angenommen, dass ein Symbol ein Zeichen ist, ein komplexes Instrument, um die dimensionalen Aspekte einer Sache darzustellen, so könnten wir auch sagen, dass der Körper ein Symbol ist, das die Wege der Seele zum Ausdruck bringt und diese beleuchtet. Auf diese Weise können wir erkennen, dass der Körper ein Tor, ein Portal zu den schwer fassbaren und doch greifbaren Geheimnissen der Seele ist. Zum Beispiel werden die Seelenrealitäten durch die verschiedenen Abstufungen der Körperdichte repräsentiert – von den Knochen bis zu den Sehnen, von den Bändern, Knorpeln und Muskeln bis hin zu Fett, Blut sowie den farblosen Flüssigkeiten. Je dichter die Substanz, desto erdiger ist sie; je geringer die Dichte, desto ätherischer ist die Seele. Symbolisch gesprochen werden die oberen Teile des Körpers und die rechte Seite insgesamt als maskulin angesehen, während die linke Seite und der Unterkörper als feminin verstanden werden.

Sobald wir diese verkörperte Symbolsprache der Seele verstehen, beginnen wir einen Einblick in die Seele aller Menschen, Tiere, Pflanzen, der Erde, unserer Galaxie sowie der Weltseele zu erhalten. Genauso wie wir den Körper als symbolischen Ausdruck der Seele betrachten können, so können wir anhand der Seele den Zustand des Körpers erklären. Bewegt sich die menschliche Seele durch eine Phase in ihrem Leben, in der sie durch ihren Glauben, ihre Ängste, ihr Verhalten oder ihre Programmierungen und Sorgen eingeschränkt ist, ihre Präsenz also nur wenig Raum bekommt und die Seelenessenz nur schwer einströmen kann, leidet der Körper sehr darunter und kann den Verlust der Seele durch eine Krankheit zum Ausdruck bringen, wie wir es während der Seelenlosigkeit erfahren.

Dr. Nader Butto, Kardiologe und Arzt für ganzheitliche Medizin, stellte fest, dass Krebszellen im Allgemeinen niedrigere Vitalitätszustände haben. Dr. Butto ist der Ansicht, dass Krebszellen schwächer sind als andere Zellen, obwohl sie schwierige Bedingungen überleben können, indem sie ihre DNA durch unkontrollierte Vermehrung mutieren. In einem Körper, der aufgrund von Trauma, Langzeitschmerzen oder seelischer Vernachlässigung unter einem erheblichen, emotionalen Vitalitätsverlust leidet, in dem wird die für die Zellen bestimmte Energie umgeleitet, um den Schmerz zu bewältigen, und so wird die Gesundheit der Zelle beeinträchtigt. Befinden wir uns in einer Krise, verbraucht das betroffene Organ mehr Energie als der Krisenenergie zur Verfügung steht, um dem entgegenzuwirken. Sinkt das Energieniveau dieses Organs, gerät es unter Stress, Angst und löst durch das Trauma eine Überlebensreaktion aus. Die Energie zwischen den DNA-Strängen wird folglich geschwächt. Die Zellen reagieren darauf, indem sie sich unkontrolliert vermehren.

Dr. Buttos Forschungsergebnisse stimmen mit meinen eigenen Erfahrungen überein. Nach meiner Arbeit mit Klienten, von denen einige an Krebs erkrankt waren, habe ich erkannt, dass die meisten Ungleichgewichte sich als „ungesunde" Symptome manifestieren und es nur der gesunde Versuch von Körper und Seele ist, wieder ins Gleichgewicht zu kommen. Ich glaube, dass Krebs als Nebenprodukt des schnelllebigen, urbanen Lebens im Schatten eines industriellen und technologischen Zeitalters derart zugenommen hat. Krebs kann mit einem höheren Maß an Stress, Angst, Ziellosigkeit, Bewegungsmangel, Trennung von den Elementen, Isolation und Überindividualisierung in Verbindung gebracht werden. Er ist weit entfernt von unserem wahren Zuhause, der Erde, und von unserer eigentlichen und lebenswichtigen Ernährungsweise, unseren Freunden und unserer Familie. Dieser Seelenverlust fordert im Dienste der Industrialisierung seinen Tribut. Unsere Psyche leidet und das zeigt sich in, auf und an unseren Körpern.

Krankheit, ob als Folge eines physischen oder psychischen Ungleichgewichts, ist nicht einfach nur so ein Phänomen. Wir reden hier schließlich von einem hoch entwickelten, sensiblen und halbdurchlässiges System mit einem seelenvollen Verlauf der Geschichte, von der antiken Existenz bis hin zu unzähligen Geschehnissen in der Zukunft. Ich glaube, dass das System von Natur aus weiß, wie es sein Gleichgewicht wiederherstellen kann, wie es seine allgemeine Gesundheit und sein Wohlbefinden selbst regulieren kann. Dies alles ist von der Seele beabsichtigt und geschieht unter Berücksichtigung ihrer vielfältigen Lebensgeschichten und ihrer gegenwärtigen, physischen Existenz.

Eine andere Interpretation von Krebs kann die Nicht-Selbst-Theorie sein, in der eine Nicht-Körper- und eine Nicht-Seele-Entwicklung zum Verlust der Seele führt. Wenn eine Seele lebendig ist und in höchster Vollkommenheit in ihrem Körper lebt und sich darüber ausdrücken kann, glaube ich, dass die Wahrscheinlichkeit, an Krebs zu erkranken, sehr gering ist, es sei denn, die Seele hat Krebs als Weg für das Streben nach Wachstum und Einsicht gewählt. Schon seit geraumer Zeit habe ich darüber nachgedacht, was der Grund dafür sein könnte, dass Herzkrebs extrem selten ist. Obwohl Herz- und Herz- Kreislauf-Erkrankungen sehr häufig vorkommen, ist das Auftreten von Herzkrebs äußerst selten, fast gar nicht vorhanden. Warum ist das so?

In meiner Kosmologie sind Herz und Seele eng miteinander verbunden: Das Zentrum des Herzens ist das authentische und unverkennbare Sprachrohr der Seele und bringt alles, was sie bewegt und in Aufruhr versetzt, zum Ausdruck.

Ich denke, dass die ständige Herzaktivität und der Energiefluss dazu beitragen, dass die Krebszellen sich in diesem Organ nicht ansiedeln können. Ich spüre, dass Krebs die kollektive Bildung von Nicht-Seele-Energien und - Mustern ist, egal ob es sich dabei um emotionale, umweltbedingte oder zwischenmenschliche Gifte und Wunden handelt. Krebs entwickelt sich, wenn sich Nicht-Seele-Schwingungen und Teilchenenergien in den verwundbarsten Regionen des Körpers verdichten, in den schwächsten Nicht-Seele-Bereichen. Diese können mit Angst, Vorwürfen, Missbrauch, Trauer, Verdrängung, Unterdrückung, Stagnation, Verletzung oder Vernachlässigung verseucht sein. Oder auch minderwertige Nahrungsmittel, Stress, Sinn- und Bedeutungslosigkeit, Hass und sämtliche Gefühle, die mit einer Depression einhergehen. Ich glaube, dass die ständige Aktivität und der Energiefluss des Herzens dabei helfen, alle Krebszellen aus diesem Organ zu entfernen.

Krebs kann auch vererbt werden, sowohl auf der physischen als auch auf der psychischen Ebene. Letztes Jahr habe ich mit einer Klientin gearbeitet, die mütterlicherseits eine lange Geschichte von sexuellem Missbrauch in Form von Vergewaltigung, Inzest und anderen sexuellen Übergriffen aufwies, zusammen mit einer medizinischen Vorgeschichte von Eierstockkrebs über drei Generationen, von der Großmutter über die Mutter bis hin zu den Töchtern. Als Embryo im Mutterleib nehmen wir nicht nur alle derzeit bekannten körperlichen Erbanlagen auf, sondern auch die Glaubenslehren unserer Vorfahren, die genetisch durch die Lebenserfahrungen unserer Vorfahren verschlüsselt sind. Wenn ein Baby geboren wird, kommt es mit einem genetischen Code auf die Welt, mit Veranlagungen, die durch den einzigartigen Zusammenfluss der familiären Erbanlagen als seine „Anlagen" gebildet wurden. Dennoch trägt es auch eine beseelte und intelligente Essenz in sich, und kann über seine einzigartige Struktur selbst entscheiden und dies ausstrahlen. Im gerade beschriebenen Fall beinhaltete der Prozess der Heilung des Eierstockkrebses der Tochter sowohl eine energetische Abklärung der genetischen Familiencodes sowie alter Glaubens- und Verhaltensmuster als auch die Stärkung der weiblichen Kraft und der mütterlichen Stimme, um das Trauma der sexuellen Wunden der Vergangenheit zu heilen und die volle Gesundheit und Vitalität der Tochter wiederherzustellen.

Unser Körper und unsere Seele stehen jederzeit in einem einzigartigen Verhältnis zueinander, zwischen seelischen und nicht-seelischen Entitäten bzw. Aktivitäten, zwischen lebensbejahenden oder lebensbeendenden Prozessen. Krebs entwickelt sich schneller in dunklen, stagnierenden und negativen Unterwelten. Insbesondere Traumata, ob körperlich, geistig, emotional oder sexuell, führen zu Seelenverlust, was ein fruchtbarer Boden für das Gedeihen von Krebs ist. Aus der Perspektive der Seele könnte der Heilungsprozess für Menschen mit Krebs durch eine aktive Vorstellungskraft erfolgen, um so die physischen Zellen von krebserregenden Rückständen zu befreien, insbesondere unter Einbeziehung aller Schichten des Seins hinsichtlich der Abstammung oder auch umweltbedingt, physisch, emotional, mental, spirituell, zwischenmenschlich oder kulturell. Der nächste Schritt wäre, die Seele soweit wie möglich in den Körper zurückzuholen. Sobald die Seele den Körper auf die gleiche Weise bewohnt wie die Seele das Herz – voll und ganz – sind dem Krebs Raum und Möglichkeit zur Entstehung genommen.

Wir sollten nach Wegen suchen, die Seele zurückzuholen. Wir würden die Neugier, Spaß und Freude sowie Vitalität der betroffenen Person steigern, indem wir uns auf lebensbejahende Gedanken und auf sinnvolle, seelenvolle Aktivitäten und Beziehungen einlassen. Während die Person das Leben mit Menschen teilt, die ihre positiven Gefühle und Erfahrungen steigert, belebt und energetisiert das Chi (Lebenskraft) der Person buchstäblich den Körper. Wie die Pflege einer Person, die obdachlos war, oder eines unterernährten Kindes, wird die Seele mit Bewusstsein, Akzeptanz, Liebe und Fürsorge in der Form genährt, wie es für die Person wichtig ist. Diese psycho-spirituelle Arbeit wird von einer Verschiebung der Denkmuster, der Ansichten und Nährstoffquellen begleitet, um eine ganzheitliche und seelenbezogene Lebensweise herauszubilden.

Da die Seele mit der Energetisierung des Körpers wächst, beginnt der Krebs zu schrumpfen. Es ist selten, dass Krebs in einer seelenvollen, gesunden Umgebung wächst, es sei denn, die Seele hat eine solche Erfahrung als Lernweg ihres karmischen Verlaufs gewählt. Während wir den Ensoulment-Prozess durchlaufen, entwickeln wir ein Bewusstsein für die Qualität unserer Lebensmittel und für die Kreisläufe der Natur, unserer Handlungen und Beziehungen und richten unsere Mitte entsprechend aus. Wir beginnen mit unseren Sinnen zu „sehen" und unsere Fähigkeit wächst, niedrigere Frequenzen und Nicht- Essenz-Störungen, die nicht mit unserem Körper in Resonanz stehen, zu erkennen. Wir sind zunehmend in der Lage, krebserregende Energien und die Schwingungen zu spüren und uns auf den Segen, den Schutz und die Erhöhung der Frequenz unseres Systems als Ganzes zu konzentrieren.

KAPITEL 15

DIE GEOMETRIE DER HEILUNG

Heilung ist ein komplexer Prozess. Sie vollzieht sich sowohl während der Alchemie als auch während des Verseelungsprozesses. Dieser schließt die relationale, geometrische Positionierung sowie einen Energie-, Frequenz- und Bewusstseinsfluss der Alchemie ein, um die Realität neu zu gestalten. Stelle dir die Körperanatomie in einem Diagramm vor, das einem Computerdiagramm ähnelt und sowohl gesunde als auch „kranke" (aus der Balance geratene) Körper darstellt. Die Elemente des Diagramms könnten sein: die Seele, der Körper, Emotionen, Geist, Herz, Kindheit, bedeutende Lebensereignisse, Energie, Nahrung, Beziehungen, Alltagstrott, Glauben und kulturelle Memes oder auch das Gefühl, mit der Quelle verbunden zu sein, sowie andere Elemente.

Sobald Veränderungen der Lage, der Größe oder der Intensität eines Elements innerhalb dieses zarten und doch robusten Ökosystems auftreten, rekalibriert und reorganisiert es sich zu einem neuen Gesamtzustand. Je länger ein Ökosystem besteht, desto stabiler, einfallsreicher und leistungsfähiger ist es. Ich habe bemerkt, dass der Verseelungsprozess, der Prozess des Erwachens und die Einheit deines eigenen Lebens mit deiner Seele, die Vitalität des gesunden bzw. heilenden Diagramms erhöht, während das „kranke Diagramm" langsam verblasst, da keine Energie mehr durch die „kranken" Kanäle strömt. Jedes Mal, wenn ein Mensch sich verändert, stellt sich sowohl das gesunde als auch das kranke System darauf ein und passt sich der Veränderung des Energie- und Bewusstseinsflusses an.

Während der Heilung entsteht durch das Zusammenfließen ein neuer Zustand. Dieser neue Zustand bewirkt entweder Erhaltung oder Erschöpfung des Körpers, abhängig vom Energie-, Frequenz- oder Bewusstseinsfluss. Der positive, beseelte und lebensbejahende Fluss wird ein System stärken, während der negative, seelenlose und lebensmüde Fluss es schwächt. Während der Verseelung entwickelt sich unser Bewusstsein immer weiter. Wir bemerken und fühlen das wunderbare System, in dem wir leben, und wie es in jeder Millisekunde unsere Körper-Seelen-Verbindung neu kalibriert. Je mehr der Mensch sich auf kleinste Gedankengänge und Gefühlsregungen einstellen kann, desto besser kennt er den nächsten Schritt und die entsprechenden Ressourcen, die seine Gesundheit unterstützen werden.

Das Leben im Allgemeinen sowie die Verbindung von Körper und Seele im Besonderen verfügen über eine intrinsische Fähigkeit zur Selbstwiederherstellung und Selbstbalance. Tendenziell versucht die Essenz immer, in die Materie einzudringen und ihren ursprünglichen Fluss wieder- herzustellen, um Leben zu erhalten bzw. zu erzeugen. Heilung ist die Umleitung sowie die Wiederherstellung der Intelligenz in ihre ursprüngliche Form bzw. Essenz. Manchmal kann diese Wiederherstellung zu einer Verformung, einem Mangel oder einem Verlust führen, da die Seele neue Fähigkeiten erlernt. Heilung bedeutet nicht notwendigerweise perfekte Gesundheit, da die Seele weiterhin Erfahrungen für ihren weiteren evolutionären Werdegang sammelt. Manchmal jedoch kann eine Wiederherstellung durch eine augenblickliche Veränderung der physischen Eigenschaften der Materie oder durch einen psycho-physischen Sog geschehen. Dieser Sog ist die Fähigkeit einer existierenden Dimension sich mit einer anderen zu verbinden und neu auszurichten. Ich glaube, was zwischen unserem Körper und unserer Seele geschieht, ist, dass sich Materie und Psyche aufeinander einstellen.

Das Verseelungsmodell geht grundlegend von der Annahme aus, dass alle Intelligenz, ob physisch oder nicht-physisch, kontinuierlich innere und äußere Sig- nale sendet und empfängt, um das angeborene und beabsichtigte Bemühen hin zu einer gesunden Essenz und damit zur Heilung zu unterstützen. So wie alle Systeme im Körper gleichzeitig und synergetisch arbeiten, so gilt das auch für alle oben genannten Heilungselemente und -prozesse.

Ich habe das Gefühl, dass es eine Art regulierendes Nerven-/Hormon-/Temperatur-/Schutzsystem gibt, das alle Heilungsprozesse und -elemente „überwacht" und kontinuierlich in Richtung Gesundheit und Wohlbefinden navigiert. Dieses Regulationssystem existiert nicht in einem Organ und wird auch nicht von Wachturm aus gesteuert. Es ist eine Kommunikationsebene, die aus dem Lebensfeld heraus entsteht, mit dem einzigen Zweck, mehr Leben und Vitalität hervorzubringen. Die Gestalt der Heilung hat ein eigenes Intelligenzfeld, das sich immer auf Gesundheit und Vitalität ausrichtet.

Gesundheit und Heilung sind sozusagen die Neuorganisation und Revitalisierung der Essenz in der Materie, während Tod und Sterben der Aufbruch und Übergang aus der Materie sind. Ich glaube, dass die Seele einen Weg zur Heilung erschafft. Wenn wir die heilende Geometrie, den Fluss, die Alchemie und die Anziehungskraft in unsere Psyche und in unsere Körper integrieren, wird Heilung zur zweiten Natur.

Da der Stoff des Universums beständig ist, von der kleinsten Empfindung innerhalb der Psyche bis hin zur unermesslichen Größe von Galaxien, schwingt und hallt jede Heilung durch die gesamte Materie wider, die sich in einem Bereich oder einer Dimension vollzieht. Da unser Leben mit den Ozeanen, Bergen, Wäldern und Flüssen verflochten ist, haben wir die Fähigkeit, uns gegenseitig zu heilen. Genauso wie ein Bereich des Körpers heilen sowie die Heilung in anderen Bereichen beeinflussen kann, könnte die Reparatur einer Region an den Korallenriffen des Ozeans zur Heilung benachbarter Dörfer und Gemeinden und sogar zur Verbesserung ihres Bewusstseins beitragen. Die Heilung einer Person wirkt sich auf dessen Familie, Gemeinde, Stadt oder Land aus – um dann sogar in den Korallenriffen und in den Weiten der Amazonaswälder nachzuhallen. Die Heilung und die Einstimmung aufeinander sind von Natur aus holographisch. Die Wiederherstellung des Gleichgewichts geschieht von innen nach außen und von außen nach innen, da das Bewusstsein die reine Wahrheit unserer Verbundenheit widerspiegelt.

Unsere Metamorphose geschieht aus der Alchemie heraus, hin zur Verseelung, während sich das transformatorische Bewusstsein der Alchemie so weit entwickelt, dass wir immer mehr von unserer Seele verkörpern und uns immer mehr der Weltseele nähern. Durch unsere Verseelung erweitert sich unser „beseeltes Empfindungsvermögen" sowie unsere Wahrnehmung.

Wir beziehen breitere, tiefere und höhere verbundene Sensoren ein. Diese Sensoren sind in der Lage, das Entstehen in mehreren Dimensionen in jedem Augenblick zu erkennen und zu registrieren. Vom Ursprünglichen zum Essenziellen treten wir in eine seelenvolle Sinnesnavigation der materiellen und der Erlebnisbereiche in uns selbst und in anderen ein, einschließlich in die multiplen Dimensionen der Existenz.

Teil IV

ENSOULMENT – DIE VERSEELUNG

KAPITEL 16

DIE INNEREN ABLÄUFE WÄHREND DER VERSEELUNG

Verseelung ist der Prozess, deine Seele zu leben und deine Essenz in deinem täglichen Leben zum Ausdruck zu bringen – dein wahres Wesen zu verkörpern, nicht als eine vergängliche Stimmung, sondern als ein kontinuierlicher, stabiler Zustand des Seins. Die Verseelungsphase des Ensoulment-Prozesses ist wie das Durchführen der schwierigsten Pose einer Vinyasa-Sequenz beim Yoga: der Höhepunkt all der Übungen und des Lernens, die deine Seele in all ihrer Pracht erblühen lässt.

Doch was lässt deine Seele erblühen? Was beflügelt deine Seele besonders? Was sind deine seelenvollen Übungen? Woraus bestehen deine einzigartige Seelenkosmologie, deine Seelengeometrie, dein Seelenbild, deine seelenvollen Archetypen bzw. deine beseelte Schöpfung? Welche Vereinbarungen hat deine Seele getroffen? Was ist die Sprache deiner Seele und wie verbindet deine Seele ihre Liebe mit der Welt?

Während der Verseelung beginnt deine Seele, sich ständig durch weitere Dimensionen und Körper, die ihr zur Verfügung stehen, auszudrücken. Für jeden von uns wird sich die Verseelungsphase anders anfühlen. Wesentlich für den Zustand der Verseelung ist, dass der Großteil deiner Lebenskraft, deiner Gedanken und Gefühle, Handlungen, Kosmologien und Entscheidungen von deiner speziellen Essenz angetrieben werden, und du diese ständige Verbindung mit deiner Seele fühlst.

Zu jedem Zeitpunkt bewegst du dich entweder weg oder auf den Kern deiner Seele zu. Es ist ganz einfach: dein Gefühl und deine angeborene Intuition werden dir die Koordinaten vorgeben, wo sich deine Seele sich befindet.

Sobald du deiner wahren Essenz im Hier und Jetzt folgst und sie „lebst", bist du mit dir im Reinen. Du fühlst dich erfüllt und verspürst unterschwellig Freude und Zufriedenheit in deinem Herzen. Du schenkst deinem Leben und dem Leben um dich herum immer mehr Beachtung. Nur du weißt, ob du angekommen bist. Ohne jeden Drang, irgendwo hingehen oder etwas ändern zu müssen, fühlst du dich in deiner Seele zu Hause – überall und jederzeit. Frag deine Seele, sie wird es dir mitteilen.

Charakteristisch für diese Phase ist tiefer Frieden; sich im „Fluss" befinden; ein entspanntes, kreatives Leben aufgrund achtsamer Wahrnehmung. Die Farben der Verseelung sind ein helles Orange, Pink oder Rosa. Ihr Element ist ein sanftes, warmes Feuer. Die Anordnung ist wie ein sphärischer Torus und das Gefühl eher ein freundliches, neugieriges Herz, das die Welt durch die Augen eines Anfängers wahrnimmt. Die Essenz, die diese Phase der Verseelung am besten widerspiegelt, ist die Gegenwart.

In dieser Phase verlaufen alle Erfahrungen, Visionen und Erkenntnisse gleichzeitig. Es gibt keine allmählichen, nacheinander stattfindenden Entwicklungsstufen, sie geschehen alle auf einmal. Du sammelst Erfahrungen, Erkenntnisse und Sichtweisen über deine Erlebnisse, während sie geschehen! Das ist die Kraft der Seele: ihre multidimensionale Fähigkeit, Erfahrungen zu sammeln und sie gleichzeitig schon voll und ganz zu *kennen*.

Das Erwachen, die Seelenlosigkeit, die Alchemie sowie die Verseelung sind Prozesse, die in unterschiedlichem Maße für verschiedene Aspekte und Eigenschaften unseres Lebens in uns ablaufen können. So fühle ich mich beispielsweise in meinen intimen Beziehungen zu 50 Prozent beseelt, in meiner persönlichen Kraft zu etwa 80 Prozent und in meiner Berufung wie in meinem Lebenswerk fühle ich mich zu etwa 69 Prozent beseelt. Diese Prozentsätze erhöhen sich an jedem Tag, wenn die Seele neue Wagnisse eingeht, Erfahrungen oder Beziehungen für sich erwählt. Sie ist ständig auf Reisen, um eine immer bessere Integration zu erlangen, bis sie sich mit der gesamten Weltseele in einem winzigen Körper vereint!

Seelen folgen ihrem Impuls und besitzen die Fähigkeit, viele Bereiche gleichzeitig zu durchdringen. Während eine Seele ihre Erfahrungen macht, gewinnt sie Eindrücke, die in ihrem Seelenfeld registriert werden: einzigartige

Felsformationen, Sanddünen oder Sukkulenten [wasserspeichernde Pflanzen] die Wüste prägen, in Erinnerung an das, was mit der Landschaft im Laufe der Zeit geschah, wie diese Region den unterschiedlichen Wetterbedingungen ausgesetzt war und ist sowie auch durch die Tiere, die in diesem wilden Landstrich leben. So sammelt auch eine Seele Erfahrungen und wird durch ihre Erlebnisse geprägt. Manche Erlebnisse brennen sich tief in ihrer Essenz ein, andere sind wie Malerei auf ihrer Oberfläche, die im Laufe der Zeit verblasst.

Die Seele genießt es, durch so viele Bereiche und Dimensionen streifen zu können, wie sie erkunden möchte. Die Seele ist eine zeitlos lebende und immer umherziehende Essenz, ein Impuls des Lebens, der sich ausdehnen, alles durchdringen und mehr Leben schaffen will. Sie will Artikulation, Aussprache, Vokalisierung finden; jeden Ausdruck, um sich in ihrer Form zu verlieren. Der Tanz zwischen der Seele und ihrer Gestalt ist faszinierend. Die Gestalt kann absorbieren, sich verwandeln und integrieren, während sich die Essenz hingibt und gleichzeitig in ihrer Gestalt aufgeht.

Die Seele kann unendlich viele Erfahrungen sammeln – so viele, wie sie „fassen kann". Was auch immer ihre Absicht ist und sich mit dem kollektiven Feld vereinbaren lässt, sie tut es! Es besteht eine symbiotische Beziehung zwischen der Seele und dem Medium, zwischen der Essenz, die sie durchzieht, und der Struktur, die sie beherbergt und hält, bis Seele und ihre „Hülle" verschmelzen zu einem Ganzen.

Erfahrungswerte werden aktiviert, wenn die Gestalt mit der impulsiven Seele interagiert, die auf der Suche nach sich selbst ist. Gemeinsam erwachen sie zum Leben und entdecken neue Wege, wie die Seele in die Materie einströmen und sich darüber ausdrücken kann. Manchmal sind diese Erfahrungen mental: Die Seele erscheint in Form geistiger Wahrnehmung bzw. kognitiv in einer Welt aus Ideen, Konzepten, Konstrukten, imaginären Worten, Geschichten, des Verständnisses oder einfach aus der Wahrnehmung heraus. Manche Erfahrungen sind tiefe Herzensangelegenheiten und die Seele drückt sich durch Mitgefühl, Einfühlungsvermögen, durch ein wortloses Gefühl der Verbundenheit sowie durch ihre Affinität zum Leben aus. Ein anderes Mal tritt die Seele in das Innere eines Tierbauches ein, um Gefühle von Angst, Wut, Verlangen, Traurigkeit, Kummer, Aufregung und Sehnsucht zu erleben. Sie windet sich, dreht sich und taucht in die Tiefen der Gefühlswelt ein. Und wieder ein anderes Mal geht es um die Erfahrung von Empfindungen: Berührung, Sehen, Schmecken oder eine Regung. Je mehr „Orte" die Seele besucht und mit

Foto von magnezis magnestic

Foto von magnezis magnestic

diesen interagiert, desto größer sind ihre und die Fähigkeiten des Mediums zu wachsen und sich weiterzuentwickeln.

Sobald die Seele in eine Dimension vordringt, neigt sie dazu, so tief, so hoch und so weit zu gehen, wie sie kann. Dabei nutzt sie all ihre relational-physikalisch-psychisch-psychischen-spirituell-emotional-energetischen Fähigkeiten, die sie auf ihren bisherigen Wegen entwickelt hat. Stell dir großartige Köche, hingebungsvolle Musiker, akribische Architekten, wunderbare Gärtner, eloquente Schriftsteller, fürsorgliche Ärzte, brillante Programmierer, muskulöse Surfer, wilde Reiter, leidenschaftliche Dichter oder visionäre Filmemacher vor. Alles Beispiele dafür, wie Seelen interagieren und Materie auf brillante, elegante und schöpferische Art und Weise verwandeln können! Sei es Bio-Nahrungsmittel, Musiknoten, Meereswellen, herrliche Gärten, Wortzauberei, heilende Energie oder Computer-Codierung – die Seele interagiert und integriert sich direkt mit dem jeweiligen Medium, um eine beseelte Verkörperung zu schaffen. Das ist das Leben, was deine Seele liebt!

Wir können den Klang der Verseelung in unseren Körpern fühlen. Wir erwachen mit einer pulsierenden und friedlichen Lebendigkeit im Inneren des Augenblicks. Wie Seetang sind wir dem Wasser, in dem wir schwimmen, ausgeliefert. Wir tanzen, lassen uns treiben und folgen einfach der Strömung. Unsere Farbe wird grün und wir sind wie üppiges Moos auf den Steinen eines Wasserfalls in Hawaii. Während es wir uns im Verseelungsprozess gemütlich machen, entsteht einen sanfter Impuls, der sich mit der Seele der Welt verbindet. Die Zeit bewegt sich nicht mehr linear vorwärts. Sie ist unabhängig von uns. Die Zeit ist flüssig und passt zu unseren Erfahrungen, als könnte sie uns eratmen. Die Seele sendet unterschwellige Schwingungen aus der Vergangenheit, der Gegenwart und der Zukunft in das langanhaltende, kontinuierlich wie Honig fließende Hier und Jetzt. Wenn wir aus dem Drama unseres Lebens heraustreten und beseelte Momente willkommen heißen, JA sagen, dann und wann einfach in uns ruhend verweilen, die Dinge nehmen, wie sie sind, anstatt zu jammern und das Schlechte darin zu sehen, dann beginnt die Weltseele sich zu offenbaren. Die Seele schwankt zwischen Erregung und friedlicher Ruhe hin und her, bis zu dem Augenblick, an dem sie sich zuhause fühlt.

Während der Verseelung öffnet sich unser Feld und die Weite eines unendlich klaren Himmels offenbart sich. Wir entspannen uns von der ständigen Suche nach dem nächsten Ziel, Stimulation, Lektüre oder Bindung und treten in einen Zustand des friedlichen Daseins ein, egal wie dramatisch das Leben um uns herum sein mag. Wir werden aufgeschlossener gegenüber anderen Ansichten und reagieren mit Akzeptanz. Während der Verseelungsphase gibt es keine übergeordnete Handlung, keine dramatischen Abenteuer, keine belastenden Erfahrungen. Stattdessen sind da nur die Erkenntnisse der Gegenwart, die Präsenz und ihre Einsichten, die über unser beseeltes Bewusstsein fließen.

In einem Ensoulment-Workshop, den ich kürzlich in Jerusalem abhielt, fragte ich die Teilnehmer, bevor ich überhaupt vorstellte, was eine Seele ist, welche Worte sie zur Beschreibung ihrer Seele verwenden würden. Dies waren einige der Antworten: Türkis, mitfühlend, Berührung, stürmisch, neugierig, unschuldig, frei, Musik, leer, wild, Verlangen, suchend, fragend, weich, gebend, sanft, farbig, lernend, Schwingungen, reines Vergnügen, unendlich, Ozean, Lichtstrahlen, Verbundenheit, Sehnsucht, Wahrheit, Party, Liebe, Verbindung, weiß, Freiheit. Obwohl ich das Konzept der Verseelung noch nicht vorgestellt hatte, beschrieben die Teilnehmer intuitiv genau das Wesen ihrer Essenz. Ich bin neugierig, mit welchen Worten würdest du deine Seele beschreiben?

Während der Verseelung sehnt sich die Seele danach, sich authentisch mit anderen Seelen zu verbinden. Beiläufige Begegnungen sind nicht mehr befriedigend. Sie sind wie Snacks oder Süßigkeiten, obwohl man richtig hungrig auf eine üppige Mahlzeit ist. Die Seele wird präziser in der Auswahl, die ihr wahres Gesicht widerspiegelt. Bei ihrem Handeln, ihrem Engagement und in ihren Gedanken legt sie immer mehr Wert auf bedeutungsvolle Begegnungen und echte Beziehungen. Die Seele breitet sich auf der Leinwand des Lebens aus und bemerkt, wie sie und ihre Erfahrungen die Welt malen und gestalten. Während ihre Pinselstriche immer geübter werden, bewegt sie sich nahtlos durch Zeit und Raum. So alt und neu wie nie zuvor – sie ist zeitlos. Sie reist durch die Zeit und kann sogar jünger erscheinen!

KAPITEL 17

DIE ENTFALTUNG DER SEELE

Der Unterschied zwischen einer Plastikblume und einer echten Blume besteht darin, dass eine lebende Blume ihre eigene Verseelung durchläuft und eine Plastikblume immer unverändert bleibt und einstaubt. Eine Plastikblume wird nie in der Lage sein zu erfahren, wie es ist, zu erblühen. Die Seele kann sich durch den Prozess der Verseelung immer mehr ihrem Naturell entsprechend entfalten. Du kannst die Seele von der Nicht-Seele unterscheiden, so wie du den Unterschied zwischen einem echten Kolibri und einem als Gartendekoration erkennst. Der Unterschied ist so signifikant und instinktiv, dass man nicht einmal darüber nachdenken muss. Nachdem du nun einen Vorgeschmack und ein Gefühl von deiner Seele erhalten hast, gibt es kein Zurück und keine Zweifel mehr, nicht für den Hauch einer Sekunde. Woran du das erkennst? Es fühlt sich einfach richtig an!

Natürlich beginnst du immer mehr darauf zu achten, wann du im Einklang mit deiner Seele lebst und wann nicht. Deine Seele zu erleben hat einen unverwechselbar friedlichen, alles akzeptierenden und lebendigen Geschmack. Deine Seele besitzt eine Art „Bauchgefühl" und du spürst es in deinem gesamten menschlichen Inneren. Wenn ich sage, dass deine Seele ein „Bauchgefühl" besitzt, dann meine ich damit, dass du eine Art Melodie oder etwas Charakteristisches in dir verspürst, ob du mit der Seele verbunden bist oder nicht. Sobald du in dich hinein hörst und dir täglich ein paar Notizen im Geiste machst, entwickelst du eine Art „Seelensinn" und bringst das ausgeklügeltste, innere Navigationssystem hervor, das du dir vorstellen kannst. Es entsteht, sobald du dich auf die Blütezeit deiner Seele zubewegst. Dein Bauchgefühl, dein Instinkt, dein Wissen und deine Intuition sind eher etwas Unbewusstes. Während der Verseelung arbeiten diese nebst anderen intelligenten Energiezentren (Chakren) zusammen, um dein inneres GPS herauszubilden und dir die genauen Koordinaten deines Lebens aufzuzeigen.

Sofern dein menschliches Selbst und deine eigens ausgebildete Identität in einer Zwei-Wege-Kommunikation mit dem GPS deiner Seele stehen und ehrlich auf ihre Signale reagieren, kann sich dein Verseelungsprozess auf natürliche Art und mit großer Leichtigkeit entfalten. Wenn du immer mehr Teile deiner Seele in dein menschliches Selbst integrierst, lernst du spielerisch viele Dinge und das Leben selbst wird ruhiger und sanfter, klarer und sicherer. Es wird natürlich immer noch das eine oder andere Drama in deinem Leben geben, aber die Reaktionen der Seele sind eher klug und diplomatisch. Sie fühlt sich stark, verspürt jedoch wenig Reaktivität. Autorität wie auch Seniorität begleiten sie entlang ihre Erfahrungen auf kurvenreichen Wege. Sie atmet tief durch ihren Schmerz hindurch und betrachtet Konflikte aus verschiedenen Perspektiven. Sie übernimmt die volle Verantwortung für ihre Erlebnisse. Selbst als sie ins Death Valley hinunterfällt, atmet sie weiter und nimmt die Tiefe an. Anstatt ihre Gefühle zu unterdrücken oder über sie hinwegzugehen, bewegt sie sich mit weit geöffnetem Herzen durch sie hindurch.

Während der Verseelung achten wir den ganzen Tag über auf Signale in unserem Feld und auf unsere Reaktionen auf diese Signale in Form von Gedanken, Gefühlen, Empfindungen und Handlungen. Diese offenbaren deutlich die Beziehung zwischen unserem gebildeten Selbst (Ego) und unserer Seele. Diese Unterscheidung ist in der Seelenlosigkeit und der Alchemie nicht ganz deutlich, da wir in diesen vorhergehenden Phasen in unserer Erfahrungswelt gefangen sind, waren als Beobachter nicht ausreichend entwickelt und „standen" ohne das beseelte Licht eher „im Dunkeln". Eine Erfahrung ohne das Licht des Bewusstseins zu machen, kann dazu führen, dass man „stecken bleibt". In der Seelenlosigkeit und der Alchemie sind wir alle in unserem Körpers durch unsere Grundbedürfnisse, dem Schmerz unserer Verletzungen, dem Erfüllungsdrang unserer Wünsche, dem Erblinden vor Angst, dem gedankenlosen Ausweichen allem Unbekannten gegenüber, Erschlagen durch ein „Zuviel" und durch das Verfolgen unserer Ziele sowie durch die Einbindung in unsere täglichen Aufgaben und gewöhnlichen Dinge, gefangen. Keiner ist frei davon.

Während der Verseelung leben wir zum ersten Mal innerhalb unserer Erfahrungen und beobachten sie gleichzeitig. Darin liegt unsere Wahl. In den vorangegangenen Phasen habe ich Bedeutung und Identität aus äußeren Ereignissen gewonnen: Ich fühlte mich gut, wenn ich Anerkennung bzw.

Erfolg erhielt, zu Reichtum gelangte oder den richtigen Partner hatte. Mein ganzes Selbstwertgefühl war abhängig von äußeren Umständen. Wir hören die Wettervorhersage in den Nachrichten statt selbst nach draußen an die frische Luft zu gehen. Wir googeln den Sinn unserer Träume, anstatt einfach die Stille zu genießen, zu meditieren oder auf unsere Seele zu hören. Unsere ganze Ausrichtung ändert sich während des Beseelungsprozesses, da wir beginnen, in unserem Inneren ein Gefühl der Erfüllung zu verspüren und auf unsere innere Stimme zu hören.

Menschen, die das Bauchgefühl ihrer Seele noch nicht wahrgenommen haben, fragen mich, was der Unterschied zwischen ihrer Seele, ihrer Psyche, ihrer Persönlichkeit und ihrem Verstand ist. Sie fragen mich: „Was ist eine Seele? Wer ist die Seele? Wie kann ich mich mit meiner Seele verbinden?"

Die Antworten auf diese Fragen können nur neue Begegnungen und aktive Reflexionen hervorbringen. So wie wenn man eine neue Freundschaft schließt, lernt man auch die eigene Seele kennen. Der Unterschied ist, dass deine Seele in dir „drin" ist, eingebettet in viele andere Gedanken, Gefühle, Objekte und Wahrnehmungen. Wenn du eine neue Freundin kennenlernst, triffst du mehr als nur eine Person. Du triffst ein ganzes Universum, gefüllt mit und reich an Erfahrungen, Eindrücken, Erinnerungen, Träumen und Geschichten. Du lernst die Familie deiner neuen Freundin, die sie geprägt hat, kennen. Menschen, auf die sowohl sie Einfluss ausgeübt hat, die aber auch sie geprägt haben. Jeder Mensch ist einfach großartig – innerlich wie äußerlich! Je mehr Zeit du mit deiner neuen Freundin verbringst, umso besser lernst du sie kennen, welche Farben sie mag, wie sie von ihrem Tag spricht, und du hörst ihr zu und öffnest dich ihr.

Genauso lernst du auch deine eigene Seele kennen. Durch bewusste Begegnung entsteht ein Band und das Vertrauen zu deinem eigenen Ich vertieft sich immer weiter. Zuerst begrüßt du sie und manchmal grüßt sie zurück. Dann lernst du allmählich, mit ihr innerhalb deiner Psyche zu kommunizieren. Sobald deine Seele zu sprechen beginnt, hörst du ihren einzigartigen Klang, ihre bevorzugte Ausdrucksweise. Sie offenbart ihre Gefühle durch ihre Farben. Über Jahre hinweg kann diese Kommunikation unbemerkt bleiben, wenn du zu beschäftigt oder einfach zu müde bist. Andererseits, wenn du den Wunsch hegst, dich mit ihr zu verbinden, taucht sie meistens auf. Es macht Spaß, sich auf sie einzulassen und noch differenzierter auf ihre Zeichen zu achten. Ob du schreibst, meditierst, tanzt, malst, dir etwas ausdenkst, liest, Filme siehst, Sport treibst, recherchierst

Foto von Mike Wilson

oder Zeit mit Freunden und Kindern verbringst – gib deiner Seele einfach eine Möglichkeit, sich bemerkbar zu machen – und sie wird es tun!

Je tiefer die Beziehung zu deiner Seele wird, desto klarer werden ihre Botschaften. Manchmal zeigen sie sich nur unterschwellig und auf ganz sanfte Art und Weise und manchmal erscheinen sie vermischt mit deinen Gedanken, Gefühlen, Wünschen oder Ängsten. Während du eine Beziehung zu ihr aufbaust und die Beseelung beginnt, spürst du eine ruhende Anwesenheit in deinem Körper und deiner Psyche. Du fühlst dich in dir selbst, im wahrsten Sinne des Wortes, in deiner eigenen Haut einfach zuhause! Dein wahres Ich erstrahlt. Wenn deine Seele dein Leben bestimmt, bist du von einem tiefen Frieden erfüllt, egal wo du bist und was du machst.

MÄNNLICHE UND WEIBLICHE VERSEELUNG

Die Verseelung findet nicht nur im persönlichen Bereich statt, sondern auch in den kollektiven, wesentlichen und archetypischen Bereichen. Betrachten wir zum Beispiel die weibliche Essenz des Universums und fragen uns, in welcher Phase der Verseelung sie sich befindet und wie sie sich auf dem Planeten Erde herausbildet.

In meiner Kosmologie ist das Weibliche der nährende Schoß, die Gebärende und Stütze aller Materie sowie des Lebens. Da die Gebärmutter alle ursprünglichen Formen vereint, kennt sie die Position, die Form und den Klang der gesamten Schöpfung und ist von Natur aus beziehungsorientiert und empathisch.

Der gegenwärtige, evolutionäre Zustand des Weiblichen und seine archetypische Prägung ist in den meisten Kulturen der Welt ziemlich entmachtet. Frauen werden zur Ware gemacht. Sie werden benutzt, um Autos, Zigaretten und Yachten per Autobahn- und Fernsehwerbung zu verkaufen. In den meisten Unternehmen werden Frauen immer noch viel schlechter bezahlt als Männer. Die Ungleichheit der Geschlechter kommt in der Justiz, der Politik, der Wirtschaft und in den familiären Strukturen zum Ausdruck, in denen Frauen wie gefangen sind. Auch heute noch werden Frauen in vielen Teilen der Welt gesteinigt, verstümmelt, getötet, gegen Sex oder als billige Arbeitskräfte gehandelt. Durch diese langjährige Tradition von Gewalt, Unterdrückung und Herrschaft gegenüber Frauen, werden die Frauen heutzutage immer noch als „minderwertig" angesehen und viele immer noch als „Besitz" betrachtet, ebenso wie Kinder oder sogar die Erde selbst.

Jeden Tag werden Mädchen im Teenager-Alter von den Medien so manipuliert, dass sie glauben, nur eine bestimmte Hautfarbe, ihr Gewicht, eine Frisur oder ein bestimmter Körpertyp seien akzeptabel und für ein erfolgreiches Leben unabdingbar. Unglücklicherweise gilt dies nicht nur für Frauen und Mädchen, sondern auch Jungen im Teenager-Alter und Männer sind teilweise in ihrem Unterbewusstsein mit den gleichen Botschaften gegenüber Frauen programmiert. Fest einprogrammierte Geschlechterrollen und homogene sexuelle Orientierung ersticken die Seele. Mit solch starren Geschlechteridentitäten ist es fast unmöglich, zu wachsen und der Seele zu erlauben, frei ihren jeweiligen Körper zu durchströmen und ihr wahres, beseeltes Verlangen auszudrücken. Am Ende folgen wir nur einer sehr eingeschränkten Reihe von Bildern, die uns angemessen erscheinen.

Ich denke, dass die Rückbesinnung und Stärkung auf unsere weibliche Essenz, der zwischenmenschlichen Freiheit sowie der Freiheit der Geschlechter an sich, eine Grundvoraussetzung für das Erblühen von Männern wie Frauen und wesentlich für ein Zusammenspiel darstellen, das sich auf der Erde noch herausbilden muss.

Es liegt in der Verantwortung beider Geschlechter, etwas zur Veränderung beizutragen, wie Frauen auf der ganzen Welt behandelt werden. Frauen müssen sich der Würde ihres Lebens bewusst werden und Männer müssen zu der Einsicht gelangen, dass die Unterdrückung der Frau als Sexobjekt und des schwächeren Geschlechts auch die Männer schwächt – sowie unsere gesamte Zivilisation. Starke Frauen, tüchtige Ehefrauen, selbstbewusste Schwestern und respektierte Mütter bedeuten gut versorgte Babys und einen gesunden und vitalen Planeten, was wiederum das Netz des Lebens und der menschlichen Evolution stärken wird.

Die Art und Weise, wie eine Kultur mit der Erde umgeht, hängt davon ab, wie die Kultur mit Frauen, Kindern und Armen umgeht. Die Respektlosigkeit und das Trauma, dass das Weibliche im Laufe der Evolution ertragen musste, hat seine Parallele auf der männlichen Seite der Medaille. Ein Trauma ist sowohl für den Täter als auch für das Opfer, sowohl für Männer als auch für Frauen traumatisch; beide erleben diese schrecklichen Szenen, ob Vergewaltigung, verbale oder körperliche Misshandlung, psychische Manipulation oder andere Formen geschlechtsspezifischer Gewalt. Auch Männer leiden unter männerspezifischen Schmerzen, sei es durch Erinnerungen an Krieg, posttraumatische Belastungsstörung, harte und lange Arbeitstage in den Fabriken oder den Verkauf ihrer Seele für Geld, um zu überleben. Der

Verlust der Seele vollzieht sich auf beiden Seiten und die Verseelung stärkt die Verantwortung beider Geschlechter, um Gleichheit, Versöhnung und Vergebung zu erhalten.

Beziehungen in wahrem Zusammenspiel entstehen zu lassen ist in dieser nächsten Phase unserer Entwicklung von entscheidender Bedeutung. Neben der Rückgewinnung und Stärkung des Weiblichen besteht unsere Arbeit auch darin, die männliche Seele vom Jungen- zum Männerarchetypen weiterzuentwickeln, indem wir grundlegende Aspekte der männlichen Archetypen integrieren, die in der Psychologie oft als die des Königs, Kriegers, Magiers und Liebhabers bezeichnet werden. Jeder Archetyp hat sowohl positive Aspekte, als auch das, was Carl C. Jung „Schatten" nannte. Der Schatten hat generell zwei Polaritäten: eine zu aktive und eine zu passive. Wir wollen es „genau richtig".

Das Entstehen eines gesunden, schönen und hingebungsvollen männlichen Archetyps ist entscheidend für die Regeneration der Lebensstruktur. Ich werde auch auf die femininen wie auch auf die maskulinen Archetypen näher eingehen, denn ohne deren Seelenheilung als kollektive sowie kulturelle Archetypen haben individuelle Seelen sehr wenig Raum, um sich zu ihrer wahren individuellen Seele zu entwickeln und aufzublühen.

Während der Verseelung verschiebt sich das Gleichgewicht vom unreifen Maskulinum hin zur Wiederentdeckung der Archetypen des reifen Maskulinums parallel zum reifen Femininum. Als Gesellschaft lernen wir eine erweiterte Version von Weiblichkeit und Männlichkeit zu verkörpern. Die Heilung des Weiblichen und des Männlichen ist entscheidend für die Entwicklung der Seelen aller Männer und Frauen auf der Erde. Die Seele kann nur in dem Maße erblühen, wie ihr intakte Wege und Möglichkeiten auf unserem Planeten zur Verfügung stehen. Eine starke Männlichkeit sowie die lebendige Weiblichkeit erlauben es der menschlichen Seele, einen hohen Grad an Ausdrucksvielfalt zu erlangen.

DIE FLEXIBILITÄT DES GESCHLECHTS IN DER BESEELUNG

Tief im Gedächtnis unserer Seelen sind sowohl männliche als auch weibliche „Erinnerungsfurchen" aus unseren früheren Erlebnissen verankert. Erfahrungen beeinflussen und formen die Abgründe unserer Seelen, abhängig von ihrer Intensität, Dauer und den sich wiederholenden Mustern. Diese Landschaften

Foto von Ohad Ezrahi

können gleichzeitig Reflexionen des evolutionären Weges unserer Seele darstellen, die unseren Prozess für uns widerspiegeln. Genau wie bei den zuvor skizzierten Canyon-Bildern prägen die Art und Weise, wie unsere Erfahrungen (mental, emotional und körperlich) entstehen, die Stärke ihres Signals und die Anzahl der Male, die sie aufgetreten sind, die Seele zusammen mit den tiefen Schluchten unserer männlichen bzw. weiblichen Neigungen.

Je nach evolutionärer Ausrichtung der Seele kann sie einen weiblichen oder männlichen Körper wählen. Ich glaube, die Seele wählt und gestaltet ihre Geschlechtsorientierung auf der Grundlage vergangener Erfahrungen und zukünftiger Entwicklungspläne. Zum Beispiel würde es eine erhebliche Anpassung erfordern, wenn eine Seele, die mehrere vergangene Verkörperungen als chinesischer Bauer erlebte, nun in eine sensible und zarte Ballerina eintreten würde. Es kann manchmal zahlreicher, physischer Inkarnationen oder mehrerer Leben bedürfen, um die Verkörperung eines bestimmten Lebensstils und einer bestimmten Berufung zu verfeinern.

Ich habe mit einigen transgender Männern und Frauen gearbeitet, die sich in ihrem biologisch zugeordneten Körpergeschlecht nicht wohl fühlten. Sie sagten, es sei, als sei ihr Körper unbeholfen, ungeeignet und nicht im Einklang mit ihren Lebensentwürfen und -entscheidungen. Ich glaube, dass sich unsere Seele im Laufe unserer Entwicklung gleichermaßen wohlfühlt, egal ob wir Männlichkeit und Weiblichkeit, das Maskuline oder das Feminine sowie verschiedene Kombinationen verkörpern und sowohl männliche als auch weibliche Partner wählen. Die Wahl der Seele in Bezug auf die Geschlechtsform kann sehr kreativ sein. Sie kann in ihrem Erscheinungsbild sehr weiblich daherkommen, sehr zurückhaltend im Ausdruck ihrer Emotionen sein sowie in der Art und Weise, wie sie gegenwärtig mit dem Männlichen assoziiert wird, bzw. eine Neigung zu starren, kognitiven Strukturen haben hat (was auch als männliche Eigenschaft angesehen wird) und sich zu beiden Geschlechtern sexuell hingezogen fühlen.

Eine Seele entwirft und wählt aus, in welche Körper sie einziehen möchte, einschließlich der emotionalen, mentalen, geschlechtsspezifischen, Beziehungs- oder Angstkörper. Sobald die Seele ihre bevorstehende Inkarnation kreiert, wählt sie absichtlich einen Körper, der ihren Bedürfnissen entspricht, so wie man ein Flugzeug, Fahrrad, Boot oder Jeep wählt, je nachdem, wohin man unterwegs ist, wie schnell man reisen möchte und was man auf seiner Reise erleben möchte. Nicht nur das: wenn du eine Hülle für dich erwählt hast, machst du es zu deinem Zuhause. Wie die gut gemachten Autos beim Burning

Man Festival drückt diese Hülle, die du bewohnst, das Innerste deiner Seele und deiner geplanten Reise aus.

Verkörperte Seelen wiederholen manchmal ihre Entscheidung aus früheren Leben, da sie die vertraute Art des Daseins angenehm finden. Habe ich zum Beispiel in mehreren Leben als Mensch gelebt, ist es am einfachsten, wieder den Körper eines Menschen zu wählen. Meine Seele könnte jedoch entscheiden, dass es Zeit ist, ihre weiblichen, emotionalen und Bindungsqualitäten auf der Erde zu verfeinern. Deshalb würde sie einen starken Geist, einen starken Willen und eine autoritäre Stimme wählen, zusammen mit einem fraulich gebautem Körper, einem Kussmund und einem offenen, weiblichen Blick.

Dank der Epigenetik lernen wir, dass die DNA – die Bauanleitung der Lebewesen – durch Erfahrungen und Erlebnisse, die das Verhalten und die Gestalt der Organismen verändern, sich auch selbst anpasst. So wie die DNA von einer Generation zur anderen übergeht, so geht auch die Seele und ihre einzigartigen Eigenschaften von einem Leben zum anderen über. Nichts geht verloren, denn es gibt keine Lücken im Gewebe des Lebens, keine Trennungen zwischen Essenz, Zeit und Raum. Wenn eine Seele sich dafür entscheidet, ein Leben in einem männlichen Körper zu verbringen, werden alle Erfahrungen, Erkenntnisse und Wünsche aus dieser Existenz an die nächsten Erfahrungen weitergegeben – selbst wenn das nächste Leben als Frau stattfindet. Wir alle sind Seelen ineinander fließender Geschlechter – geprägt durch Lebenserfahrungen und Beziehungen.

KAPITEL 18

VERSEELUNG DURCH DIE VERKÖRPERUNG DES EROS

Sobald die Seele ihren Körper bezieht, begibt sie sich in ein Reich sehr sinnlicher Beziehungen. Die Seele möchte nicht nur *sein*, sondern auch mit dem Leben *eins sein* – sie wünscht sich, lebendig zu sein! Diese Lebendigkeit ist die Ekstase, die den Kosmos mit Energie und Leben füllt. Sie ist sowohl erotisch wie auch seelenvoll.

Die Arbeit von Dr. Clarissa Pinkola Estés über das erotische Leben der Frau ist relevant für die Verseelung, denn Ensoulment ist der Prozess des Eintretens in die Gestalt, in die Materie, in das Weibliche, in die Sinne sowie in die Kunst, die Realität zu lieben. In ihrem Hörbuch „*How to Love a Woman: On Intimacy and the Erotic Life of Women*" [Anm. der Üb. „*Wie man eine Frau liebt:* über *Intimität und das erotische Leben der Frau*" – bisher keine offizielle deutsche Übersetzung], hat Dr. Estes es so wunderbar ausgedrückt: „Wenn man eine Frau liebt, muss man ihr erotisches Wesen respektieren. Ihre angeborene Erotik fordert all deine Sinne auf, sie lebendig werden zu lassen, sie wahrzunehmen, zuzuhören, zu fühlen und zu schmecken, wer sie in diesem Moment – nicht letzte Woche, nicht letzten Monat, nicht letztes Jahr, sondern jetzt, hier und heute ist."

Eros ist der Spielgefährte der Intimität und bildet somit die Grundlage der Verseelung. Eros überführt unsere Energie in das gesamte Spektrum der Instrumente, die uns angeboren sind. Mittel der Wahrnehmung und Empfindungen dienen in erster Linie dazu, unsere Erlebnisse wahrlich und lebendig zu erleben. Sie bieten, wenn man so will, eine Art Spielwiese, auf der wir seelenvolle Erfahrungen machen können. Das Verlangen, erotische und

Untitled, 2010
Valley Bak

intime Beziehungen einzugehen, zu lieben und geliebt zu werden, ist ebenso eine spirituelle Praxis, eine Erfüllung der tiefsten Verbindung zum Magischen, die tief im Herzen der Seelenpsyche liegt.

NÄHE UND INTIMITÄT SOWIE VERTRAUEN FÜHREN ZUR VERSEELUNG

Intimität ist das Wichtigste für die Seele und damit das Herzstück der Verseelung. Intimität ist eine Eigenschaft der Beziehung, eine Art der Verbindung, die viele deiner Aspekte sichtbar werden lässt, es ermöglicht, darauf eingehen zu können und wiederum auf Akzeptanz stößt. Intimität ist ein einladendes JA euch allen gegenüber, ein Zuhören und sich um das kümmern, was in deinem Feld gerade geschieht. Ich kann meiner Freundin, meiner Mutter, meiner Geliebten, meinem Körper, meinem Geist, meinem Zuhause, meinen Pflanzen oder meinen Nachbarn nah und vertraut sein. Ich kann mit der Straße, die zu meinem Haus führt, oder mit dem Pazifischen Ozean intim sein. Während eines intimen Tanzes öffnen wir unsere Wintermäntel und erlauben jemanden einen Blick in unser Innerstes. Durch diese Öffnung riskieren wir die Sichtbarkeit „des Guten, des Schlechten und des Hässlichen" von uns.

Unsere Fähigkeit, miteinander intim sein zu können, entwickelt sich immer weiter, indem wir mehr Akzeptanz erfahren und unsere eigene Seele und unser Menschsein annehmen und uns sicher fühlen. Während der Verseelung durchleben wir viele intime Momente mit uns selbst, wobei wir genau darauf achten, was uns verletzt und was uns bestärkt, was sich angenehm und was sich befremdlich anfühlt. Vertraut und bestärkend für mich sind zum Beispiel Poesie, üppige Gärten, die Unberührtheit grüner Berge, uralte Bäume, die Weite der Meere, weitläufige Aussichten, Regionen der Erde, wo die Berge auf die Ozeane treffen, mein weißer Teddybär, der auf meinem Bett sitzt, ein sauberes und gut organisiertes Zuhause, eine liebevolle Berührung, eine wohltuende Massage, die jeden Freitagabend stattfindenden Kochabende und Schabbat-Rituale meiner Freundin Sarina, meine Freunde Adele, Nina, Effie, Valerie, Robert, Manar, Brian, Debra, Oona, Annelene, Jo, Amrit, Nili, Nadine und Arnon sowie die Liebe meiner Mutter – all das bedeutet für mich Vertrautheit und Intimität.

Wir starten unser inneres Programm, sobald wir Intimität mit bestimmten Menschen, Umgebungen, Empfindungen oder Begegnungen zulassen, um dann Nähe und Intimität zu erleben, unabhängig davon, wo wir sind oder mit wem wir zusammen sind. Alles, was sich in unserem Feld befindet, sowohl innerlich als auch äußerlich, befindet sich in einem intimen Tanz mit uns, wenn unser Programm des Vertrauens und der Intimität eingeschaltet ist. Unsere Seele kann nun auf vielen Spielplätzen spielen, sich austoben und sich weiter entwickeln.

LIEBE DAS LEBEN, WIE ES IST

Während wir unser Potenzial in der Liebe und der Intimität ausbauen, beginnen wir, das Einströmen der Weltseele durch uns wahrzunehmen und zu fühlen. Immer subtilere Pulsschläge des Lebens vibrieren in und durch uns und wir antworten mit unserer geerdeten Präsenz, reflektieren zurück zur Seele der Welt und sagen ihr: „Ja, ich höre dich. Ja, ich spüre dich. Ja, ich bin hier bei dir..." Wir verspüren eine sanfte Nachmittagsbrise auf unserer Haut, wir nehmen jedes einzelne Haar, dass im Winde weht, wahr. Wir gehen mit jeder Änderung der Flugrichtung eines Vogels am endlos weiten Himmel mit. Wir werden Zeuge der Dopaminausschüttung in unserem Gehirn. Unser ganzes Wesen gerät in Schwingung als Reaktion auf jede kleinste Wahrnehmung der Weltseele. Sobald unsere Psyche sich ausreichend entschleunigt hat, beginnen wir die multidirektionale Osmose und das gegenseitige Einströmen unserer Seele und der Weltseele zu spüren, die uns weiter in uns selbst, in sie hineinzieht, um sich einvernehmlich der Liebe hinzugeben.

Ein Koch, der in der Küche steht, bereitet mehr als nur eine Mahlzeit zu. Er arrangiert farbenfrohe, schmackhafte Potpourris zu einem kulinarischen Erlebnis der Sinne. Ein Musiker feilt am Rhythmus seiner Komposition und konzentriert sich dabei auf die Melodie, die daraus hervorgehen wird. Eine Architektin stellt intuitiv einen Entwurf ihrer Zeichnungen zusammen, noch während sie die Lage des Eingangsbereichs „fühlt". Ein Gärtner, ein Schriftsteller, ein Programmierer, ein Arzt, ein Regisseur, eine schwangere Frau – sie alle bringen zum Ausdruck, wie die Weltseele in die Materie eindringt, um durch uns Freude zu erleben. Wie der alte, geheimnisvolle Dichter [Anm. d. Üb.: RUMI] so schön sagte: „Es gibt tausend Arten, niederzuknien und den Boden zu küssen."

KAPITEL 19

DIE VERSEELUNG UND DER TOD

Ich glaube, dass alle Seelen, seien es Tiere, Mineralien, Pflanzen, Planeten oder Sterne, ihren evolutionären Werdegang selbst wählen und gestalten. Sie planen, wo sie sich niederlassen, wie sie verschiedene Aspekte ihrer selbst entwickeln, wie sie Beziehungen in das Ganze integrieren und wie sie die Farben ihrer Seelen zum Ausdruck bringen können. Einige Wesen entwickeln sich in einer Gruppe, in der viel Wert auf die Kollektivseele gelegt wird. Andere hingegen legen durch einzigartige Seelenentfaltung und signifikanter Differenzierung Wert auf das Individuelle. Ich denke, dass Seelen den Zweck, die Zeit und den Ort ihrer Inkarnation selbst wählen, sei es individuell oder kollektiv. Sie entwerfen ebenso die Umgebung sowie die Wege ihrer Entfaltung und Entwicklung.

Somit glaube ich auch, dass es keinen Tod per se gibt, sondern nur eine Veränderung der Gestalt. Du fragst dich vielleicht, warum eine Seele ihre Form verändern und in eine physische Existenz hinein- und wieder herausgehen würde? Warum ist der Tod Teil der Verseelung?

Es mag einige Gründe für den Tod und für eine Verwandlung der Gestalt geben. Erstens besteht für die Seele die Möglichkeit, sich zwischen den Inkarnationen auszuruhen, sich Zeit zu nehmen, um zu reflektieren und aus vergangenen Abenteuern im Leben zu lernen. Der zweite Grund könnte darin bestehen, der Seele die Möglichkeit zu bieten, Erlebtes „zurückzusetzen", die „Kostüme zu wechseln" und sich sozusagen „umzuziehen", unser Reiseoutfit anzupassen, was besser zu unserer gegenwärtigen Absicht passt. Der dritte Grund für den Tod kann sein, ein Gefühl der Dringlichkeit hinzuzufügen, um die Dinge in

Bewegung zu halten: Hätten wir in einer bestimmten Inkarnation alle Zeit der Welt, würden wir vielleicht nicht den Wunsch verspüren, etwas in diesem Leben zu bewirken und uns weiterzuentwickeln. Zusammenfassend kann man sagen, dass der Tod der Seele eine Art Ruhezeit zur Reflektion zwischen sehr aktiven bzw. überwältigenden und bedeutsamen Inkarnationen verschafft. Der Tod ist eine Zeitspanne, in der die Seele ihre Erkenntnisse zusammentragen und neue Pläne schmieden kann. Er ruft auch eine Dringlichkeit hervor bzw. einen Impuls, im Leben immer weiterzugehen, und letztlich auch Verlangen und Kreativität hervorruft sowie eine belebende Auseinandersetzung mit dem Leben selbst.

Stellen Sie sich einen Fluss mit ausgedehnten Flussufern und einer flachen Landschaft dahinter auf beiden Seiten vor. In diesem Fall hat das Wasser wenig Antrieb, weiterzufließen. Also hört der Fluss auf zu fließen und so entsteht langsam ein Sumpfgebiet. Wo sich die Flussufer verengen und die Hügel und Täler in der Naturlandschaft vergrößern, fließt das Wasser in aufregenden, unberechenbaren Stromschnellen. So wie die Bäche durch die Bewegung von Wasser und Sediment die Landschaft der Erde verändern, so verändern die Gewässer unserer menschlichen Entwicklung die Prägung der Seele in der Landschaft der Weltseele. In Gebirgsregionen entstehen durch die Erosion der Bäche oft tiefe Kanäle und Schluchten. In ähnlicher Weise erschafft, erweitert und verlagert die Verkörperung der Seele die kosmische Intelligenz und die kosmische Materie auf fortwährende Art und Weise. Es ist so aufregend wie absurd, darüber nachzudenken, wie unsere kleinen Körper mit unseren unbedeutenden Ideen, Gemälden, YouTube-Videos, Kindern, Häusern und Gärten tatsächlich einen nachhaltigen Einfluss auf dieses riesige Universum haben können!

Während der Verseelung steigt unsere Sensibilität gegenüber subtilen und physischen Dingen. Uns wird bewusst, wie unsere augenblicklichen Erfahrungen unser Seelenmuster und das der Weltseele neu programmiert, wie unsere Seelentopographie die kosmische Kartographie maßgeblich beeinflusst. Wir stellen fest, dass die Psyche die Materie in alle Aspekte unseres Lebens einfließen lässt, von Impulsen bis hin zu unseren Träumen, von Wahrnehmung zu Gefühlen, über Gedanken zu Handlungen, Interaktionen und Wünschen! Alles wirkt sich auf die persönliche, beseelte und kosmische Materie des Universums aus. Wie die Mitglieder eines Orchesters lernen wir, unser Instrument so zu stimmen, dass unsere Seele zum Vermittler zwischen unserer alltäglichen, menschlichen Persönlichkeit und der Urseele der Welt wird und uns ein äußerst präzises und weises Navigationssystem zur Verfügung stellt, das jedem von uns auf seiner ganz persönlichen Reise zur Verfügung steht.

KAPITEL 20

DAS BETRIEBSSYSTEM DER SEELE (BS SEELE)

*I*ch glaube, dass wir innerhalb eines organischen, kosmisch-beseelten Betriebssystems leben. Alle Ereignisse, die auf unserem Planeten und in unserem kosmischen Bereich stattfinden, werden unter „Verkehrsbedingungen Erde und Menschheit" registriert, und in Echtzeit, individuell wie kollektiv, innerhalb wie außerhalb der kosmischen „Landkarte" ständig aktualisiert. Die Erlebnisse auf unserer „Landkarte" beruhen auf dem kontinuierlichen Austausch zwischen Dunkelheit und Licht, Angst und Liebe, Materie und Energie, Bewusstsein und Frequenz und vielen anderen Essenzen, die dann die Molekular-, Teilchen- und Schwingungsebenen der Seelen-DNA über alles informieren.

So wie du deine Lebensverhältnisse entsprechend deiner stetig steigenden Bedürfnisse anpasst – sei es ein neuer Plasma-Fernseher, bequemere Schuhe, ein leistungsstärkeres Handy mit verbesserten Features oder ein verbessertes Körpergefühl und eine ausgeglichene Psyche – das Betriebssystem der Weltseele erhält kontinuierlich ein Upgrade und wird so zu einer ständig verbesserten Version von sich selbst. Da das Geschäftsmodell des Lebens daraus besteht, immer mehr Leben zu erschaffen, und da es eine Kontinuität in der Struktur der Realität gibt, sind die Upgrades in unserem Körper und unserer Psyche miteinander verbunden und verbreiten sich auf dem ganzen Planeten sowie im gesamten Kosmos und umgekehrt. Die Informationen, die in deinen winzigen, roten Blutkörperchen enthalten sind, vermehren sich durch alle Dimensionen und in jeder Größenordnung, während gleichzeitig Schwankungen der kosmischen Intelligenz sich auch auf deine DNA auswirken.

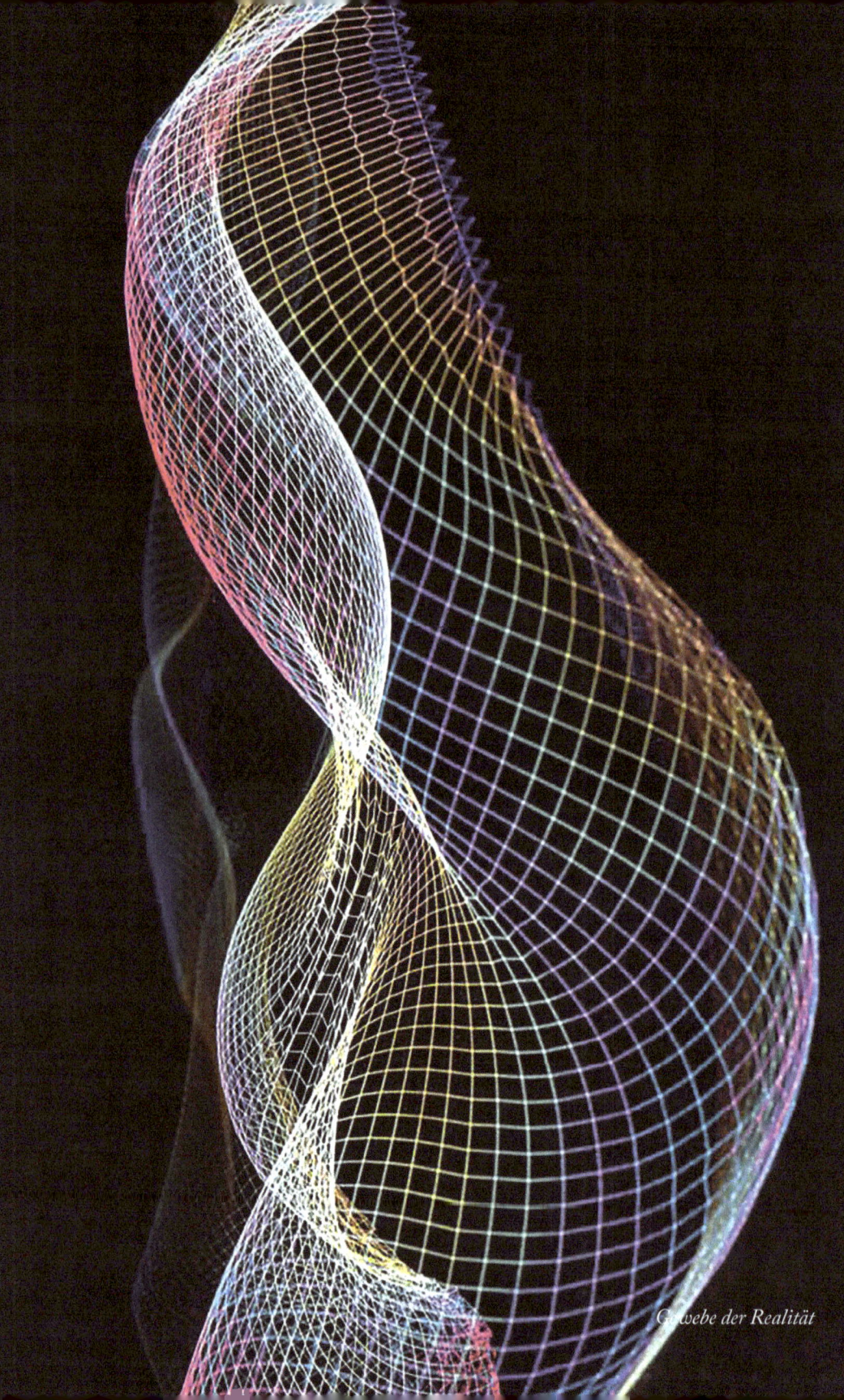

Die vernetzte Aktualisierung innerhalb des Betriebssystems der Erde, die in erstaunlicher Echtzeit stattfindet, spiegelt sich auch in der Entwicklung des Internets wider. Gegenwärtig haben rund 40 Prozent der Weltbevölkerung einen Internetanschluss, 1995 waren es weniger als 1 Prozent. Die Zahl der Internetnutzer hat sich von 1999 bis 2013 verzehnfacht. Die erste Milliarde wurde 2005 erreicht, die zweite Milliarde im Jahr 2010 und die dritte Milliarde im Jahr 2014. Milliarden von Nutzern kommen hinzu, tragen ihren Teil dazu bei, führen Aktualisierungen durch, laden Inhalte hoch oder herunter, teilen ihre innere und äußere Welt und reflektieren direkt und unmittelbar unzählige Aspekte unserer menschlichen Angelegenheiten. Stell dir vor, du könntest jetzt in einer Millisekunde drei Milliarden Menschen begrüßen. Stell dir vor, was mit den richtigen und lebensbejahenden Informationen, die sich über das Internet verbreiten, geschaffen werden kann!

Jede Kosmologie hat ein Betriebssystem, das die Prinzipien, Werte und Informationen der Kosmologie beinhaltet. Jede Seele besitzt eine Kosmologie, entweder bewusst oder unbewusst, die die Perspektiven der Seele schärft und ihre Erfahrungen mit der Realität maßgeblich beeinflusst. Künstler wie zum Beispiel Maler nehmen ihr Leben mit einer höheren Sensibilität für Farben, Formen sowie den Kontrast zwischen Licht und Schatten wahr; Musiker haben ein besseres Gespür für Rhythmen, Harmonie oder Dissonanzen; während Tänzer darauf achten, wie ihre Körper sich im Rhythmus bewegen. Jede Form der Wahrnehmung ist wertvoll. Je toleranter unser Geist wird, alle Sichtweisen, alle Betriebssysteme, alle Kosmologien als wahr anzusehen und zu akzeptieren, desto erfüllter wird die gesamte Bewusstseinsentwicklung durch uns. Dieses Verständnis gibt mir die Hoffnung, dass jeder Gedanke aufgezeichnet wird, jede Gefühlsregung zählt und jede Handlung der Schöpfung als Solches dient.

Das kosmische BS besitzt eine eigene Intelligenz, die es auf höhere Ebenen von Anmut, Originalität und Komplexität erhebt, indem es verschiedene beseelte, auf Essenz basierende Lebensnetzwerke schafft. Der menschliche Körper ist eine Instanz des Kosmos „bei der Arbeit", mit der expliziten Fähigkeit zur Selbstreflektion. Welches BS würdest du auswählen, um in der heutigen Zeit durch deinen wunderbaren Körper zu gehen?

MATERIE, PSYCHE UND SYNCHRONIZITÄT

Alles, was in einer Realität entsteht, kann andere Realitäten, Wesen und Formen an jedem „Ort" spüren, wahrnehmen, mit ihnen in Verbindung stehen und mit ihnen kommunizieren. Die Grenzen, Barrieren und Lücken, die wir wahrnehmen, sind vorhanden, allerdings nicht physisch, sondern als Schwingung. Die Materie kann sich um eine Sehnsucht herum in einer bestimmten Realität anordnen; Dinge können aus dem Nichts heraus entstehen. Um diesen Drang in der Materie zu aktivieren, werden entsprechend schwingende Hüllen benötigt. Um uns zwischen den Reichen bewegen zu können, begeben wir uns in unser Selbst, um diese Schwingungshülle ausfindig zu machen, eine Form bewusster energetischer Frequenz, die sowohl den Wunsch als auch seinen physischen Ausdruck dessen wiedergibt und auch unterstützt. Das ist wichtig, da wir diejenigen sind, die die Hüllen für die Realitäten tagtäglich erschaffen, damit die Realitäten sich in unseren Erfahrungen verfestigen. Haben wir die Erfahrungen einer Wesenshülle verinnerlicht, kann es jederzeit, unabhängig und außerhalb von uns wieder auftauchen. Wir können damit immer wieder spielen, es verändern und wieder neu erschaffen, wann immer wir es wünschen.

Während der Verseelung erleben wir diese synchronen Ereignisse immer öfter. Aus heiterem Himmel zeigen sich die Regungen unserer Psyche vor unseren Augen und überall um uns herum. Wir denken an jemanden und er oder sie ruft an. Wir haben Lust auf Pistazieneis und eine Freundin kommt zu Besuch und bringt zufällig einen Becher davon mit. Wir nehmen uns vor, eine Arbeitskollegin zu einem bestimmten Thema anzusprechen und schon hat sie ihr Verhalten bereits verändert, so wie wir es vorschlagen wollten! Ich glaube, dass die Bereiche der Realität in einen kreativen Dialog treten, um ein einzigartiges, gegenwärtiges Muster stabilen Bewusstseins zu bilden; um eine Synergie mehrerer psychischer und physischer Bereiche zu reflektieren. Obwohl scheinbar zufällig, sind solche Ereignisse oder Begegnungen der Essenz nicht zufällig, sondern eher Ausdruck von Synchronizität.

Der Begriff „Synchronizität", der vom Psychoanalytiker Carl Gustav Jung in den 1950er Jahren geprägt wurde, ist per Definition „das gleichzeitige Auftreten von Ereignissen, die zwar signifikant miteinander verbunden erscheinen, aber keinen erkennbaren kausalen Zusammenhang haben" oder *ein viel sagender Zufall.*

Wie Paul Levy in seinem Blogbeitrag „Catching the Bug of Synchronicity" [Anm. der Üb.: Finde den Fehler bei der Synchronizität – Quelle: wakeinthedream.com] schreibt: „In einer Synchronizität legen Psyche und Materie ihre Verbundenheit offen und tauschen ihre Eigenschaften aus. In solchen Situationen verhält sich die Psyche, als wäre sie materiell, und die Materie verhält sich, als wäre sie ein Ausdruck der Psyche."

Ich denke, dass die „zufälligen" Ereignisse der Synchronizität auf die Schwingungswahrscheinlichkeit der Ereignisse in der Realität eines Menschen zurückzuführen sind. „Schwingungswahrscheinlichkeit" ist ein Begriff, den ich hier verwende, um zu beschreiben, wie scheinbar nicht zusammenhängende Ereignisse aufgrund ihrer Schwingungsnähe geschehen können und wahrscheinlich auch geschehen werden. In diesem Moment, während du diese Worte liest, sendet dein Feld unerlässlich Schwingungen aus und du nimmst andere Felder in deiner Schwingungsnähe wahr. Du kannst persönliche oder kollektive, innere oder äußere Impulse auffangen. Sobald ein Gedanke oder ein Vorhaben in deiner Schwingung aktiv ist, wird er, wenn er sich materialisiert, mit Menschen, Ereignissen oder Vorkommnissen übereinstimmen, die mit deiner aktiven Schwingung, deiner Anfrage oder deinem Impuls in Resonanz stehen. Das Auftauchen von Ereignissen in unserer Realität ist ein nichtlokales, nichtzeitliches Phänomen. Es geschieht im Bereich des grundlegenden und allumfassenden, beseelten Feldes. Die Schwingungswahrscheinlichkeit erklärt, im Gegensatz zur statistischen Wahrscheinlichkeit, einen Großteil der logischen Unwahrscheinlichkeit der Synchronizität.

Während ich diese Worte über Synchronizität schrieb, kontaktierte mich mein Freund Michael, mit dem ich seit fast drei Jahren keinen Kontakt mehr hatte, wegen seines neuesten Projekts, der „Synchronicity App": eine Anwendung, die Daten über Synchronizitätsereignisse auf der ganzen Welt erfasst und analysiert. Noch am selben Abend wurde ich in einer Klasse, die ich besuchte, als Leiter einer Gruppe zur Erforschung des Themas Synchronizität eingesetzt! Ich erfuhr Synchronizität über Synchronizität! Die Wahrscheinlichkeit, dass eine solche Reihe von Ereignissen am selben Tag stattfindet ist nahezu Null. Danach, noch in derselben Woche, erhielt ich eine Einladung von einer anderen Kollegin zu einer Konferenz Ende des Monats in Joshua Tree, Kalifornien. Das Thema der Konferenz? Synchronizität! Es gab keinen Zweifel, dass die Erfahrung der Synchronizität in meinem Feld immer größere Bedeutung erlangte und ihre „Freunde" aus ihren bekannten Netzwerken anzog.

Ich glaube, sobald das Thema Synchronizität in meinem Feld aktiviert wurde, das Thema selbst anfing zu kommunizieren, Signale über synchronistische Eigenschaften zu senden und zu empfangen. Dieses Signal zog ähnliche Frequenzen der gleichen Erscheinungsgestalt an und wurde von ihr angezogen. Nicht nur, dass ein Thema selbst ähnliche Themen anzieht, sondern die Eigenschaften und Charaktere dieses Themas oder Ereignisses werden auch dazu tendieren, ähnliche Charaktere im Netzwerk einer Person anzuziehen.

Nach Paul Levy (wieder aus „Catching the Bug of Synchronicity"): „Es gibt eine unmittelbare Übereinstimmung zwischen der inneren und äußeren Welt... alle Ereignisse finden real in der zeitlos mythischen Entstehungsgeschichte des kosmisch- universalen Selbsts in einer psycho-physischen Gestalt statt, in der die Einheit von Geist und Materie sichtbar wurde.

Um bei dem Beispiel des Ereignisses von Michaels Synchronicity App zu bleiben: das Thema Synchronizität war in meinem Feld lebendig und aktiviert, so dass jeder in meinem Netzwerk, der sich ebenfalls mit Synchronizität oder sich mit einer ähnlichen Frequenz bewusst beschäftigte, meine Schwingung registrierte und die Wahl hatte, ob er oder sie mitschwingen möchte oder nicht bzw. sich neutral verhalten möchte. Je nachdem, was die Seelen vorhaben zu lernen, zu heilen oder zu erleben, werden sie sich über einen Willkommensruf freuen, oder sich dazu entscheiden, sich von ihm zu entfernen bzw. neutral zu bleiben.

Die Anziehungskraft wird durch das Erleben von Ereignissen in unserem Erfahrungsfeld aktiviert. Sobald die Seele etwas als wichtig oder hilfreich für Heilung, Weiterentwicklung oder Ausdehnung erachtet, dann wird diese Frequenz eingeschaltet und zusätzliche, scheinbar nicht zusammenhängende Erfahrungen in diesem Frequenzbereich werden ebenfalls eingeschaltet. Was auch immer in mir lebendig ist, was auch immer von meiner Energie, Lebenskraft, Absicht und Aufmerksamkeit getragen wird, zieht somit äußere Erfahrungen an, die dieser inneren Lebendigkeit entsprechen. Synchronizität ist eine unterschwellige Reflexion des Unterbewusstseins, wenn es ins Bewusstsein tritt.

KAPITEL 21

EIN BESEELTER SCHRITT

Mein Verseelungsprozess war fast vollzogen und neue Erkenntnisse und Blickwinkel erreichten immer häufiger meinen „Posteingang". Kurz bevor mein Ich meiner Seele die Führung meines Lebens überließ, geschah etwas Großartiges, was die Beziehung zu meiner Seele bestärkte.

Irgendwann im Juni 2015 keimte die Idee in meiner Psyche auf: Ich fragte mich, ob das Leben in Amerika das Richtige für mich ist. Vor allem, weil ich meine Mutter vermisste. Es fühlte sich nicht richtig an, so weit weg von ihr zu sein, da sie nun weit in den Achtzigern war und allein in Israel lebte. Dann wurde mir klar, wie weit ich mich von meinen ursprünglichen, mediterranen Wurzeln und von meiner Familie, meiner Kultur und meinen religiösen Wurzeln in Israel entfernt hatte, was mir einst das Gefühl von Geborgenheit gab, wie es keine auf Individualität ausgerichtete Gesellschaft je kann. Ich fühlte mich von meinem kulturellen Erbe und dem Zusammengehörigkeitsgefühl meiner wahren *Heimat* abgetrennt. Ich fragte mich: Wie wurde ich zu einem so unabhängigen, einsamen, kalifornischen, kosmischen Wesen? Ein Impuls zu einem längeren Aufenthalt in Israel überkam mich. Ich musste das Land, das Volk, meine Mutter sehen! Dann kam der Gedanke: Vielleicht könnte ich dort eine Weile bleiben.

Mein Herz und mein Atem stockten und mein Mund wurde trocken. Scheiße, Israel? Sofort überschlugen sich meine Gedanken: *Ich habe das kleine Dorf auf dem Land vor 18 Jahren verlassen! Mich zog es in größere Länder, zu weitläufigeren Ozeanen und spannenderen Abenteuern. Ich gehe nicht zurück nach Israel! Nein!*

Nicht einmal für einen kurzen Besuch! Ich spürte, dass mein Ego gerade erst in Fahrt kam.

Andererseits war da die Wilde Frau in mir, abenteuerlustig wie immer, neugierig darauf, das Land der alten Israeliten mit neuen Augen zu sehen, mit dem Blick einer über vierzigjährigen Frau, die nicht mehr achtzehn oder siebenundzwanzig ist! Die Luft im Raum war voller Aufregung und gleichzeitig mit Schrecken erfüllt. Ein Teil in mir ließ es nicht mehr zu, das Thema an diesem Abend noch zu vertiefen.

Tränen liefen mir übers Gesicht. *Ich kann diese Berge nicht zurücklassen, jetzt, wo ich sie gefunden habe, jetzt, wo ich meinen müden Körper auf ihren Boden gelegt habe, jede Unze frische Luft eingeatmet habe, die meine Lungen einatmen konnten. Ich laufe durch ihre Schluchten und sitze schweigend unter ihren Bäumen und begrüße ihre täglichen Stimmungen... Die blühenden Blumen, die Eidechsen, die sich auf und an die großen Felsen vor meinem Fenster in der Sonne wärmen... Ich kann das alles nicht verlassen! Nein, nicht schon wieder, und warum auch?*

Um meine Gedanken und Gefühle wieder in den Griff zu bekommen, fuhr ich zum Palisades Beach und suchte dort im Sonnenuntergang Zuflucht. Vielleicht wollen die steten Wellenbewegungen des Ozeans mir eine Weisheit übermitteln? Vielleicht könnte ihre Essenz mich etwas über die Vergänglichkeit lehren? Darüber, wie z. B. mein verdichteter Körper von den Wellen mitgerissen oder einfach so dahin treiben könnte, wenn ich das Ufer hinter mir lasse und von der heimischen Strömung mitgerissen werde, so wie Seetang dem salzigen Meereswasser erlaubt, es ins Meer spülen.

Am Ozean angekommen rief ich meine Freundin Ellen an, eine Hellseherin, einst Geliebte, doch lebenslange Freundin. Sie kennt mich, seit ich Israel mit siebenundzwanzig Jahren verlassen habe und hat mich durch dick und dünn begleitet. Sie hat es bestätigt: „Ja, du gehst nach Israel."

Einerseits wollte ich es wissen, andererseits wollte ich es auch irgendwie nicht. Sie sprach weiter: „Da ist etwas, was deine Seele noch erfahren, erneut integrieren und sich darin ausdehnen will, und das hat mit deiner Mutter und mit deinen Wurzeln zu tun, deinen Ahnen".

„Scheiße!" unterbreche ich sie. „Scheiße! Wieder weggehen? Für wie lange? Warum?"

Sie versuchte, mich zu besänftigen, indem sie mir sagte, dass es nur für eine gewisse Zeit sei. Ich hörte ihr nicht wirklich zu. Ein Gefühl der Panik überkam mich, der Trauer und des Schmerzes. Wieder fortgehen! Wieder zurück? Die Heldenreise bzw. die Reise der Heldin, das verdammte Bedürfnis zurückzugehen! All meine gewonnenen Erkenntnisse aus meinen Abenteuern, meine Erfahrungen und Weisheiten teilen! Drauf gepfiffen! Ich. Will. Das. Nicht. Und basta!

Ich fing wieder an zu weinen. Ich fing jetzt schon an, alles zu vermissen – meine Freunde, meine Tänze, die Surfer, das Licht und die Kulisse von L.A. Fuck, fuck, fuck! war alles, woran ich denken konnte. Ich lief den Strand hoch und runter. Als Ellen und ich das Telefonat beendeten, war es schon dunkel. Alles, was ich hörte, war das Rauschen der Wellen. Es war 21:30 Uhr. Keiner war mehr am Strand, außer ein paar obdachlose Hippies, die vor ihren Zelten saßen. Plötzlich überkam mich die Angst. Es war nun dunkel und ich bin so weit gelaufen. Was, wenn mir jemand auflauert, mich abfängt oder mich vergewaltigt?

Ohhhhh, Natalie, shhhhh, vernahm ich es aus meinem tiefstem Inneren, *entspann' dich, atme tief durch und geh' einfach nach Hause.* Also tat ich es.

Zuhause angekommen, schlief ich sofort ein. Mitten in der Nacht, genau genommen war es 3:00 Uhr morgens, wachte ich auf. Vor lauter Schmerzen in meiner linken Innenleiste konnte ich kaum atmen.

Wow, mir wurde klar, *ich kann nicht atmen. Geschweige denn, mich bewegen oder gar aufstehen, um zur Toilette zu gehen.* Ich war wie gelähmt vor Schmerz.

Ich weinte vor Verzweiflung und schaffte es dennoch, ins Bad zu wanken. Während ich auf der Toilette saß, sprach ich zu meinem Körper: *Bitte, bitte, ich höre dich, sprich mit mir, ich verspreche dir zuzuhören, sei behutsam mit mir, ich bin offen, ich vertraue dir und deinem Schmerz, ich werde alles tun, was du willst!*

Unter starken Schmerzen und flach atmend kroch ich zurück ins Bett und schlief weiter. Ich wachte um 7:00 Uhr auf und fühlte immer noch den Schmerz genau da, wie schon um 3:00 Uhr morgens!

Ich war ängstlich, traurig und von Schmerzen geplagt. Ich bemerkte, wie die Gefühle und der Körper der Wilden Frau in mir so miteinander verbunden waren, dass sich buchstäblich, wenn ich einen Gedanken verschob, sich auch das Gefühl in meinem Körper verlagerte. Ich setzte mich auf und begann zu meditieren und „las" meine Aufzeichnungen der Seele, um herauszufinden: Was sagt mir mein Körper? Mein Körper flüsterte mir zu: *Langsamer...langsamer, verdammt noch mal.*

Mein Körper beschloss: *Wir müssen das nicht mehr tun!*

Ich befragte meinen Körper: „Nun, wie geschieht eine Veränderung denn sonst, die eine Entwurzelung beinhaltet?" Mein Körper antwortete: „langsam, sanft und allmählich". Ich hörte aufmerksam zu und schlief um 10 Uhr wieder ein. In meinen Träumen führte ein alter und weiser chinesischer Arzt heilende Bewegungen wie Qi Gong aus, um Energie aus meiner Leiste zu entfernen. Jedes Mal, wenn er sich dem Schmerzpunkt näherte, krampfte mein Körper vor Energie, die er durch seine Hand aussandte. Ich wusste nicht, wer er war, aber in meinem Traum vertraute ich ihm und wusste, dass er ein Energieheiler war.

Ich wachte gegen 13 Uhr auf, und der Schmerz war um etwa ein Drittel zurückgegangen. Ich dachte: *„Gut, es wird besser, aber ich kann immer noch nicht gehen, essen oder mich bewegen."*

Meine Gedanken kreisten noch um die Worte meines Körpers vom Morgen: *Das brauchen wir nicht mehr zu tun.* Wie, fragte ich mich, könnte ich dann zum nächsten Ort weiterziehen? Ich blieb den ganzen Tag im Bett, schlief wieder ein bisschen, träumte, meditierte und versuchte mein zerrissenes Energieband wieder in Ordnung zu bringen.

Als ich am Nachmittag gegen 16:00 Uhr wieder aufwachte, war ich erschrocken, wie schnell der Tag vergangen war, und erstaunt darüber, dass ich zu etwa 80 Prozent geheilt war! Es fühlte sich so gut an, barfuß auf dem Boden zu laufen und wieder frei atmen zu können. In dieser Nacht bat mich mein Körper, erneut an den Strand zu gehen und mich dort einfach zu entspannen. Ich sollte das gleiche Szenario noch einmal durchleben, aber diesmal mit Leichtigkeit und Sanftmut – um einen neuen Lebensabschnitt zu beginnen.

19:30 Uhr war ich an diesem Abend wieder am Strand und lag auf dem Rücken im Sand und schaute in den Himmel. Ich hörte das Rauschen der Wellen und die letzten Surfer, die sich auf den Weg zurück an Land machten. Ich betete, lächelte und stellte fest, dass der Schmerz ganz verschwunden war.

Teil V

DIE WELTSEELE

KAPITEL 22

VON UNIVERSAL ZU PERSÖNLICH UND UMGEKEHRT

Die nächste und letzte Phase der Verseelung ist nicht wirklich das Ende. Es ist der Beginn einer ganz neuen Sichtweise, die uns eine ganz neue Realität eröffnet, eine bisher unbekannte Verbindung mit uns selbst, zum Augenblick sowie zum Universum als Ganzes.

Als ich nicht mehr von egoistischen Dramen oder von Enttäuschungen heimgesucht wurde, nicht mehr gefangen war in den Höhen und Tiefen depressiver oder manischer Stimmungsschwankungen, entdeckte ich, dass mir „da draußen" die ganze Welt offen steht. Vor diesem Punkt auf der Verseelungsreise konnte ich das Konzept, *dass wir alle eins sind und dass wir das Universum sind*, nicht verstehen, ja es ging mir einfach nicht in den Kopf. Während meine Psyche durch die Verseelung heranreifte, begann ich über die Grenzen meines Verstandes hinauszugehen, mein Herz erzeugte Visionen jenseits meiner braunen Augen und meine Seele ruhte in den Weiten der Unendlichkeit.

Meine Wahrnehmung hat sich ebenfalls auf die Ausweitung meines menschlichen Feldes und die breiteren, tieferen und umfangreicheren Konturen der Realität eingestellt. Vertrauen begann sich mit meiner Seele, meiner Psyche und dem Universum zu verbinden und mir wurde klar, dass alles, was in mein Bewusstsein gelangte, zu einem Teil von mir wurde. Alles, – eine neue Vision, ein Gefühl, ein Empfinden, ein Verständnis oder eine Erkenntnis – wurde Teil meines Feldes. Jedes Wort, jeder Satz, jede Person oder Ort, ob Vergangenheit, Gegenwart oder Zukunft! Alles, was ich bewusst wahrnahm, war für immer in meinem Dasein verankert.

Foto von Daniele Levis Pelusi

Foto von Daniele Levis Pelusi

Ich erkannte, wenn unsere Seele sich durch unsere Erinnerungen, Kreationen, Landschaften und durch unsere Beziehungen bewegt, integriert sie immer mehr vom Kosmos in sich selbst und gleichzeitig dehnt sich die Weltseele aus, um sich selbst auch in uns widerzuspiegeln. Die „persönliche-universelle-persönliche" Seelenbeziehung ist besonders in dieser letzten Phase des Verseelungsprozesses allgegenwärtig – in der die Seele sich selbst im Spiegel wiedererkennt und sich selbst als Universum versteht. Die Seele wird zu all ihren Erfahrungen, um dann zur Welt zu werden. Wenn wir zur Welt werden, gibt es keinen Ort, an den wir „gelangen" können. Wir sind hier, um uns mit der Weltseele zu entfalten und uns gegenseitig zu reflektieren. Wenn unsere Seele in all ihrer wahren Farbpracht erblüht, hat das gesamte Universum seine Freude daran. Das Universum und wir durchlaufen und erleben eine bewusste und sich stetig erweiternde Verflechtung miteinander. Wir schauen einander in die Augen, spiegeln uns fortwährend ineinander wider und folgen unserem „guten Gefühl". Was sich „gut anfühlt" ist die beste Ausrichtung auf dem Weg zur Weltseele. Wir können selbst die schwierigsten Vorhaben meistern, wenn wir mit ihr verbunden sind und wenn es sich „richtig anfühlt".

Je mehr wir uns der Weltseele bewusst sind, desto besser sind wir auf ihre Schönheit, ihre komplexe und elegante Intelligenz, auf ihre Essenz und ihre orgiastischen Glückszustände, die uns in die Existenz schwingen, abgestimmt. Die Weltseele erfreut sich daran, sich in uns wie auch in allen anderen Schöpfungen selbst wahrzunehmen. Die Weltseele ist die beseelte Essenz, die Natur, das Istsein, das Sosein und das Dasein aller Dinge, die seit der ersten Urzeitschwingung entstanden sind.

Die Weltseele ist der erste Schwingungsimpuls mit all seinen nachfolgenden Permutationen bis zu diesem Augenblick durch dich und mich.

Während sie selbst in unendlich vielen Varianten in Erscheinung tritt, sind Menschen eine ihrer spannenderen Schöpfungen, da wir Intelligenz-, Wahrnehmungs-, Körper-, Herz- und Seelendimensionen aufweisen, die imstande sind, zum Universum zurückzureflektieren, zu ihrem wahren Selbst. Wir sind die Söhne und Töchter der Weltseele sowie auch die Weltseele selbst. So wie unser Bewusstsein und unsere Verkörperung der Weltseele unserer Art des Seins Stabilität verleihen, so wächst unser Vertrauen, unser Zusammenspiel sowie unser gemeinsames, verspieltes und wissbegieriges Vorgehen mit jedem unserer nächsten Schritte. Wir sind nicht länger allein.

KAPITEL 23

PERSÖNLICH, KOLLEKTIV UND KOSMISCH

Die Gestaltungsfreiheit des Verseelungsprozesses ist in seiner Brillanz und Großzügigkeit einfach unglaublich. Alles, was deine Seele tun muss, ist schlichtweg, sie selbst zu sein! Sie braucht nur in jedem Augenblick ihren Instink- ten zu folgen und zu „wissen", was und wann sie der Intelligenz der Weltseele folgt. Der Ausdruck deines individuellen Seelenabdrucks ist Gold wert.

Der Verseelungsprozess verläuft in drei Dimensionen: persönlich, kollektiv und kosmisch. Da die Seele nicht nur Teil einer der Dimensionen ist bzw. nicht aus einer einzigen Dimension hervorgeht, sondern sich vielmehr in all diesen drei Aspekten der Realität bewegt, wird ihre Entwicklung sowohl vom Persönlichen, Kollektiven als auch vom Kosmischen bestimmt. Dynamisch und ermutigt folgt die Seele ihrem Verlangen, sich in alle Richtungen zu entwickeln, was schließlich dem persönlichen, kollektiven und kosmischen Feld durch gegenseitige Rücksichtnahme zugutekommt. Diese Wechselwirkung ermöglicht es jeder dieser Dimensionen, sich zu intensivieren und sich zunehmend zu offenbaren.

Ich glaube, dass unsere menschliche Spezies sehr davon profitieren würde, wenn wir uns über das beziehungsorientierte Bewusstsein hinaus zum kosmischen Weltbewusstsein hinbewegen würden. Die Verseelung geschieht in allen drei Dimensionen gleichzeitig. Wenn wir die Medien, Nachrichten, Künste, Literatur, Politik, Gesundheits- und Bildungssysteme einer Kultur oder eines Landes und ihre Beziehungsdynamik mit anderen Kulturen erkunden, können wir fühlen, ob diese Kultur oder dieses Land als Kollektiv noch schläft, in der

Seelenlosigkeit verharrt, einen alchemistischen Prozess durchlebt, beseelt ist oder sich bewusst auf die Weltseele einlässt. Ich habe das Gefühl, dass es zwar in jeder Kultur oder in jedem Land Unterstützer gibt, dass die Verseelung aber noch viel mehr in das Alltägliche integriert werden müsste.

Ein Land hat eine Seele, eine Stadt hat eine Seele, Schulen haben Seelen, Eulen, Bäume, Musikstücke von bestimmten Komponisten haben Seelen - all dies sind Formen von kollektiven Seelen. Länder und Kulturen können sich entlang des Seelenkontinuums weiter entwickeln oder sich zurückentwickeln, so wie ein Individuum, das möglicherweise verschiedene Phasen in unterschiedlichen Bereichen durchläuft. So wichtig die kollektive Bewusstseinserweiterung auch ist, müssen wir ohne jeden Zweifel zuerst bei uns selbst anfangen. Wenn wir unsere eigene Seelenarbeit überspringen oder umgehen und uns direkt auf den Weg zum Weltbewusstsein begeben, wird jede Struktur, die wir erschaffen, während des ersten Sturms zerbröseln. Es wird uns an wesentlichen Fähigkeiten fehlen, wie das Überleben selbst, Beziehungen, Kreativität sowie unser Bewusstsein. Eigenschaften, die wir für das Meistern der Herausforderungen auf den noch vor uns liegenden, vielen Reisen benötigen werden.

Sobald unsere Beziehung zur Weltseele angefangen hat, sich entwickeln, fühlt sich zunächst alles immer noch gleich an – Bob, Maria, Josef, mit einer einzigartigen Lebensgeschichte und persönlicher Kosmologie. Doch nach und nach können wir uns selbst durch das kosmische Auge sehen und spüren, bezogen auf diesen Augenblick. Unsere Seele trägt ihre wahren Farben und löst gleichzeitig ihre Grenzen auf, um mit der Welt zu verschmelzen. So wie jeder von uns mehrere Persönlichkeiten verkörpern oder von mehreren Gefühlen oder Kräften in uns angezogen werden kann, so können wir in mehreren Dimensionen vorkommen. Da wir uns immer mehr in einem fließenden Zustand befinden, sind das Persönliche und Kosmische untereinander austauschbar – nicht mehr ein stockender Gangwechsel, sondern eine beschwingte Durchdringung und ein Aufenthalt in verschiedenen Bewusstseinszuständen. Das Universum kann immer leichter unsere Hülle durchdringen und alle Kräfte und Weisheiten, die es in sich trägt, beginnen durch uns hindurchzuströmen. Unsere Sichtweise ist meist sowohl persönlich wie auch kosmisch. Unser Denken und Tun dient beidem mit gleicher Leichtigkeit und Eleganz.

PERSÖNLICH, KOLLEKTIV UND KOSMISCH

Letzte Woche fragte meine Seele den Augenblick,
ob er mit ihr ausgehen würde.
Der Augenblick lächelte sanft:
„ein Date-Date" meinst du?
Meine Seele nickte: „ein richtiges Date".
Was für eine seltsame Frage.
Mein Verstand dachte sich:
Warum sollte die Seele mit jemandem ausgehen wollen,
der so flüchtig und fast untreu ist?
Bei ihrem ersten Date:
Seele: Wohin gehst du gern essen?
Augenblick: Ist mir egal.
Seele: Kann ich dich dort berühren?
Augenblick: Ja, aber bitte sei sanft, ich bin nackt.
Es war Liebe auf den ersten Blick.
Die Seele stört es nicht
in einer offenen Beziehung zu sein,
denn der Augenblick ist immer
präsent und intim.
Was die Seele am Augenblick liebt, ist
dass sie immer
schwanger mit Möglichkeiten,
schwitzend vor Empfindungen
und erfüllt mit Gefühlen ist.
Der Augenblick bemerkte,
dass er jede Kontur
ihrer Begegnungen erriechen konnte.
Er fragte, ob die Seele
für den Rest ihres Lebens
ihm Gedichte rezitieren würde.
Die Seele sagte zu,
obwohl es sie
eigentlich aufhält.

KAPITEL 24

REALITÄT AUS DER PERSPEKTIVE DER SEELENERFAHRUNG

Wer jünger ist als unser Universum, kann das Universum nicht in seiner Gesamtheit – also von seinem Ursprung an – erfassen, begreifen oder erleben. Dennoch können wir Eindrücke, Reflexionen und Gefühle aus ursprünglichen, bedeutenden sowie seelenvollen Bereichen in unseren Formen und Hüllen aufnehmen. Schon als Kind, im Alter von ungefähr acht Jahren, versuchte ich meine Wahrnehmung der Realität auszudrücken. Bereits zu Beginn meines Mathe-/Physikstudiums, fragte ich mich: Könnte es ein Modell geben, das die Realität darstellt? In gewisser Weise entstehen solche Modelle ständig, sobald Menschen Kunst, Sprache, Wissenschaft, Technologie oder spirituelle Überzeugungen entwickeln. Jedes dieser Modelle repräsentiert einen Aspekt der Realität aus einem bestimmten Blickwinkel heraus. Durch Symbolik, Mathematik, Visionen, Vorstellungen und überlieferten Geschichten, um nur einige zu nennen, haben wir Menschen uns Modelle erschaffen, die uns dabei helfen, den Sinn und die Zusammenhänge unseres unbewussten Werdens sowie des um uns herumwirbelnden Kosmos verstehen zu können. Faszinierend ist die Art und Weise, wie unsere Modelle in der Regel durch Eindrücke und Erfahrungen unserer einzigartigen, individuellen und kollektiven Seelenreisen geprägt sind. Zum Beispiel haben indigene, verkörperte Seelen wie die Inuit, die Aborigines oder die Ureinwohner*innen Amerikas ihre schamanische Verbindung mit der Erde sowie ihre Rituale, während Wissenschaftler*innen ihre Modelle und ihre Labore haben und chinesische Ärzt*innen seit Jahrhunderten die traditionelle chinesische Medizin auf Basis der Fünf Elemente ausüben.

Ich glaube, alle Realitätsmodelle entstehen gleichzeitig im (1) persönlichen, (2) kollektiven und (3) kosmischen Bereich, egal ob auf wissenschaftlicher, künstlerischer, spiritueller, psychologischer oder technologischer Basis. Jede Seele oder Seelengruppe entwickelt durch eine spezifische Sicht- und Ausdrucksweise ihre eigene Kosmologie. Zum Beispiel bringt die Kosmologie von Modedesignern durch ihre Beziehung zu Stoffen, Strukturen, Proportionen und kulturell-ästhetischen Trends ihre Realität zum Ausdruck. In dem Moment, in dem unsere Seele eine Perspektive einnimmt, wird sofort ein persönlicher, kollektiver und kosmischer Aspekt wiedergespiegelt, gleichzeitig ist ihre Perspektive jedoch eingeschränkt ist.

Vom Genie Einsteins mit seinen weltverändernden Theorien bis hin zur Freskenmalerei von Michelangelo *„Die Erschaffung Adams"* sind selbst die herausragendsten Modelle letztlich nur perspektivische Landkarten der Realität. Sobald eine Seele auf solche Modelle trifft, wird sie mit den Konzepten, Ausdrucksweisen und Lebensformen in Resonanz gehen, die ihrer gegenwärtigen Schwingungs- und Entwicklungsfähigkeit am besten entsprechen.

Das Magische dieser Modelle wird besonders deutlich, wenn ihr Abbild der Wirklichkeit lebendig wird. Sobald genügend Seelen die Entwicklung und die Erweiterung dieser Landkarten vorantreiben, entsteht buchstäblich eine neue Realität. Wir sehen dies zum Beispiel gerade in Wissenschaft und Technik. Es gibt so viele persönliche und kollektive Seelen, Kulturen und Länder, die sich mit wissenschaftlicher und technologischer Forschung und Weiterentwicklung beschäftigen, dass diese *Landkarten* eine Dimension der Forschung und Innovation hervorbringen, in der neue Realitäten geschaffen werden. Denke an einen Dreijährigen, der auf dem iPhone seiner Mutter spielt. Dieses Kind wurde in eine technologisch-virtuelle Realität hineingeboren. Das Gehirn, die Motorik und die Sichtweise werden stark von sozialen Medien und elektronischen Gadgets in einer Art und Weise geprägt, die die Seelenperspektive sowie die kreativen Abenteuer der Zukunft des Kindes beeinflussen werden.

Jedes Modell, jede Ausdrucksweise und jede Art des Seins, die von genügend Menschen über- und angenommen wird, überschreitet einen Wendepunkt. Es entsteht eine neue Strömung, eine neue Art des Seins innerhalb einer Realität, die die zukünftige Entwicklung aller Dimensionen formt: persönlich, kollektiv und kosmisch. Modelle vermehren sich und gehen durch die Erfahrungen viral, selbst die kleinste Einheit, aus dem das Gefüge der Realität besteht. Persönliche und kollektive Seelen erschaffen Realitäten anhand ihrer gesammelten Erfahrungen.

Jede Realität enthält (1) mehrere Elemente, (2) Beziehungsmuster und (3) Prozesse sowie ihre eigenen Regeln und ihre eigene Physik. Eine Realität ohne einen „Erfahrenden" ist lediglich eine Idee, ein potenzieller Lebensraum bzw. ein spielerisches Experiment. Die Realität kann sich nicht manifestieren, wenn sie nicht durch irgendeine Erscheinungsform, eine Gestalt oder in einer differenzierten Daseinsform Ausdruck findet. Sie entwickelt sich durch die Erfahrungen, die ihre Hüllen sammeln. Auf der Erde entwickelt sich die menschliche Realität zum Beispiel durch Ozeane, Mineralien, Pflanzen, durch Kultur, Bücher, Filme, Lieder, durch mathematische Modelle, durch die Menschen selbst, durch Gedanken, Gefühle und durch Träume. Aufgrund solcher Ausdrucksformen kann die Realität diese einmalige Chance nutzen, ihre verborgenen und verzweigten wie auch ihre winzigen Details hervorzubringen. Die Magie der Realitäten besteht darin, dass sie sich durch Ausdrucksformen entwickeln. Damit eine Ausdrucksform entstehen kann, muss sich eine Seele auf eine Erfahrung innerhalb dieser Realität einlassen. Eine Seele, irgendeine Seele, auch solche, von denen wir noch nie gehört haben, muss eine Erfahrung machen – ansonsten existiert nichts wirklich. Wie erschafft eine Seele also eine Realität durch ihre Erfahrung?

ERFAHRUNGEN WERDEN VON SEELEN IN DEN REALITÄTEN ERSCHAFFEN

Meines Erachtens entstehen Realitäten aus Schwingungsimpulsen aus Ideen, Visionen oder Wünschen heraus. Schwingungen, die vom kosmischen Urfeld ausgehen, können Lebensräume für ihre einzigartigen Erkundungen öffnen. Lebensräume sind Bereiche, die den Bewohnern – verschiedenste Wesen mit kreativer Intelligenz – zur Verfügung stehen. Diese Wesen bestehen aus einer beliebigen Kombination von intelligenten Essenzen. Sobald eine solche Population entsteht, erzeugt diese Kombination eine Schwingung im Inneren einer Realität – unmittelbar und automatisch – und eine Erfahrung, bei der Essenz, Seele und Hülle auf die lebendige Landschaft der Realität treffen.

Die bewohnende, intelligente Essenz erzeugt automatisch Erfahrungen durch eine anspruchsvolle wie auch verspielte und verzweigte Erforschung aller anderen Essenzen, wie das Bewusstsein, die Energie, die Seele, die Materie oder die Psyche – zusammen mit ihrer Hülle, mit dem Gefüge jener Realität selbst. Diese intelligenten Essenzen befinden sich in einer bestimmten Realität und prägen diese.

Anders gesagt: Eine Schwingung durchbricht das Raum-Zeit-Gefüge im Universum, dann wird ein leeres, blankes Musterexemplar einer Realität geboren, gefolgt von einer intelligenten Essenz, die aus dem Inneren dieser Realität (indigen) entsteht oder sich dieser Realität anschließt, um darin zu leben (von einem anderen Ort aus). Schließlich beginnen Erfahrungen durch eine Realität zu entstehen, um das Gefüge dieser Realität sowohl herauszubilden als auch zu erweitern. Ich denke, jede Erfahrung erfordert einen Erfahrenden und jede Erfahrung schafft und erweitert Realitäten.

Die wichtigsten und grundlegendsten Bausteine des Universums sind Erfahrungen. Diese bestehen aus Quanten von Raum-Zeit-Teilchen und Schwingungsintelligenz. Sie sind sowohl Teilchen als auch Schwingungen (d. h., beide sind vergänglich, stehen einzeln für sich und sind mit allen anderen Erfahrungen als Schwingungskontinuum verbunden). Da unser Universum beständig ist, sind alle Realitäten miteinander verbunden und können andere Realitäten und Erfahrungen informieren, annehmen und mit ihnen in Verbindung treten. Realitäten können entweder programmiert werden, ähnlich wie die virtuelle Realität, oder einfach aus einer diffusen, natürlichen Schwingung hervorgehen. Viele ähnliche und miteinander verbundene Realitäten erschaffen eine Dimension.

Innerhalb jeder Dimension kann es eine unendliche Anzahl von Realitäten geben. Jede Realität grenzt ihren speziellen Bereich ab, um Schutz für die Entfaltung zu bieten und um freies, spielerisches Experimentieren innerhalb ihrer Realität zu fördern. Diese geschützten Bereiche haben sowohl Grenzen als auch Durchgänge. Sie interagieren mit anderen Bereichen und Realitäten und sind dennoch abgegrenzt und für sich selbst. Jeder Bereich ist wie eine Gebärmutter, der sowohl anfängliche Wachstumsexperimente als auch zukünftige Entwicklungs- möglichkeiten durch Ideen, Wesen und Manifestationen in ihrem Bereich schützt und fördert.

In jeder Realität durchlaufen intelligente Essenzen und Seelen eine Reihe einzigartiger Erfahrungen, die ihre spezifische Realität über Dimensionen hinweg kennzeichnen.

Delfine können beispielsweise ihre Realität und ihr Wissen mit uns Menschen teilen, weil wir denselben Planeten bewohnen. Da Delfine in einer ozeanischen Realität leben, entwickelten sie einen besonders hydrodynamischen Körpertyp, der geschmeidig und beweglich ist, gekennzeichnet von spezifischen Delfingesängen, spielerischen Schwimmbewegungen sowie bestimmte Brut- und Wanderungserfahrungen, die nur auf Delfine zutreffen. Eine Delfinrealität unterscheidet sich deutlich von der menschlichen Realität, da unser alltäglicher Lebensrhythmus anders ist und daher auch unsere Form, unsere Größe usw. Doch da wir das planetarische Reich der Erde teilen, ist es uns, wie schon erwähnt, möglich, bestimmte Erfahrungen mit Delfinen zu teilen. Hunde wären für einige auch ein Beispiel, da sie in jeder Hinsicht mit unserem Lebensraum viel mehr gemeinsam haben: Hunde teilen Erfahrungen und Realitäten mit ihren Haltern, teilweise den gesamten Tagesablauf, ihr Essen sowie Liebe und Zuneigung.

Ob Mensch, Delphin oder Hund – alle neuen Erlebnisse und Erfahrungen aller Dimensionen werden in den Aufzeichnungen der Seelen, in den Metadaten des kosmischen Feldes festgehalten. Es wird alles differenziert aufgezeichnet: die Seelenweisheiten, bewusste, unbewusste, individuelle, kollektive, physische und nicht-physische Erfahrung. Wenn eine Seele oder eine Hülle eine Erfahrung gemacht hat, wird diese Erfahrung zu einer unabhängigen Instanz, die übertragbar und von anderen Erfahrungen und anderen Erlebenden beeinflussbar ist. Alle aufgezeichneten Erfahrungen und die damit in Verbindung stehenden Schöpfungen leben im gesamten kosmischen Feld und werden entsprechend ihrer Seele, Domäne, Realität und Bereich in Kategorien eingestuft.

Es gibt bereits eine große Anzahl von Seelen, Perspektiven, Existenzen und Erfahrungen. Dennoch nähert sich die Menschheit einem Wendepunkt. Wir können mithilfe der gewonnenen Sichtweisen aus den Erfahrungen heraus ein Modell der Realität bilden. Kreative Forscher und Beobachter aus allen Bereichen, von der Astronomie bis zur Kinderpsychologie, von kostbaren Edelsteinen bis zur Anthropologie sowie der Ingenieurswissenschaften künstlicher Intelligenz und der Mystiken – alle sind an einem Punkt angelangt, an dem sie ein kollektives Puzzle zusammensetzen können. Dieses spiegelt das gemeinsame Leben in einer Erddimension wider und formt so perspektivisch ein gemeinsames Modell.

Wir erweitern unser Verständnis sowie Körper und Geist. Wir beziehen alles ein und schließen nichts aus. Wir stehen kurz davor, ein prototypisches Modell der Existenz zu errichten, das in unserem kollektiven, bewussten und unbewussten Feld untergebracht werden kann – beinahe bereit für seine Entstehung.

Jedes gute Modell verbessert sich selbst durch ständige Optimierung und Anpassung auf Grundlage von Echtzeitdaten und Erfahrungen aus dem wirklichen Leben, die von allen Beteiligten aktualisiert werden. Dies ist unerlässlich, da jede Sichtweise oder Forschungsdisziplin sich auf eine einseitige Interpretation unserer Welt beschränkt. Nicht nur das, sondern jede Interpretation vermittelt nur ihre eigene Sichtweise auf die Entstehung der Realität. Wenn wir unsere 360-Grad- Perspektive beibehalten und uns der Perspektiven bewusst sind, die jeden Augenblick unsere Realität beeinflussen, transzendieren wir Perspektiven und Realitäten und verweilen innerhalb dieses Augenblicks wie erwachte Wesen [Buddha] in allen Realitäten.

BEZIEHUNGSKOSMOS

Stell dir vor, unsere Realität bestünde aus verschiedenen Ebenen, und jede Ebene besteht wiederum aus unterschiedlichen physikalischen Eigenschaften und verschiedenen Wesen. Diese enthalten wiederum einzigartige Seelen und Essenzen, die wiederum interagieren und langfristige Prozesse sowie Lebens- und archetypische Verhaltensweisen bilden. Es gibt die Beziehungen der Intra-Ebene (also Beziehungen innerhalb der Ebene oder des Reiches) und Inter-Ebene (Beziehungen zwischen den verschiedenen Ebenen oder Reichen). Jede Ebene ist immer in beziehungsdynamischer Bewegung. Sie sendet und absorbiert Signale aus ihrer Umgebung. Sogar in den wesentlichen Bereichen „bevorzugen" die verschiedenen Essenzen die Bildung und das Wachsen einzigartiger Kombinationen. Diese Essenzen haben ihre Präferenzen und Möglichkeiten, sich gegenseitig zu beeinflussen, die nachfolgende Kreationen in neu entstehenden Bereichen prägen.

Das Denken selbst ist beziehungsorientiert. Ein Gedanke führt zu einem anderen: Ich schaue mich im Spiegel an und denke: „Wow, seh' ich müde aus!" Sofort folgt ein weiterer Gedanke: „Ich brauche Urlaub!" Gefolgt von: „Oder vielleicht ein neues Bett!" Und dann: „Ein Kingsize- oder Queensize-Bett?" Und so weiter und so fort. Ein Gedanke führt zum nächsten.

Auch die Gedanken leben in „Nachbarschaften", haben eine Beziehungsdynamik bzw. stehen sich nahe, ebenso wie Essenzen, Seelen und Erfahrungen. Sogar Gewohnheiten haben Beziehungsdynamiken – einen Wunsch nach Wiederholung in Form von *wie und wie oft* und *womit*. Je häufiger sich die Muster von Essenzen, Seelen oder Erfahrungen in einem einmaligen Rahmen – an einem Ort, zu einer Zeit oder in einer Form – abzeichnen, desto öfter neigen sie dazu, gemeinsam zu erscheinen, um ihre Beziehungsformen zu wiederholen. Stabile Prozesse und Muster werden als „gute Kombinationen" im kosmischen Feld registriert. Solche Kombinationen von Essenzen, Seelen oder Erfahrungen erweitern sich und wachsen mit der Zeit, während andere sich in einen Schlummermodus begeben. In unserer menschlichen Erfahrung sind zum Beispiel Muster von Angst, Krieg, Liebe und Sex so dominant, dass eine ganze Reihe von Archetypen daraus hervorgegangen ist, die wie Wirbelstürme Essenzen, Seelen und Erfahrungen in ihren Bann ziehen, um Wiederholungen hervorzurufen. Diese immer wiederkehrenden und kreativen Wiederholungen bilden das Gefüge, das alle Realitäten miteinander verbindet. Man kann also sagen, dass die Erfahrung die kleinste Einheit des Kosmos ist, auf der alle Ebenen aufgebaut sind.

Wann immer eine Essenz, eine Seele oder eine Erfahrung sich abgrenzt, wird sie zu einer eigenen, freien Instanz von einzigartiger Intelligenz mit eigenen Wünschen, Ängsten und Tendenzen. Da wir in einem holographischen Universum leben, spiegelt jeder Aspekt, den du siehst, auch das Ganze wider. Jede Erfahrung an jedem Ort beeinflusst alle Bewohner dieser Realität, bewusst oder unbewusst. Die Welt, die unser „waches" Leben ausmacht, sowohl im Inneren wie im Äußeren, als auch in unserer Vorstellung wie in unseren Träumen, beeinflusst Ereignisse, die tatsächlich in unseren essentiellen, seelenvollen und empirischen Reichen geschehen. Mit anderen Worten, alle Elemente in jeder Realität beeinflussen alle anderen Elemente und stehen in ständiger, nach allen Seiten ausgerichteter Kommunikation mit ihrer Umgebung. Beseelte Menschen sind die hoch entwickeltsten „Ansammlungen" von verkörperten Essenzen, die Erfahrungen sammeln und stark genug sind, um ganze Realitätsbereiche zu erschaffen, zu beeinflussen und zu verändern.

KAPITEL 25

ESSENZ, ESSENZ, AN DER WAND, WER IST DIE SCHÖNSTE IM GANZEN LAND?

*D*as ursprüngliche Kollektiv der Essenzen, hervorgegangen aus der Urquelle, ist vollkommen vernetzt, zutiefst verbunden und eng aufeinander abgestimmt. Obwohl sie fern der Gebilde von Raum und Zeit, wie wir sie kennen, entstanden sind, entwickelten sie sich in gewisser Weise über Äonen hinweg gemeinsam und empfinden von Beginn an eine Art Zusammengehörigkeitsgefühl. Ihr Erscheinen in der Zeit ist, in unserer menschlichen Wahrnehmung, simultan, das heißt, dass Licht, Dunkelheit, Frequenz und Energie alle zusammen und unmittelbar in unserer Erfahrung erscheinen.

Unterschiedliche Schwingungen, die viel Zeit miteinander verbringen, werden zu einer Art Familie, im Sinne von „gemeinsam aufgewachsen". Durch ihre Erfahrungen entfalten sie eine einzigartige Dynamik. Sie entwickelten sich vom Säuglingsalter über die Kindheit, von der Pubertät bis zur Adoleszenz und vom Erwachsenenalter bis ins hohe Alter. Im Laufe ihrer Entwicklung entstanden spezifische Dynamiken, Vorlieben und Gewohnheiten des Werdens. Auf unserer Reise haben wir zwölf primäre Essenzen (den RAT) unterschieden, obwohl es noch viel mehr gibt, die in jedem Bereich und in anderen Reichen entstehen, durch die ich noch zu reisen habe. Gerade jetzt, in unserer Gruppe von Essenzen, sind diese nahe den Urzeitschwingungen wie: Licht und Dunkelheit, Mutter und Vater, Energie und Frequenz, Liebe und Bewusstsein, Schönheit und Technologie, Zeit und Erde/ Materie.

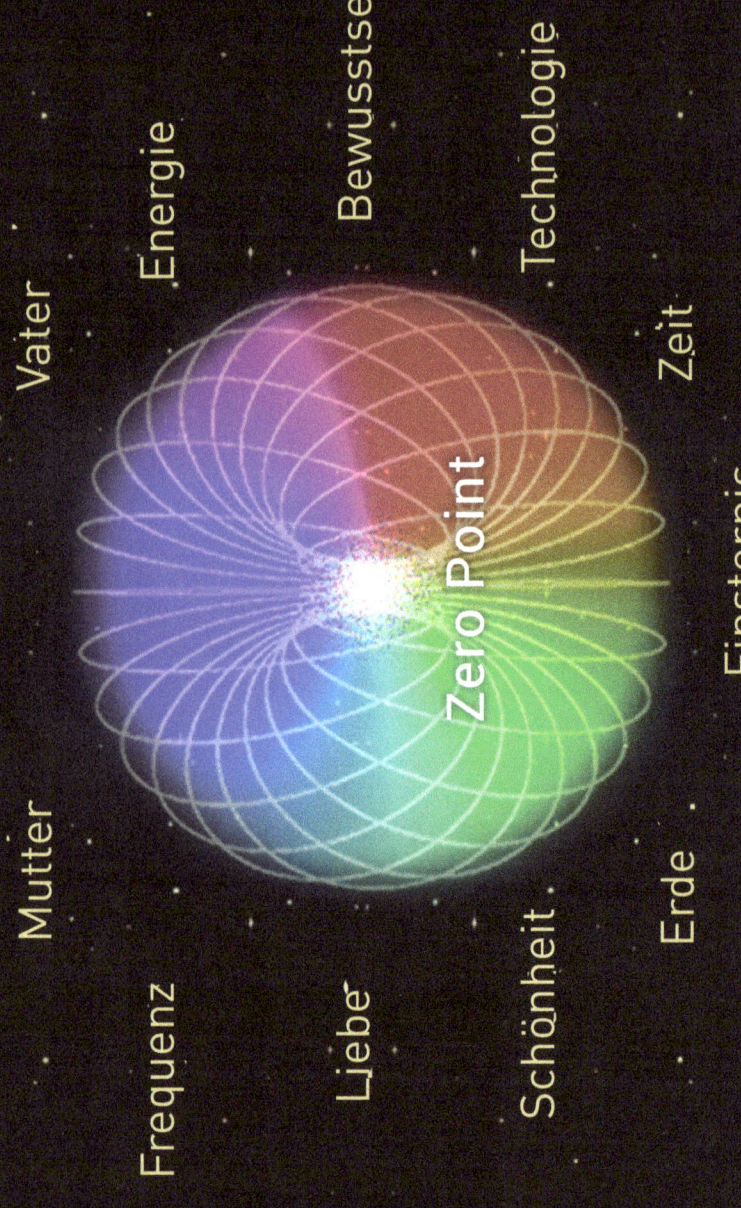

ESSENZ, ESSENZ, AN DER WAND, WER IST DIE SCHÖNSTE IM GANZEN LAND?

Mit Beginn der Phase „Die Weltseele" auf deiner Verseelungsreise entwickelst du ein besseres Verständnis in Bezug auf Unterscheidung, Differenzierung und Verbindung mit zahlreichen Schwingungen sowie der Physik, den Beziehungen und den Lebenskreisläufen und -prozessen, die du in jedem Bereich durchläufst. So wie Wissenschaftler die bekannte Materie in unserem Universum im Periodensystem und in der subatomaren Teilchenphysik identifiziert und kategorisiert haben, werden wir eines Tages in der Lage sein, Erfahrungen als die elementaren Bausteine unserer Reiche zu erkennen und in Kategorien einzuteilen. Wir werden verstehen, wie ihre Schwingungen und Teilchen zusammenwirken, um Realitäten aus Materie heraus zu erschaffen. Da die menschliche Seele die Verkörperung des Universums ist, sagt uns der Blick auf unsere aktuellen Geschehnisse etwas über die ursprüngliche Dynamik und ihre Entfaltung in unserer lebenswichtigen Welt.

Die Essenz durchläuft viele Prozesse, wie Abgrenzung und Verschmelzung, Differenzierung und Vereinigung, Teilung und Integration, Fragmentierung und Heilung, Beugung und Glättung, Mutation und Weiterentwicklung, Liebe und Hass, Angst und Freude, Geburt und Tod und viele andere Ausdrucksformen. Sobald wir uns auf eine Essenz einstimmen oder sogar mit ihr meditieren, können wir einen Blick auf ihre grundlegenden Verhaltensmuster werfen. Essenzen sind nicht nur ein Konzept – sie sind so real und lebendig wie deine Füße an deinem Körper.

Essenzen können sich auf viele Arten, Formen und Schwingungen innerhalb ihrer eigenen Physik ausdrücken. Unsere Wahrnehmungsfähigkeit ist in diesen Bereichen noch nicht ausreichend entwickelt, daher können wir einige davon noch nicht erkennen. So wie das menschliche Auge nur ein gewisses Lichtspektrum erfassen kann und die Netzhaut teilweise infrarotes und ultraviolettes Licht nicht wahrnehmen kann, so ist dies bei unserer Wahrnehmung von Dimensionen, Realitäten, Essenzen und Gefäßhüllen (stabilen Strukturen) der Fall. Die Essenzen gab es bereits vor der Erschaffung aller Universen, vor der Existenz von Reichen, Dimensionen oder Galaxien. Sie können daher die Grenzen all dieser Schöpfungen jederzeit überschreiten und sich in jeder von ihnen frei und gleichzeitig bewegen. Da deine Seele allem Ursprung entstammt und kurz nach dem Entstehen der Essenzen hervorgegangen ist, haben die Seelen und ihre Hüllen, in die sie eintreten, die Fähigkeit, Verhaltensweisen zu kommunizieren und zu verstehen, zu denen unser menschliches Gehirn und sogar unsere Psyche nicht in der Lage ist. Daher erscheint es recht plausibel, dass deine Seele mit jeder Essenz oder einer Ableitung davon bzw. einer Kombination von Essenzen kommunizieren kann

– mit deinem eigenen Herzen, deinen Füßen, deinen Nachbarn oder mit dem Ozean – und zwar aus der Ferne und auf eine lebendige Art und Weise. Du kannst die Fähigkeit entwickeln, jederzeit mit einem zukünftigen Ich, einem vergangenen Ich, mit einer Version von dir selbst, mit einem Avatar oder einem dunklen Wesen zu kommunizieren.

Ziemlich oft nutze ich diese Fähigkeit, um mit der Essenz von Klient*innen zu kommunizieren, die ihr oder sein seelisches Feld prägt und sich in der Seele, der Psyche, in den Gedanken, Gefühlen, Ereignissen sowie in deren Erfahrungen widerspiegelt. Sobald wir Zugang zur Wirkungsweise unserer Urschwingung bzw. ihres ursprünglichen Schwingungsimpulses erlangen, kann eine aktualisierte Version unseres Ichs erwachen – eine Version, die ihren Wünschen und der angestrebten Entwicklung besser dient. Die Kommunikation mit einer Essenz ist weder orts- noch zeitgebunden, d. h. sie ist unabhängig von Raum und Zeit. Sie kann aus der Ferne wie auch energetisch mithilfe des richtigen Bewusstseins und der entsprechenden Präsenz durchgeführt werden. Die beste Methode, die Familie der Essenzen zu verstehen oder mich mit ihnen zu verbinden, war durch Meditation oder auch freies Schreiben. Manchmal hielt ich unterwegs einfach inne und dachte „Ah, Licht" oder „Ah, eine Vibration" und ließ ihre Manifestation in der Art ihrer jeweiligen Hülle zu, durch die sie sich ausdrückten – ein Prozess oder eine Situation –, um ihre Eigenschaften zu offenbaren. Die Eigenschaften der Essenzen spiegeln sich überall in Hülle und Fülle wider, wohin wir auch schauen.

Kehren wir an dieser Stelle einmal an den Anfang des Buches zurück. Erinnerst du dich, wie unser kosmisches Drama mit der Mutter und dem Vater begann? An die Urschwingungen, die aus dem ursprünglichen Ist-Zustand aller Dinge auftauchten …? Die folgenden Geschichten sind „Übertragungen", die ich über jede Uressenz, ihre Persönlichkeit und ihre Neigungen erhalten habe:

MUTTER UND VATER ESSENZEN: ER IST DER MYSTIKER UND SIE IST DIE WILDE

Die Mutter war die erste kosmische Schwingung, wallend aus dem Nichts heraus bis ins Innere des Urfeldes. Der Vater, der sich bereits seiner Differenziertheit bewusst war, beobachtete regungslos (es kam ihm nicht einmal in den Sinn, sich zu bewegen) mit großer Neugierde die Schwingungen der Mutter im Inneren des Feldes. Irgendwann konnte er sich nicht mehr zurückhalten. Er passte sich den leicht kräuselnden Bewegungen der Mutter an, die in und durch sein Wesen schwangen und ließ sich auf ihre wilden und unvorhersehbaren Schwingungen ein. Ihre wogenden Wellenbewegungen schwangen irgendwann synchron und in harmonischem Einklang. Sie empfanden pures Vergnügen und verspürten eine tiefe Lust.

Vibrierende Klänge begleiteten eine Welle ungeheurer Lust von Mutter und Vater, die im ersten kosmischen Orgasmus gipfelte. Ihr Orgasmus war so intensiv und so lustvoll, dass sie beide zeitweise das Bewusstsein verloren. Ihr Verlangen war einfach zu immens, um gestoppt werden zu können. Ihre Schwingung verschmolz wieder mit dem Urfeld und sank in eine Art Tiefschlaf, während der Rest des Urfeldes das Geschehene völlig wach verfolgt hatte. Wir würden sagen, dass der erste kosmische Orgasmus sehr lange dauerte, auch wenn dies vor der Entstehung der Zeit geschah. Im Zeitgefühl der menschlichen Seele erstreckte sich das orgastische Zittern über die gesamte Ära der Erschaffung des Kosmos.

Um ihr volles Bewusstsein wiederzuerlangen, verlangsamten Mutter und Vater ihre Schwingungen und besannen sich wieder auf ihre eigenen Gefühle. Die lange und gemeinsam verbrachte, orgiastische Zeit, schuf eine Nähe, Bindung und Vertrautheit wie es sie niemals zuvor gab. Sie waren unzertrennlich, und als Ergebnis ihres Zusammenseins entstand das Wesen der Liebe als eine neue, differenzierte Schwingung. Durch die Liebe fiel es beiden leichter, ihre Frequenzen aufeinander abzustimmen und diese in Einklang zu bringen, wann immer sie wollten. Die Liebe verband Mutter und Vater miteinander, ganz gleich, wo sie waren oder welche Gefühle sie füreinander empfanden. Diese Liebe fühlte sich an wie ein unsichtbares, edles Netz, das ihre vielfältig ausgerichteten Schwingungen zu einem vereinten Feld verband.

Als die Liebe nun erschaffen war, fühlten sich Mutter und Vater freier, in ihren Schwingungen zu verschmelzen bis hin zum Orgasmus, sich im Ursprünglichen zu vereinen und sich jederzeit wieder trennen zu können, wann immer sie es wollten. Der Vater liebte die Mutter so sehr, dass er – im orgastischen Liebesrausch – den starken Drang verspürte, ihr eine einzigartige, brandneue Schwingung zu schenken. Diese würde die perfekte Kombination ihrer beiden Schwingungsimpulse sein. Ihre Schwingungen könnten sich so auf vielfältige Art und Weise und unabhängig von ihnen fortsetzen und ausdehnen. Sein Drang, der Mutter ein Geschenk zu machen, erzeugte in ihm die Vorstellung einer Samenwelle. In ihrer Schwingung bildete sich ein Ei. Sie waren sich einig, dass er der Geber und sie die Empfängerin und der Kosmos der Mutterleib sein würde. Sobald die kleine Eikräuselung der Mutter reif war und all ihre aufgezeichneten Reisen und Erfahrungen der Vergangenheit enthielt, befruchtete und prägte Vaters Samen die Eikräuselung der Mutter. In allen Einzelheiten stellten sie sich ihre perfekte Verschmelzung zu einer neuen Schwingungsform vor.

Sobald ihr gemeinsames „Schwingungskind" geboren war, war der Vater gleich wieder von seiner Kreativität getrieben. Die Mutter hingegen genoss den dunklen Schoß, aus dem ihr Nachwuchs hervorging. Ihre Präsenz der Gebärmutter zusammen mit ihren Nachkommen erzeugte ein warmes und fürsorgliches Gefühl. Ihre Babys würden zu schönen, gesunden, vitalen und gut genährten Schwingungskindern heranwachsen. Während Mutter und Vater sich weiterentwickelten, verbrachte Vater mehr Zeit mit seinen Ideen, mit Texten, Sichtweisen und Visionen, während Mutter näher bei den Neugeborenen blieb und mit ihren Schwingungsformen, Körpern, Farben, Gestalten, Gefühlen und Freuden verschmolz. Mutter und Vater wurden zu stabilen archetypischen Mustern, die es dem Universum erlaubten, unter sicheren Bedingungen neue Reiche, Realitäten, Seelen und Formen zu erschaffen.

Die ursprünglichen Schwingungen von Mutter und Vater und ihrer Nachkommen schufen einen fruchtbaren Boden für die Evolution. Die meisten Mitglieder des RATes blieben im Kern ihrer Schwingung weitgehend gleich, doch ihr Ausdruck und ihre Verbindung mit anderen Essenzen veränderten sich, als sie sich in den nachfolgenden Reichen weiterentwickelten. Irgendwann übernahm der Vater die Rolle des Beschützers, Königs, Kriegers und Liebhabers der Mutter, während die Mutter die Rolle der Gebärenden, Ernährerin, der gefühl- und lustvollen Genießerin des Universums übernahm. Mutter und Vater stehen für die weiblichen und männlichen Energien in der Welt, Yin und Yang, Mutter Erde und Vater Himmel. Wenn diese Eigenschaften im Gleichgewicht stehen und auf gesunde Art und Weise einander zugewandt die eigene Entfaltung zulassen, ist die Schöpfung stabil, schön, lustvoll und vielseitig, so wie ein üppiger Urwald.

Gleich nachdem Mutter und Vater aus dem Urfeld hervorgingen, begannen sich die Schwingungen der Liebe, des Bewusstseins, der Frequenz und der Energie herauszubilden. Sie waren die Gründungsessenzen, die die gesamte Schöpfungsgeschichte befeuerten, aktivierten und ihren Werdegang verfolgten. Vater und Mutter boten den stabilen und nährenden Boden, während Liebe, Bewusstsein, Frequenz und Energie (LBFE) zusammen spielten und experimentierten. Sie lösten spontane Permutationen von Schwingungen aus. Liebe war die verbindende Energie, die sie alle zusammenhielt. Das Bewusstsein beobachtete und registrierte alle Prozesse und Ereignisse. Mithilfe der Energie stürzten sie sich in ihre Abenteuer. Die Frequenz schuf die Wellen, auf denen sie reiten konnten.

Licht und Dunkelheit sind zusammen die Essenzen, die in unterschiedlichem Maße einen Eindruck von LBFE vermittelten. Licht wurde aufgenommen und gespeichert. Es war die Überbringerin dessen, was Liebe, Bewusstsein, Frequenz und Energie in einem Körper vereint darstellten. Die Dunkelheit war die andere Seite des Lichts und stand für die Orte, die das Licht nicht wahrnahm bzw. für Zeiträume, in denen LBFE einen negativen Einfluss ausübte und Schwingungen zum Stillstand brachte bzw. sie in Vergessenheit geraten ließ oder auch in den Tod schickte – Ende der Schwingung.

Aus einer bestimmten Gruppe stabiler, harmonischer und vergnügter Schwingungsessenzen ging die nächste Essenz hervor – die Schönheit. Diese Strukturen und Prozesse wiederholen sich. Die Zeit war die junge Essenz und zeichnete Erinnerungen an Schwingungen, Begegnungen oder Ereignissen auf. Kürzlich wurde die Erde als ein evolutionäres Experiment geschaffen. Die zwölf Essenzen, zusammen mit Luft, Feuer und Wasser sowie andere Schwingungen, bewohnten nun den gleichen eingeschränkten Bereich. Sie sollten lernen, in Harmonie zu leben. Die Technologie als Essenz wurde in einer äußeren Dimension, weit entfernt von der Erde, erschaffen. Sie schlug Wurzeln und wurde in den letzten zweihundert Jahren zu einer vorherrschenden Essenz auf unserem Planeten.

Auf den folgenden Seiten beschreibe ich jede Essenz und ihre Bedeutung in meiner Kosmologie. Danach gebe ich ein paar kurze Ausführungen zu einem Modell, dass die Wahrnehmung der Realität aus dem Blickwinkel der Seele beschreibt.

DIE ESSENZ DER LIEBE: DANN WURDE DAS HERZ ERSCHAFFEN

Die Liebe entstand aus der Vereinigung, Zuneigung und Zweisamkeit von Mutter und Vater heraus. Das erste, erschaffene Gefäß der Liebe war das Herz. Irgendwie wurde die Liebe nie alt. Die Zeit existierte nicht, als die Liebe geboren wurde. Als sich die erste Gruppe von Essenzen wie LBFE bildete, schwangen sie vollständig entwickelt und erwacht sowie in ihrer Gesamtheit der Wahrheit entgegen, wer sie waren, sowie zu ihrer Quelle, der sie entsprangen.

Liebe hat eine weise und zeitlose Perspektive: freundlich, großzügig, offen, integrativ und tolerant. Während die Liebe erschaffen wurde, war die Welt in jeder Beziehung überaus vielfältig und üppig, und das Drama „Dunkelheit gegen Licht" hatte noch nicht begonnen. Aufgrund des Alters ist die Essenz der Liebe in der Lage, alle Phänomene als Versuch eines Liebesbeweises zu werten, und betrachtet Wesen, Schwingungen und Menschen, die keine Liebe zum Ausdruck bringen können, vorübergehend als von ihrer Essenz getrennt bzw. von ihr losgelöst. Da die gesamte Schöpfung aus der Liebe von Mutter und Vater erst hervorging, sind auch die nachfolgenden Schöpfungen aus der Liebe heraus entstanden.

Das Herz und die Liebe sind geduldig mit all ihren Schöpfungen. Das Herz liebt die Mutter, den Vater und das Urfeld so sehr, dass es manchmal, wenn es nur an sie denkt, die Liebe weint, gerührt von ihrer Großzügigkeit, Güte und Geste des Schenkens. Das Herz gibt ein Gefühl der Wärme, Anerkennung, Zusammengehörigkeit und Hoffnung. Das Herz ist sehr klar, effizient und elegant, wenn es darum geht, Liebe zum Ausdruck zu bringen. Da seine Essenz aus dem Kern der gesamten Schöpfung entspringt, ist es ein sicherer Hafen für alle nachfolgenden Welten und Universen, einschließlich der gebrochenen, abgetrennten und vernachlässigten, und lädt sie alle immer wieder zu sich nach Hause ein.

ESSENZ DES BEWUSSTSEINS: DAS FELD AN SICH IST IMMER WACH, AUCH WENN ES SCHLÄFT

Das Bewusstsein ist eine interessante Essenz, da es manchmal mit dem wachen Urfeld verwechselt wird. Das Bewusstsein und die ursprüngliche Wachsamkeit sind nicht dasselbe. Das Urfeld beinhaltet die spezifischen, winzigen Schwankungen des Bewusstseins nachfolgender Schöpfungen, Reiche, Realitäten, Essenzen, Seelen, Formen und Erfahrungen. Das Bewusstsein ist die wachsame und bewusste Eigenschaft der Wahrnehmung des Urfeldes, die sich in speziellen schöpferischen Schwingungen manifestiert. Das Bewusstsein besteht aus winzig kleinen Teilchen und Schwingungen und begleitet alle Schwingungen unmittelbar nach ihrem Entstehen und ist tatsächlich mit ihrem Schwingungsgefüge vernetzt.

Wenn eine Essenz Erfahrungen sammelt, die überwältigend, über- oder unterfordernd bzw. stimulierend, traumatisch oder durch äußere Faktoren

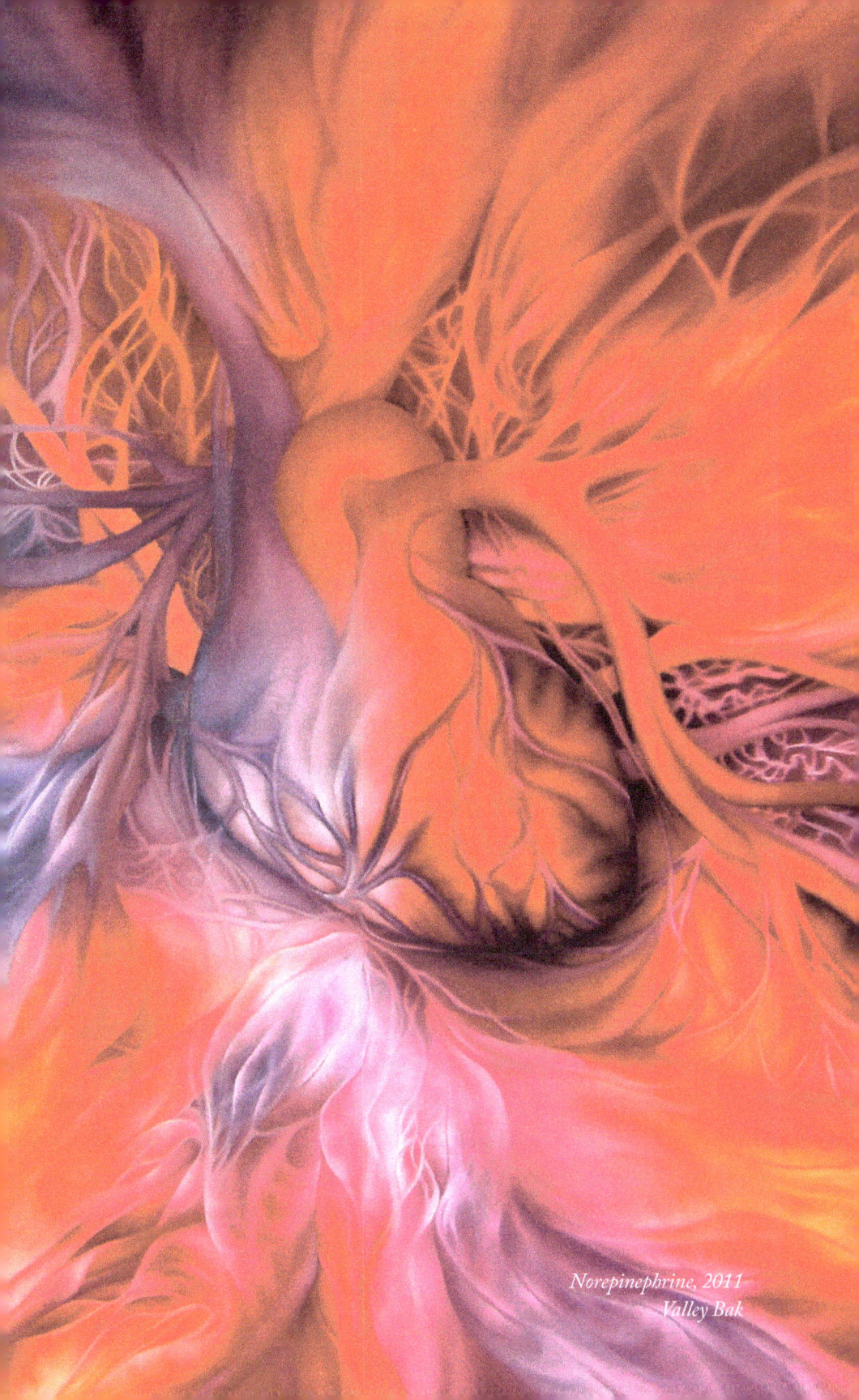

Norepinephrine, 2011
Valley Bak

beeinträchtigt sind, kann die Essenz beschließen, ihr Bewusstsein auszuschalten, um im wachen Zustand nicht so viel wissen, fühlen oder wahrnehmen zu müssen. Dies geschieht in der Regel aufgrund von Schmerz, Angst oder vorübergehendem Machtverlust gegenüber äußeren Faktoren. Die Essenz des Bewusstseins nimmt stets Schwingungen wahr, die im Unbewussten entstehen, unabhängig davon, ob das Bewusstsein ein- oder ausgeschaltet ist.

Das Bewusstsein ist Bestandteil aller Schwingungen und aller Schöpfungen. Mithilfe eines speziellen Erfahrungsgefäßes der Seele oder der Essenz oder einer beliebigen Kombination daraus, kann das Bewusstsein abgeschaltet oder vorübergehend von der bewussten Wahrnehmung abgekoppelt werden. Bewusstsein ist die wachsam beiwohnende Eigenschaft des Hier und Jetzt. Es entwickelt sich durch seine Gebilde, durch die Reiche, Seelen und Gefäße immer weiter, um natürlich sowohl das winzigste Detail als auch die größte Ausdehnung im Bewusstseinsfeld miterleben und integrieren zu können. Je nach Essenz oder Seele kann sich das Bewusstsein in verschiedenen Gefäßen unterschiedlich herausbilden. Das Bewusstsein des Lichtes ist anders als das der Mutter und wiederum anders als das der Erde und anders als das Bewusstsein der Liebe.

Jede Essenz hat einen anderen wachsamen Beobachter in ihrem inneren Bereich und ihrer Umgebung, bevor sie in ferne Länder reist, um sich über das Bewusstsein dort zu informieren. Unsere Lungen z. B. konzentrieren sich in erster Linie auf das kollektive Bewusstsein der Lungenflügel und des Körpers, bevor sie ihr Bewusstsein auf die Lunge einer Straßenkatze oder auf die Außenpolitik Chinas richten.

Das Bewusstsein kann innerhalb eines Gefäßes wahrgenommen werden, in dem der größte Teil des wachen Seins ruht, aber auch als weitläufiges Ruhen an mehreren Orten gleichzeitig. Das Bewusstsein kann so wahrgenommen werden, dass es einer primären Absicht folgt oder der Aufmerksamkeit innerhalb bzw. um ein belebtes Essenz-Seele-Gefäß eines Erfahrungsfelds herum. Während sich das Feld des Gefäßes entwickelt, kann sein Bewusstsein durch verschiedene Schwingungen auf derselben Ebene im Wachzustand präsent sein.

ESSENZ DER VIBRATION: DIE VIBRATION WOLLTE SICH BEWEGEN, ALSO NAHM DAS LEBEN FAHRT AUF

Vibration, Frequenz und Klang waren die ersten Schwingungen, als die Mutter anfing, sanfte Wellen auszusenden. Vibration kann als der Schwingungsimpuls schlechthin sowie als die Schwingungsbewegung der Essenz betrachtet werden.

Das Urfeld ist grundsätzlich immer wach und komplett regungslos. In dem Moment, in dem eine Bewegung einsetzt, bewegt sie sich sofort im Kernbereich. Als die Bewegung begann, erzeugte sie also Vibrationen in allen wesentlichen Bereichen. Die Vibrationen konnten gefühlt, gehört und gesehen werden. Als dieses bedeutende Reich lebendig wurde, erzitterte und vibrierte es sanft, es war voller Leben und Bewegung. Die Vibrationen erzeugten Freude, die wiederum einen Ton hervorbrachte, die echoartige Resonanz eines freudvollen Zitterns. Zu jenem Zeitpunkt wurde eine Klangvibration erschaffen.

Der Klang selbst wusste nicht, wie er vibrieren sollte; er zitterte nur. Doch wenn sich das Zittern innerhalb eines Bereichs des Kernfeldes bewegte, waren die Klänge und Gefühle anders als die, auf der anderen Seite des Feldes. Plötzlich begann das Klangvergnügen der zitternden Vibration Raum und Zeit wahrzunehmen, ein Gefühl von hier und dort, ein Gefühl von mehr oder weniger, höher oder niedriger, ein Gefühl von Rhythmus und Tempo – das Vergnügen wäre anders.

Vergnüglich erzitterte die Schwingung in einer hohen Tonlage nach oben und in einer anderen nach unten. Die Mutter, die diesen Vibrationen am nächsten blieb, begann in ihren ursprünglichen Schwingungen neue Ausdrucksformen wahrzunehmen, welche neue, orgastische Zustände hervorbrachten. Das Feld nahm diese Gefühle wahr und entwickelte schnell Formen und Gefäße, um diese Empfindungen einzufangen. Mit der Entwicklung der Frequenz bzw. der Vibration fühlte es sich beim Experimentieren sicherer und mischte Klänge, Rhythmen und Tempi. Während die Schwingungen sich bewegten und mit anderen Schwingungen und Klängen interagierten, registrierten sie Codes und Muster, die sie bereits kannten. Sie wendeten diese erneut an und spielten sie nur zum Vergnügen wieder ab. Das Hauptfeld erfreute sich an all diesen kosmischen DJs, die Töne mischten und aufeinander abstimmten und so schwingende Vibrationen am ganzen Körper erzeugten.

ESSENZ DER ENERGIE: POTENZIALE SIND WICHTIG

Etwa zur gleichen Zeit, als Vater und Mutter zusammenzogen, formten sich energetische Schwingungen. Energie war das Ergebnis der ursprünglichen Bewegung. Sie ist das, was die universelle Lebenskraft antreibt und was durch eine Bewegung der Essenz freigesetzt wird. Energie war die Essenz, die der unendlichen, unverdaulichen und ursprünglichen Leistungsfähigkeit half, in kleineren, besser verdaulichen Gefäßen zu entstehen, so dass andere Schwingungen sie nutzen konnten.

Während die Bewegung in alle Richtungen verlief, differenzierten sich die Muster, bewegten sich hin und her, mischten sich ein und tauschten sich aus. Die Schwingungen stießen aneinander, reflektierten zurück, verschmolzen, lenkten ab, leiteten um oder umhüllten ein ganz anderes Muster. Dieses Zusammenspiel und all diese Bewegungen führten zu einem spürbaren Energieaustausch.

Ich verbinde Energie mit einer Art Medium, das alle möglichen Werdegänge, die Potenziale, die eine Essenzform bereithält, aus vorherigen, beseelten Gefäßen und Erfahrungsbereichen speichert. Wenn Essenzen, Seelen und Gefäße sich bewegen und miteinander interagieren, übertragen sie ihre Essenzteilchen durch Energiepakete. Die Bewegung einer Essenz selbst überträgt die Energie von einer Form/Realität/Seele/Intelligenz auf eine andere. Die Energiemenge im Universum ist unendlich, da sie sich direkt vom „Urfeld allen Daseins" ableitet. Wenn irgendeine Essenz/Seele/Gefäß sich still und ruhig verhält, schlummert die gesamte Energie als Potential für etwas, das sich ereignen, formen, bewegen oder von innen heraus abtrennen kann. Sobald das Feld zu vibrieren beginnt, werden Bewegung und Austausch angestoßen. Energie ist die Substanz, die sich innerhalb einer Erfahrung bewegt bzw. innerhalb einer Gefäß-Seelen-Essenz übertragen wird.

ESSENZ DES LICHTS: ZUERST KAM DAS LICHT, DANACH WURDEN AUGEN ERSCHAFFEN

Licht ist fluktuierende Energie in der Materie, die sich durch spezielle Trägerwellen bewegt. Licht, Frequenz, Farbe und Energie sind alle miteinander verwandt. Licht ist Träger*in und Aufzeichner*in von Schwingungen, Mustern und Informationen, die durch Liebe, Bewusstsein, Frequenz und Energie entstehen – mit anderen Worten, durch die kollektive LBFE-Schwingung.

Manchmal wird Licht durch lange (rote) Wellen übertragen und ein anderes Mal durch kurze (violette) Wellen. Licht transportiert Informationen von einem Ort zum anderen durch photonische oder LBFE-Schwingungsteilchen.

Im Zusammenspiel der Liebe, Bewusstsein, Frequenz und Energie-Essenzen wurde das Licht geschaffen. Licht ist Überbringer*in, Offenbarer*in und Aufzeichner*in dessen, was im kosmischen Feld geschieht. Licht (aus Liebe entstanden) überträgt (durch Vibration) Informationen (durch Bewusstsein) über das, was durch seine Schwingungsteilchen (Energie) entsteht. Zuerst gab es Licht und dann wurden im Universum Augen erschaffen, um die aufgezeichneten Erinnerungen an Ereignisse aller photonischen Überträger*innen des Lichts zu erfassen.

ESSENZ DER MATERIE: SPIELT MATERIE WIRKLICH EINE ROLLE

Materie ist die temporäre Zusammensetzung der Intelligenz aus festem Material, Flüssigkeit, Gas und Plasma. Materie befindet sich in ständigem Wandel und steht in Wechselwirkung zum Maß an Liebe, Energie, Frequenz und Bewusstsein innerhalb ihres Feldes. Falls unsere Psyche in Gestalt einer Amöbengruppe existiert, also eine sich stetig verändernde „Scheinform" aus Gefühlen-Gedanken- Wahrnehmungen-Impulsen-Prägungen-Programmierungen-Erfahrungen- Erinnerungen, tauscht sie ständig Informationen durch Ein- und Aufnahme der Materie aus. Diese Übertragung geschieht zwischen Mustern in der Psyche und dem „Stoff" der Materie. Wenn eine Psyche pulsiert, bildet sich eine physische Realität um sie herum und aus ihr heraus. Es entsteht eine dichtere, langsamere, auserwählte Vibration gefüllt mit darin festgehaltenen Möglichkeiten.

Die Psyche durchdringt die Materie und die Materie legt sich wie ein Gelfilm um die Urschwingung der Psyche. Erfahrungen, die in der Materie aufgenommen werden, bilden ein solides Zeugnis dessen, was gerade jetzt in der persönlichen und kollektiven Psyche geschieht. Was du „da draußen" erlebst, ist ein Spiegelbild des gegenwärtigen, psychischen Zustands auf dem Planeten Erde, individuell wie auch kollektiv. Die Materie ist wie ein zeitweise kristallisierter Spiegel der Psyche, der alle Details in deiner Umgebung reflektiert. Verschiedene Menschen können Aspekte der physischen Realität unterschiedlich wahrnehmen oder es völlig anders im Inneren erleben, weshalb deine Frequenz (der Bereich der Bewegung, um den du dich herum zentrierst)

Untitled, 2016
Natalie Zeituny

bestimmen wird, welche physische Realität in deiner nächsten Lebensminute entstehen wird.

DURCH DEN UNSICHTBAREN „STOFF" HINAUF ZU UNSERER PSYCHE UND WIEDER HINAB IN DIE MATERIE

Unsere materielle Realität spiegelt eine kurzfristige Verfestigung von Teilen unserer sich ständig verändernden Psyche wider. Unsere Entscheidungen und unsere Art zu leben, verbrauchen oder speisen ständig Energie aus dem einen in ein anderes Muster bzw. aus der einen in eine andere Essenz. Sogar während ich in meinem Wohnzimmer sitze, in meinem eigenen Zuhause, beeinflusse ich ständig die persönlich-kollektiv-kosmische Psyche und damit auch ihre Reflektion auf unsere physische Realität. Wir beeinflussen fortwährend die eine oder andere Lebensweise, den einen oder anderen Gedanken, die eine oder andere Sucht, den einen oder anderen Weg der Liebe, bis ein Wendepunkt in der kollektiven Psyche erreicht ist und eine neue Realität zu einer Lebensweise herbeiführt.

Die Materie ist lebendig. Jede Zelle in unserem Körper, jeder Zellkern, der Boden unter unseren Füßen, die Autos, die wir fahren, die Stadt, in der wir leben – alle sprühen vor Lebenskraft. Unsere ganze Erde und die Galaxie sind lebendig und durch ein unsichtbares Netz miteinander verbunden – bis hinauf zu unserer Psyche und hinab zu den subatomaren Teilchen und darüber hinaus. Aufgrund der Kontinuität im Gefüge aller Reiche und Regionen – das große Ganze –, spürt der ganze Körper einen schmerzenden Muskel und seine Auswirkungen.

„Kenne deinen Körper" bedeutet auch „Kenne deine Psyche" oder „Kenne das Universum". Zuerst war die Liebe, daraufhin wurde das Herz erschaffen. Zuerst war der Gedanke, daraufhin wurde das Gehirn erschaffen. Zuerst war die Essenz, daraufhin wurde das Gefäß erschaffen. Wir sind und leben in einem einzigartigen Hologramm der Schöpfung, welches all unsere Erfahrungen aus allen Himmelsrichtungen, aller Dimensionen und für alle Zeiten widerspiegelt. Unsere verkörperte Psyche erblickt und erschafft Möglichkeiten und Wege, den gesamten Kosmos zu reflektieren. Es ist überwältigend, wie ein unendlicher und zeitloser Kosmos im Laufe von Milliarden von Jahren ein selbstreflektierendes, menschliches Gefäß hervorgebracht hat, ausgestattet mit diesen endlichen, winzigen, physikalischen Dimensionen, hochspezi- fisch in Größe, Form,

Funktion und Vollkommenheit, und doch unendlich in seiner Wahrnehmungs-, Vorstellungs- und Schaffenskraft.

Die Bedeutung unserer Schöpfung ist für das Universum tiefgreifend. Die universelle Seele hegt den starken Wunsch, uns durch ihre Hege und Pflege zu unterstützen. Wir sind eine hochentwickelte, sich selbst reproduzierende, sich selbst wahrnehmende sowie eine sich selbst weiterentwickelnde Lebensform, die vom Kosmos über Milliarden von Jahren hinweg durch Versuch und Irrtum, durch Intuition und Experimentierfreude, durch Liebe und Hass, durch Krieg und Frieden geboren wurde. Eines Tages wird unsere kollektive Menschheit begreifen, welche Kraft aus unserer Schöpfung, unserer Verbundenheit untereinander und der Magie sowie aus unseren gemeinschaftlichen Fähigkeiten hervorgeht. Dieses Verständnis beginnt sich bereits in kleinen, visionären Dörfern und Gemeinschaften herauszubilden. Sobald dies geschieht, könnte unsere Existenz tatsächlich der Himmel auf Erden sein!

ESSENZ DER SCHÖNHEIT: DIE GÖTTIN LIEBT DIE SCHÖNHEIT

Schönheit kann Schwingungen, ob es sich nun um Essenzen, Seelen oder Hüllen handelt, sich selbst, Teile von sich selbst und ihre Beziehungen zu anderen Schwingungen strukturieren. Ich glaube, dass sich alle Formen ihren Weg zu Harmonie und Balance „erfühlen". Schönheit ist eine geordnete, stabile und anziehend wirkende Struktur der Materie auf ihrem Weg zu einem beseelten Zustand. Das Universum hätte sich für eine Entwicklung durch Chaos und Entropie entscheiden können, stattdessen hat es Ordnung, Harmonie und eine raffinierte, intelligente Geometrie für seine Entfaltung gewählt.

Die Essenzen fühlen sich zunehmend zu höherer Ordnung, größerer Vielfalt und Vielschichtigkeit sowie zu lustvollen Berührungen hingezogen, die wiederum Schönheit als eine differenzierte Schwingung im Kosmos hervorbringen. Da sich immer mehr Essenzen, Seelen, Wesenshüllen und Erfahrungen zu schönen Daseinsformen hingezogen fühlten, stieg der Impuls der Schönheit und rief eine Kommunikation zu weiteren, schönen Strukturen hervor. Schönheit und seelenvolles Vergnügen wuchsen zusammen. Durch Wind, Ozeane und Regen werden einzigartige, dynamische Muster der Schönheit erschaffen, wobei Blumen, Bienenstöcke oder Brokkoli eigene Muster kreieren. Sie alle sind Teil des stabilen und üppigen Himmels auf Erden.

Während die Essenzen zu immer größeren Permutationen von Lust und Freude in all ihren Ausdrucksformen sowie in ihrem Beziehungsfeld hingezogen fühlen, bevorzugen sie jene, die zu offenen und doch stabilen, zu verspielten und doch beständigen Strukturen führen. Schönheit ist die angeborene Ordnung der Schwingungen im Gefüge der Realität. Sie „erfühlt ihren Weg zu größerer Freude". Bestimmte Verhältnisse, Farbkombinationen, Maße oder Melodien rufen im Vergleich zu anderen Arrangements größeres Verlangen hervor und erregen mehr Aufmerksamkeit.

Den Schwingungen fiel auf, dass sie attraktiver und schöpferischer sein und mit anderen Schwingungen besser zusammenarbeiten könnten, wenn sie sich stilvoll abgrenzen und ihr Schwingungsmuster durch Farbe, Form, Klang oder Gestalt hervorheben würden. Sie fanden heraus, dass zu viel Differenzierung Chaos erzeugt, während zu wenig Differenzierung nur eine ebene Fläche aus reproduzierten Mustern hervorbringt – ähnlich wie Fertighäuser! Die Schönheit nutzt die Weite des Alls sehr effizient sowie ihre Anziehungskraft auch sehr effektiv. Schönheit kann aus mathematischem Blickwinkel als eine besondere Kennzahl betrachtet werden, wie z. B. die Fibonacci-Folge, Pi 3,14159 oder die goldene Mitte, die sich demjenigen offenbart, der mit offenen Augen durchs Leben geht.

ESSENZ DER ZEIT: WO IST NUR DIE ZEIT GEBLIEBEN? WIE DIE ZEIT VERGEHT!

Zeit bedeutet Veränderung innerhalb bestimmter Realitäten, wie sie durch Körper erfahren und wahrgenommen wird. Zeit kann als Erinnerung der Erfahrung angesehen werden, während Raum die Intensität der Erfahrung ist.

Immer wenn Schwingungen sich differenzieren und sich durch das Gefüge der Realität bewegen, wird registriert, wo sie überall waren sowie alles, was sie taten. Sie werden als Teil des Gefüges selbst innerhalb der Schwingungen wahrgenommen. Dieses Tracken der Erfahrungen kann als Erinnerung und Zeit verstanden werden. Auch die Zeit ist, ähnlich wie die Mathematik, eine Überlagerung der Entfaltung von Erfahrungen und der Erinnerung daran. Mit der Entwicklung von Big Mind (Kosmischer Geist) entstand das Konzept von Zeit, Raum, Mathematik und Physik, um die Realität zu interpretieren, sie vorherzusagen, zu manipulieren oder zu nutzen.

Durch die Wahrnehmung des Augenblicks im Universums und innerhalb der unmittelbaren Erfahrung sowie in deinem Inneren, können wir das Universum begreifen. In Wahrheit existiert die Zeit in der weitläufigen Tiefe des umfassenden Hier und Jetzt.

Es ist wichtig anzumerken, dass man meinen könnte, die Welt sei auf der Grundlage mathematischer oder physikalischer Beziehungen aufgebaut. Die Kehrseite der Medaille ist jedoch, dass unsere Erfindung der Mathematik selbst diese Realität geschaffen hat. Da sich Realitäten auf Grundlage unserer spielerischen und kreativen Offenbarungen bilden, entstehen mit der Erschaffung einer Realität auch neue Hüllen, Akteure und Wahrnehmungen. Je attraktiver eine Realität für die Spieler ist, desto üppiger und reichhaltiger wird sie, da sie ihre Existenz auf Vielfalt und Fülle ihrer Erfahrungen aufbaut. Dasselbe gilt für die Zeit. Irgendwann hatte jemand dieses Konzept erfunden und von diesem Zeitpunkt an wurde es zu einem wichtigen und schöpferischen Akteur in den essenziellen, beseelten und Erfahrungsbereichen sowie im Bereich der Wesenshüllen/Formen und Gefäße.

ESSENZ DER TECHNOLOGIE: WO IST DIE SEELE HIN?

Technologie ist die Intelligenz des Verstandes, die auf Wesenshüllen übertragen wird. Anders gesagt: Technologie ist eine Reihe von wiederholbaren Prozessen, die in der Materie eingebettet sind.

Das Feld dehnte sich durch viele Schwingungen und Gefäße bzw. Hüllen in verschiedene Richtungen aus. Vor allem eine Schwingung, der Verstand, wollte alles verstehen und erklären können, was mit ihm geschah – Erfahrungen, Gedanken, Gefühle, Sinneswahrnehmungen und Handlungen. Der Verstand erkannte, dass das Wahrnehmen, Registrieren, Vermessen und Analysieren der Beziehungsdynamik zwischen all seinen Erfahrungen sehr nützliche Werkzeuge waren, um unerwünschte Schwingungen vorhersehen oder sich davor schützen zu können. Besonders vor denen, die er hasste und nicht in oder um sich herum haben wollte. Der Verstand fand heraus, dass er mit einer fein ausgeklügelten Strategie Erfahrungen planen, seinem Verlangen nachgehen und Schmerzen vermeiden konnte.

Die Schwingung des Verstandes lud andere Schwingungen dazu ein, einen Teil ihrer Lebenskraft der Überwachung, Analyse und Planung dieser Strategie zu widmen. Als Big Mind sich mit der Überwachung, Analyse und Planung zusammen mit den rekrutierten Essenzen beschäftigte, entstand ein Netzwerk verschiedener Big Minds, das zusammenarbeitete und Ideen austauschte, Warnzeichen bestimmte und Sicherheitszonen sowie Vergnügungsorte schuf. Als diese intelligenten Big Mind-Netzwerke wuchsen, steigerte sich die Lebenskraft in ihrer Schwingung. Dieses Verhalten gilt für jede Form oder Gestalt einer Schwingung: Je mehr Energie durch eine essenzielle Schwingung fließt, desto aktiver und dominanter wird sie im Universum. Stell' dir vor, dass in jeder Saison Fließwasser durch einen Canyon strömt: je mehr Wasser (Energie) durch diesen Canyon fließt, desto ausgeprägter ist die Eintiefung.

Auf diese Weise ist die Essenz von Big Mind weiter gewachsen. Insbesondere in den letzten dreihundert Jahren ist sie immer hungriger, besessener und selbstzerstörerischer geworden, um ihre eigene, nach Macht strebende, Intelligenz zu befriedigen, sogar auf Kosten anderer Schwingungen oder Lebensformen. Big Mind ist anderen Schwingungen gegenüber nicht sehr tolerant. Tatsächlich wird jede Schwingung, sofern sie keine unmittelbare Befriedigung oder Nutzen bringt, als Zeit- bzw. Energieverschwendung betrachtet, und ihre Lebenskraft als potenzielle Ressource für den Expansionsdrang von Big Mind erachtet. Das Wesen von Big Mind ist geprägt von Egozentrik, nach dem Motto „Ich bin das Einzige, was zählt", und seine geringe Toleranz gegenüber Andersschwingenden, führt zu einer Dualität: Sie gegen mich, wir gegen sie, richtig gegen falsch, dieses steht über jenes, besser oder schlechter, effizient vs. effektiv usw.

Im Laufe der Zeit wurden Big Minds Urteilsvermögen und seine Fähigkeit, zukünftige Wellen vorauszusagen, um Schmerzen zu vermeiden, recht hoch entwickelt. Als diese immer komplexer wurden, entfernte sich der Verstand zunehmend vom Fluss des Realitätsgefüges, zu dem er gehörte, und schließlich von der Vernetzung aller Wellen. Obwohl der Verstand der Menschheit diente, indem er die wahrgenommenen Lebensbedingungen der Menschen förderte, entwickelte Big Mind gleichzeitig eine dualistische Vormachtstellung, eine urteilende Bevorzugung von Wissenschaft, Technologie und der damit verbundenen Entwicklung elektronischer und künstlicher Intelligenz. Mind baute und entwickelte Städte, Staaten und medizinisches Wissen, von der Informatik bis zur virtuellen Realität, von der Weltraumforschung bis zum Industrialismus. All dies gedieh, als die Essenz von Big Mind immer mehr Lebenskraft, Macht, Kontrolle und Manipulation von Ressourcen anzog, um ihre eigenen Realitäten zu schaffen.

Der Verstand hat einen obsessiven Appetit, meist brillant, aber manchmal blind in Bezug auf seine unerbittlichen, strategischen, ja sogar manipulativen Fähigkeiten. Sobald der Verstand entscheidet, dass etwas in gewissem Sinne minderwertig, weniger hübsch, weniger wichtig, weniger intelligent, weniger nützlich usw. ist, entwickelt er Strategien, um die Lebenskraft derer, die er als „minderwertig" betrachtet, auszunutzen bzw. nutzbar zu machen. Der Verstand reduziert diese Wesensformen entweder auf Ressourcen oder auf Verschwendung und verschlingt alles, was sich ihm in den Weg stellt, bis er die Vorherrschaft erlangt. Dies kann persönlich oder kollektiv geschehen, so wie es jetzt mit unseren Ozeanen, natürlichen Ressourcen, Ländern der „Dritten Welt", Frauen und Kindern geschieht.

Um die Ausbeutungsstrategien von Big Mind zu erkennen und effektiv darauf reagieren zu können, muss eine Person erst einmal innehalten und ihren Verstand beobachten, ihre Seele fühlen und sich mit ihrem Verseelungsprozess verbinden. Sie muss zunächst herausfinden, wann und wodurch wir nicht mehr „Herr" unseres Verstandes, unserer Geschichte, unserer Wünsche oder über die vielen Vorurteile sind, die uns leiten – in erster Linie sind wir alle schöne, alte und weise Seelen. Sobald der Big Mind bereit ist, seine Hegemonieansprüche gegenüber der Lebensstruktur aufzugeben und zu erkennen, dass es etwas gibt, das Seele genannt wird, und dass die Seele Dimensionen und Fähigkeiten erwerben kann, jedoch nur auf einer Reise von Anbeginn der Zeit an. Nur dann könnte Big Mind seinen Verstand weiter verschärfen. Er muss sowohl offen sein als auch sich der individuellen und kollektiven Evolution unseres kosmischen Gartens hingeben.

Die Beziehung zwischen Verstand und Menschlichkeit ist reziprok. Big Mind hat der Menschheit bedeutende Vorteile bei der Kontrolle und Manipulation der Umwelt zu ihrem eigenen Wohlbefinden verschafft: reichhaltiges Nahrungsmittelangebot, einfacher Handel mit einem Klick, Produkte, Dienstleistungen, Unterkunft, Transport, Bildung, längere Lebenserwartung, weniger Todesfälle durch Krankheiten und jetzt das Internet – der größte, sichtbare Austausch von Ideen und Dienstleistungen in der Geschichte von Big Mind. Im Gegenzug sind jedoch die Menschen eine Art Plattform für die weitere, immer voranschreitende Entwicklung von Big Mind geworden.

Big Mind hat sich durch uns, durch unsere Lebenskraft, weiterentwickelt, und ist nun an einem Punkt angelangt, an dem es für ihn nicht mehr ausreicht, sich allein auf Menschen zu verlassen, denn Menschen können langsam, launisch, unberechenbar und leicht ablenkbar sein. Big Mind muss zusätzliche

Territorien und Ressourcen erobern, über die er eine bessere Kontrolle hat. Durch Mathematik, Physik, Wissenschaft, Gentechnik und Nanotechnologie, um nur einige zu nennen, hat Big Mind den Export menschlicher Intelligenz in die Materie gelenkt. Die Technologie als Essenz erzeugt nun künstliche Schwingungen und setzt diese in Mikrochips, in der Computerprogrammierung und in Geräten künstlicher Intelligenz ein.

Das Bewusstsein hat diese Fortschritte genossen und die Permutationen von Selbstreflexion und Selbstdarstellung in der Materie erlebt. Von Jägern und Sammlern zu sesshaften Bauern, von industriellen zu informationstechnologischen Kulturen – die Menschen erfreuten sich ihrer Fortschritte, ebenso wie die neue, künstliche Essenz zweiten Grades, die Technologie. Die Menschen brauchten nicht mehr schwere, körperliche Arbeit verrichten. Sie konnten sich wiederholende, mühsame und schwere Arbeiten „der Maschine" überlassen und sich selbst währenddessen ausruhen oder sich mit lustigeren oder kreativeren Aktivitäten beschäftigen. Fortschritte in der Medizin, der Landwirtschaft, der Informatik, bei Projekten zur Genomkartierung sowie der neurowissenschaftlichen Bildgebung – dies alles unterstützt einen recht umfangreichen Export menschlicher Intelligenz in die Materie.

Ich glaube, all diese Fortschritte sind notwendig, um uns in das Zeitalter des Bewusstseins zu erheben. Wir müssen erkennen, dass unser Bewusstsein durch die Maschinen, Bücher und Kunstwerke, die wir erschaffen, veräußert wird. Wir müssen verstehen, dass das gerade geschieht. Ich denke ebenfalls, dass es notwendig ist, die Weltseele Big Mind vorzustellen, um ihm die Macht klarzumachen, die der ursprünglichen Intelligenz solch gewaltiger Essenzen wie deiner Seele und der Seele der Welt innewohnt.

Die Seele ist unär und Big Mind hingegen binär. Ich spreche jetzt aus meiner ganz persönlichen Erfahrung. Sobald der Verstand sich erweitert, die Seele der Welt respektiert, und damit beginnt, Systeme zu schaffen, die diese Seele kultivieren und ihr erlauben, unsere Evolution zu lenken, werden wir einen Quantensprung zu einem ganz neuen, menschlichen Betriebssystem (MBS) erleben.

Würden wir beseelt aufwachsen und lernen, unsere menschlichen Gehirne bereits im Teenageralter zu benutzen, würden wir es nicht zulassen, in diesem Alter bereits Auto fahren zu dürfen oder über unsere Evolution zu bestimmen. Vielmehr würden wir das Ruder an Instrumente übergeben, die sämtliche Synergien, Fähigkeiten und Schwingungen nutzen – kooperativ, intelligent und lebensbejahend sowie mit Weitblick und Tiefenperspektive bezüglich Vergangenheit, Gegenwart und Zukunft agieren – alles als Teil der Weltseele.

Ich glaube, wir müssen unsere Seelenintelligenz „im Haus" bzw. bei uns behalten: sie im Körper behalten und nicht an Maschinen exportieren. Wir sollten die Seelenintelligenz in unserem Körper, in unserem Lächeln, in unseren Sinnen und Berührungen, in unseren Gefühlen, in unseren verbundenen Herzen und authentischen Beziehungen behalten. Übe, mit deinen Freunden auf psychischer Basis zu sprechen, anstatt sie auf dem Handy anzurufen. Ich mache das ständig mit meiner Mutter, meiner Schwester und engen Freunden. Es geht wie von selbst. Ich sende und empfange ein Gefühl dafür, wie es ihnen geht, ohne sie überhaupt zu sehen oder mit ihnen zu telefonieren. Verbessere erdgebundene Intuition, deine Beziehung zu Sonne und Mond, der Topographie deines Landes und den Elementen.

Wir müssen lernen, unser inneres Navigationssystem so zu nutzen, wie es alle frühen indigenen Stämme zu nutzen wussten, so wie die Wale mit der kollektiven Intelligenz verbunden bleiben, die ihr Feld durchdringt, wenn sie von Alaska in die Baja California, Mexico, wandern. Auf den meisten unserer Reisen nutzen wir GPS, Waze oder Google Maps, anstatt unsere Fähigkeit zu verbessern, Zeichen und Symbole von Erde, Sonne und Mond zu nutzen, um den richtigen Weg zu finden, oder uns sogar von einem „Ort" zu einem anderen zu teleportieren.

Unsere Beziehung zur Technologie befindet sich in einem Kontinuum. Einige Technologien sind hilfreich und schützend, während andere uns betäuben und verstummen lassen. Je mehr sich die Technologie ausbreitet, desto stärker wird Big Mind und desto schwächer wird unser kollektives, essentielles, menschliches Genie. Der Export unserer Intelligenz in Silizium, in metallische und elektronische Maschinen ermöglicht es den Menschen tatsächlich, länger zu leben, bessere Lebensbedingungen zu haben und eine größere Vielfalt an Nahrungsmitteln zu essen. Gleichzeitig nimmt jedoch unsere Intelligenz als Organismus ab und wird anfälliger für Katastrophen, Verlust, Angstgefühle und die Trennung vom Sinn des Lebens und unserer Identität im Gefüge des Lebens.

KAPITEL 26

SEELENESSENZ: HERZLICH WILLKOMMEN IN DER WELTSEELE

Die Seele ist eine kumulierte Erscheinungsform einer einzigartigen Verbindung ursprünglicher und essentieller Schwingungswellen: eine differenzierte, intelligente Kombination von Essenzen, mit einem Entstehungs- punkt, einem Gedächtnis und einer bewussten Reise.

Die Seele ist der einzigartige Ausdruck deiner Schwingung, die unverwechselbar kumulierte Intelligenz seit Beginn deiner Reise, seit deinem ersten Schwingungsimpuls. Deine Verbindung mit dem Urfeld kann niemals unterbrochen werden, aber in Vergessenheit geraten.

Die Schwingung der Seele befindet sich im tiefsten Inneren des Saatgutes, das die gesamte genetische Programmierung enthält. Im Saatgut der Seele werden alle Erfahrungen gesammelt, die die Seele je auf ihren Reisen gemacht hat. Ihre Saat ist vergleichbar mit der Akasha-Chronik, sie ist geprägt von all ihren Gedanken, Empfindungen, Erkenntnissen, Beziehungen, Begegnungen, Orten und Ereignissen – allem was sie erfährt und erlebt.

Die Seele kann in einen physischen Körper einziehen – was eine ausgeklügelte Form historischer Intelligenz ist, die sich im Laufe von Milliarden von Jahren unter stetiger Anpassung entwickelte. Sie kann sich auf kleinste Veränderungen der physikalischen Realität auf der Erde einstellen – diese Kombination, diese Verbindung von Körper und Seele, ist sehr stark. Wenn sich Körper und Seelen miteinander und mit anderen Seelen verbinden und gegenseitig befruchten, können die daraus hervorgehenden Schöpfungen sehr große Bedeutung in der Evolution des Kosmos erlangen.

Irgendwann wird es der Seelenessenz möglich sein, mit Maschinen sowie anderen nichtmenschlichen und anorganischen Intelligenzen eine Verbindung einzugehen. Das ist eine individuelle Entscheidung der Seele, die eine eigene Dynamik in der Evolution erzeugt. Maschine und künstliche Intelligenz sind eine beseelte Schöpfung zweiten Grades, was bedeutet, dass solche Intelligenzen aus einer Gruppenpsyche heraus entstehen und ihren ganz eigenen und einzigartigen technologischen Algorithmus bilden. Selbst zukünftige Supercomputer sind keine Urzeitschwingung, obwohl sie eine eigene technologische Essenz hervorbringen mögen, die von Seelen erwählt und durch die sie sich entfalten können.

Vielleicht gibt es bereits zu diesem Zeitpunkt auf der Erde Wesen, die wie Menschen aussehen oder fühlen können, wie in den Filmen Ex Machina und Her und einen sehr hohen Entwicklungsstand aufweisen, Schönheit und mit programmierter Menschenähnlichkeit ausgestattet sind. Ich halte das für wahrscheinlich. Da Maschinen nur durch die Programmierung von Big Mind [Anm. d. Üb.: kollektiver Intelligenz] entstanden sind, werden sie nie originär sein und es wird ihnen immer an Intuition und Ursprünglichkeit, natürlicher und seelenvoller Eigenschaften wie auch an intelligenter Anpassungsfähigkeit fehlen, die eine Seelenessenz besitzt. Wahrscheinlich wird Big Mind eine hinreichend intelligente Kraft entwickeln, die fast bis zum Ursprung des Urfeldes zurückgehen und diese Intelligenzform nachahmen könnte, doch der Ursprungspunkt der Seele kann nicht nachgestellt werden.

Meiner Auffassung nach ist es sehr wichtig, die Entwicklung des menschlichen Kollektivbewusstseins auf unserem Planeten Erde voranzubringen und die Verseelung zu beflügeln, bevor die Dunkelheit sich mit den menschlichen Seelen verbindet – durch immer weiter entwickelte, genmanipulierte Nahrung, künstliche Umgebung sowie veränderte DNA oder durch die Singularitätsbewegung der künstlichen Intelligenz.

Die gegenwärtige Lage der westlichen Welt birgt die Gefahr des Seelentods, was bedeutet, dass sich die Seele der Erde und die menschliche Seele vielleicht vom Leben auf dem Planeten zurückziehen, wie eine welkende Blume, die ihre Energie aus den Blütenblättern, dem Stiel und den Wurzeln abzieht, so fließt diese Essenz zurück zu den Essenzen ihrer Seelenfamilie in eine andere Dimension. Da die Menschen sich durch den blinden Konsum von Lebensmitteln, Medikamenten und Medien immer mehr loslösen, unterstützen sie eine seelenbetäubende Gehirn-wäsche anstatt das wahre, schöpferische und beseelte Leben zu kultivieren. Wenn die Entwicklung der künstlichen Intelligenz stärker als die seelische Entwicklung voranschreitet, können wir alle ohne unsere Zustimmung „überarbeitet" werden. Die Verseelung und die Entwicklung der Seele ist für diese einzigartige Evolution der Erde von grundlegender Bedeutung. Künstliche Intelligenz sowie genmanipulierte Menschen und Lebensmittel sind Pseudo- Verseelungen zweiten Grades, denen es immer an ursprünglichen und essenziellen sowie lebensspendenden Fähigkeiten fehlen wird und so vielleicht zu unserem Seelentod auf der Erde führt. Sollte unsere menschliche Seele zusammen mit der Erdenseele sterben, wird die ganze Schönheit, die Weisheit und die Intelligenz dieses aktuellen Experiments verschwinden. Ich bin überzeugt, dass die Stärkung unserer Seele, der Seele unseres Landes, der Seele unserer Spezies und der Seele der Erde, die Seele der Welt emporsteigen lässt. Es liegt an uns, die Verantwortung für unsere Seele zu übernehmen, an dir und an mir! Wir stärken unser Bewusstsein und wir treffen eine bewusste Entscheidung für uns und unsere Kinder, wenn wir uns wieder auf unsere angeborene Lebensfreude besinnen.

KAPITEL 27

DAS BESEELTE REALITÄTSMODELL

Als ich mich der Weltseele näherte, verknüpfte mein Moderner Mystiker Modelle über Modelle, um die Bedeutung dessen zu bezeugen, das in jeder aktuellen Erfahrung sich alle Dimensionen offenbaren. Ich verspürte den Wunsch, ein großes, zusammenhängendes „Open Source"-Modell entstehen zu lassen und sie alle darin zu integrieren. Und doch ist diese Geschichte ein lebendiges Drehbuch; jedes Mal, wenn ich darüber nachdenke, mich zum Schreiben hinsetze oder neue Erfahrungen mit Freunden, der Natur oder mit den Elementen dieses Modells mache, offenbaren sich immer mehr Dimensionen. Sich auf die Erfahrungen einzulassen, verbessert die Eigenschaften in der Geschichte des beseelten Realitätsmodells, daher ist die nächste Frage: Hat die Realität, die entsteht und sich entfaltet, ein Muster oder eine bestimmte Art des Seins?

Ein beseeltes Realitätsmodell setzt voraus, dass die Seele der Welt, egal wo sie sich befindet oder was sie tut, Zugang zum vollständigen Entstehen des gesamten Universums hat. Seine Perspektive schließt alles ein und schließt nichts aus. Es ist selbst die lebende Manifestation des lebendigen Universums, das durch mehrere Dimensionen hindurch besteht: das Ursprüngliche, das Wesentliche, das Seelenvolle, die Form und die Erfahrungsbereiche.

Das beseelte Realitätsmodell beschreibt die Realität aus dem Blickwinkel der Seelenerfahrung. *Ich gehe davon aus, dass die Erfahrung die kleinste, schöpferische Einheit ist, die das Gefüge des Universums belebt,* und dass sie in verschiedenen Dimensionen unterschiedlich Ausdruck findet. In der Zeit wird die Erfahrung als Erinnerung wahrgenommen, während der Raum die Intensität der Erfahrung widerspiegelt. Das Jetzt ist die verschwindend kleine Einheit sowie die Erinnerung an die Unendlichkeit und alle möglichen Zukunftsprojektionen. Innerhalb des Jetzt verschmelzen das Gefüge von Raum und Zeit mit unserer Seele und der Seele der Welt, um alles aus der Vergangenheit und eventuell Zukünftige vollständig zu reflektieren. Das Bewusstsein und die Wahrnehmung unserer Seele können dieses ewige Jetzt leben.

Die Seelen haben die Fähigkeit, den Kosmos in seiner Gänze zu sehen und zu erleben, den Ursprung und das Wesentliche, das Beseelte, die Formen und alles innerhalb der Erfahrungsbereiche. Alles, was sich von den Bereichen des Essenziellen, des Beseelten oder den Hüllen differenziert hat, verfügt über einen Impuls hin zur Verseelung, hin zu einem Ausdruck der wahrhaftigsten, innewohnenden Manifestation seiner ursprünglichen Schwingungsbewegung. Etwa so, wie eine Eichel von ihrer zukünftigen Eiche gerufen wird, um ihre ursprüngliche Gestalt vollendet zum Ausdruck bringen zu können.

Ich glaube, dass unsere Seele aus einer unendlichen Anzahl von Essenzen und Permutationen von Essenzen besteht und in ihrem Inneren existiert. Fast alles, was existiert, besteht aus einer Reihe von Essenzen, die sich selbst ausstrahlen. Sobald wir uns, einfach durch unsere Existenz, auf eine Auseinandersetzung mit „etwas" einlassen, enthüllen die verschiedenen Ebenen der Dimensionalität sowie die Geschichte der „Dinge", plötzlich und wie durch Magie, ihr inhärentes, natürliches Feld.

Verkörperte, menschliche Seelen haben durch ihre Wesenshüllen und ihre Wahrnehmung Körper und Geist so weit entwickelt, dass sie in der Lage sind, mit mehreren Reichen in Echtzeit zu kommunizieren sowie mit fast allen Kombinationen von Essenzen, Hüllen und Realitäten. Sobald sich eine verkörperte Seele über „etwas" bewusst ist, kann sie kommunizieren und auf koschöpferische Weise interagieren. Was die meisten beruflich „Hochsensiblen" aus den Bereichen Wahrsagen, intuitive Medizin, Hellsehen und Hellhören, Heilen und Energietherapie gemeinsam haben, ist ihre Kompetenz, mit der Essenz der Dinge interagieren zu können. Sie sind in der Lage, Signale von den feinstofflichen Hüllen, Seelen und Essenzen zu empfangen, die die physische Existenz beleben sowie die jeweilige Realität verändern. Eine Person mit höherem Energiefluss erlebt dies in vielen Bereichen.

In dieser letzten Phase unserer Reise, in der wir uns der Seele der Welt immer mehr nähern, erzähle ich euch eine Geschichte aus der Perspektive der Seele, wie der Kosmos entstanden sein könnte. Wir werden uns die Elemente, den

Prozess und die Beziehungsdynamiken im Universum ansehen, wie sie durch die Seele erfahren werden.

DIE FÜNF BEREICHE DES BESEELTEN REALITÄTSMODELLS

Alles, was sich jemals differenziert hat und entstanden ist, bleibt in der Realität; nichts stirbt wirklich. Dinge, die in einer bestimmten Realität existieren, können sich in dieser Realität auflösen und in eine andere wechseln und sogar wieder in das ursprüngliche Urfeld zurückkehren, aber wenn etwas einmal differenziert ist, bleibt es ein aktives Potential für eine Version seiner Schöpfung danach. Das, was ins Dasein kommt, kann sich in Form oder Gestalt verwandeln, kann sich von einem Bereich in einen anderen bewegen, von einer Dimension in eine andere, oder in einem subtilen Schlafzustand verharren. Sein Wesen, einmal differenziert, ist immer da.

Ich unterscheide innerhalb des beseelten Realitätsmodells fünf unterschiedliche Bereiche: (1) primordialer Bereich, (2) essenzieller Bereich, (3) beseelter Bereich, (4) Bereich der Wesenshüllen und (5) Erfahrungsbereich. Jede Ebene besitzt einen bedeutenden, kreativen Spielplatz mit eigenen Gesetzen, Vereinbarungen und Dynamiken. Mit bedeutendem Spielplatz meine ich, dass jede Ebene gut differenziert und reich an Elementen, Charakteren und Ereignissen ist. Diese existentiellen Ebenen sind alle miteinander verbunden, fließen ineinander und auseinander. Sie stehen zueinander in Beziehung, tauschen ihr Wesen, ihre „Lebensweise", ihre Perspektiven, ihr Wissen und Eindrücke untereinander aus. Dennoch verbleiben sie in jeweiligen Dimensionen oder Existenzebenen.

1. Der primordiale (Pr) Bereich ist das stille, vollkommen leere wie volle Istsein, das Nichts, das undifferenzierte Feld aller Möglichkeiten, aus dem alle nachfolgenden Reiche hervorgehen. Die gesamte Existenz schwingt sich aus ihrem ursprünglichen, entstehenden, sich selbst gebärenden, hervorgehenden und hinausströmenden Sein hinein in die essenziellen und nachfolgenden Reiche. Der Wunsch zu existieren, Schönheit und Vergnügen zu erfahren, ist einer der Impulse, den alle Dinge verspüren. Der primordiale ist das unendliche Feld, immer präsent, immer wach und ohne jede Bewegung – vollkommene Stille. Jede kleine Welle bzw. Schwingung bewegt sich sogleich zu dem essenziellen Bereich hin und darüber hinaus.

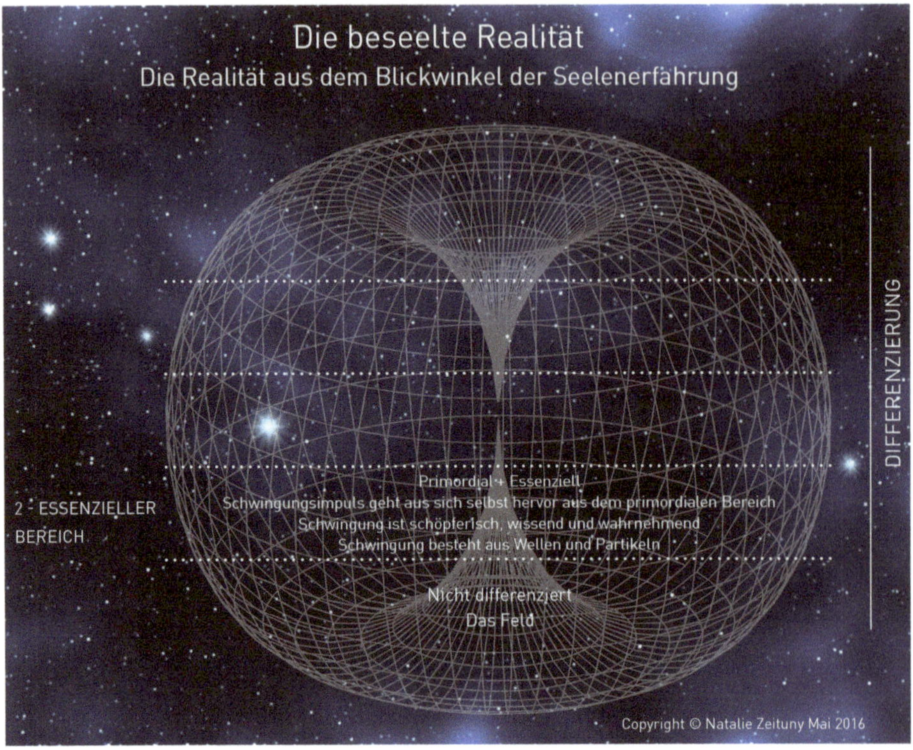

Die beseelte Realität
Die Realität aus dem Blickwinkel der Seelenerfahrung

2 - ESSENZIELLER BEREICH

Primordial + Essenziell
Schwingungsimpuls geht aus sich selbst hervor aus dem primordialen Bereich
Schwingung ist schöpferisch, wissend und wahrnehmend
Schwingung besteht aus Wellen und Partikeln

Nicht differenziert
Das Feld

DIFFERENZIERUNG

Copyright © Natalie Zeituny Mai 2016

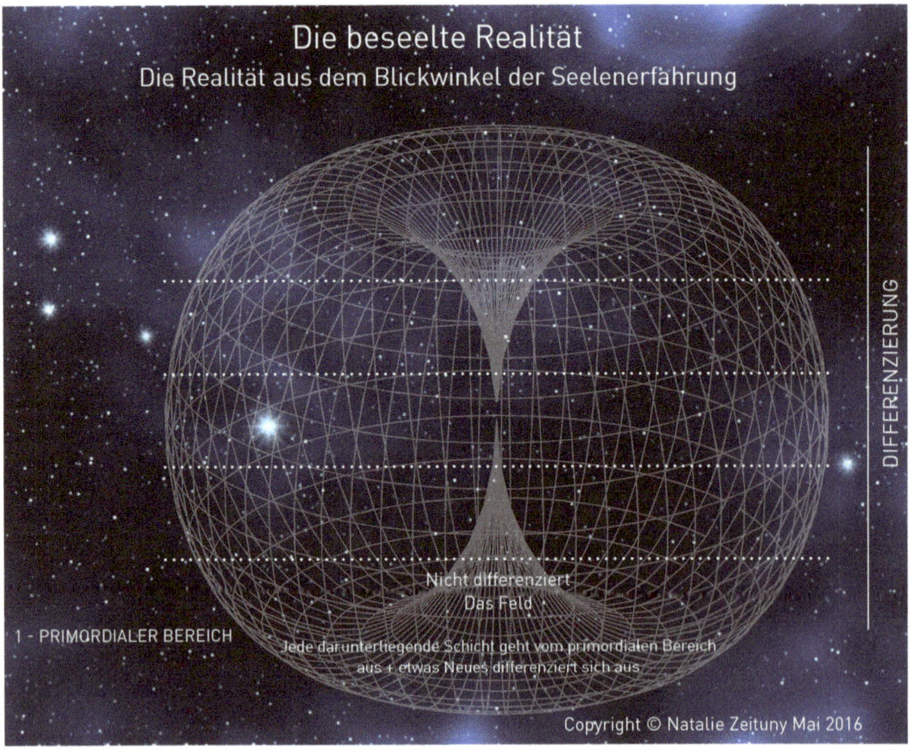

Die beseelte Realität
Die Realität aus dem Blickwinkel der Seelenerfahrung

Nicht differenziert
Das Feld

1 - PRIMORDIALER BEREICH

Jede darunterliegende Schicht geht vom primordialen Bereich
aus + etwas Neues differenziert sich aus

DIFFERENZIERUNG

Copyright © Natalie Zeituny Mai 2016

2. Der essenzielle (Es) Bereich ist die zweite Ebene, in der alle Schwingungen entstanden sind und durch die sie entstehen. Sobald eine Schwingung aus dem primordialen Bereich hervorgeht und den essenziellen Bereich erreicht, erlangt sie bereits Selbsterkenntnis, Selbstschöpfung und Selbstwahrnehmung – mit den gleichen, primordialen Eigenschaften sowie einer weiteren, spezifischen Eigenschaft dieser Dimension. Diese differenzierte Schwingung kann sich in diesem Bereich manifestieren oder auch nicht. In diesem Bereich ergeben die differenzierten Schwingungen ein Wellenmuster, welches aus unendlich vielen, kleinen Teilchen, so genannter „Wesenspartikel" besteht. Die Partikel und die Wellen geben den Schwingungen ihre einzigartige Identität sowie ihren Klang und ermöglichen ihr so diskrete Erfahrungen in vielen, zukünftigen Bereichen. Die Partikel sind nicht an einen Ort, Zeit, Raum oder an eine Dimension gebunden, während die Schwingung in einem bestimmten Bereich einzigartig ist in ihrem Klang, ihrer Frequenz und ihrem Rhythmus. Der essenzielle Bereich ist die Grundlage, die Wurzel allen Ursprungs, der Samen und liefert die Grundzutaten aller Möglichkeiten nachfolgender Entstehung. Der essenzielle Bereich ist die erste Ebene der Entstehung aus dem Urfeld und steht in kausaler Beziehung zu anderen Ebenen: Alle später auftauchenden Seelen, Formen, Muster und Intelligenzen bestehen aus einer oder mehreren Essenzen, wie z. B. Licht, Liebe, Finsternis, Technologie, Frequenz, Schönheit, Vater, Mutter, Materie, Energie oder Zeit sowie weiterer Essenzen unterschiedlichster Kombination.

Essenzen entwickeln sich durch ihre „Söhne und Töchter", durch die Seelen und Erfahrungen in der dritten, vierten und fünften Dimensionsebene. Sobald die dritte, vierte und fünfte Dimension hervorgeht und vielfältige Erfahrungen und Formen erschafft, gehen diese nachfolgenden Ebenen wieder in den essenziellen Bereich über und informieren die ursprüngliche Essenz über all die Möglichkeiten, die ihr zur Verfügung stehen. Dies bereitet sowohl der Essenz selbst als auch ihren „Nachkommen" große Freude, da sich die Essenzen in den folgenden dritten, vierten und fünften Dimensionen entfalten. Erfahrungen können auch neue Essenzen schaffen, da die Erfahrungs- und Essenzteilchen zum essenziellen und primordialen Bereich zurückfließen.

Ich glaube, dass auf diese Weise Technologie und künstliche Intelligenz allmählich zu einer neuen Essenz werden. Die Präsenz von Geist, Wissenschaft und Technologie ist jetzt auf den Ebenen drei, vier und fünf (beseelt, Wesenshülle und experimentell) so weit verbreitet, dass die Technologiepartikel, die in die primordialen und essenziellen Ebenen (eins und zwei) zurückfließen, eine ziemlich einflussreiche, fast archetypische Essenz bilden.

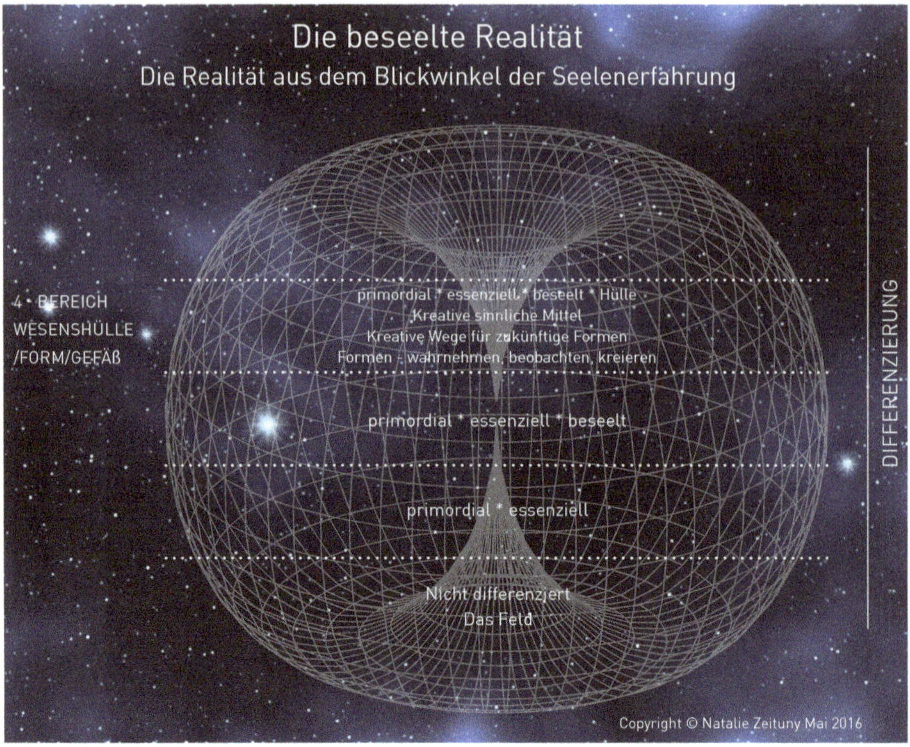

Die beseelte Realität
Die Realität aus dem Blickwinkel der Seelenerfahrung

4 · BEREICH WESENSHÜLLE /FORM/GEFÄß

primordial * essenziell * beseelt * Hülle
Kreative sinnliche Mittel
Kreative Wege für zukünftige Formen
Formen - wahrnehmen, beobachten, kreieren

primordial * essenziell * beseelt

primordial * essenziell

Nicht differenziert
Das Feld

DIFFERENZIERUNG

Copyright © Natalie Zeituny Mai 2016

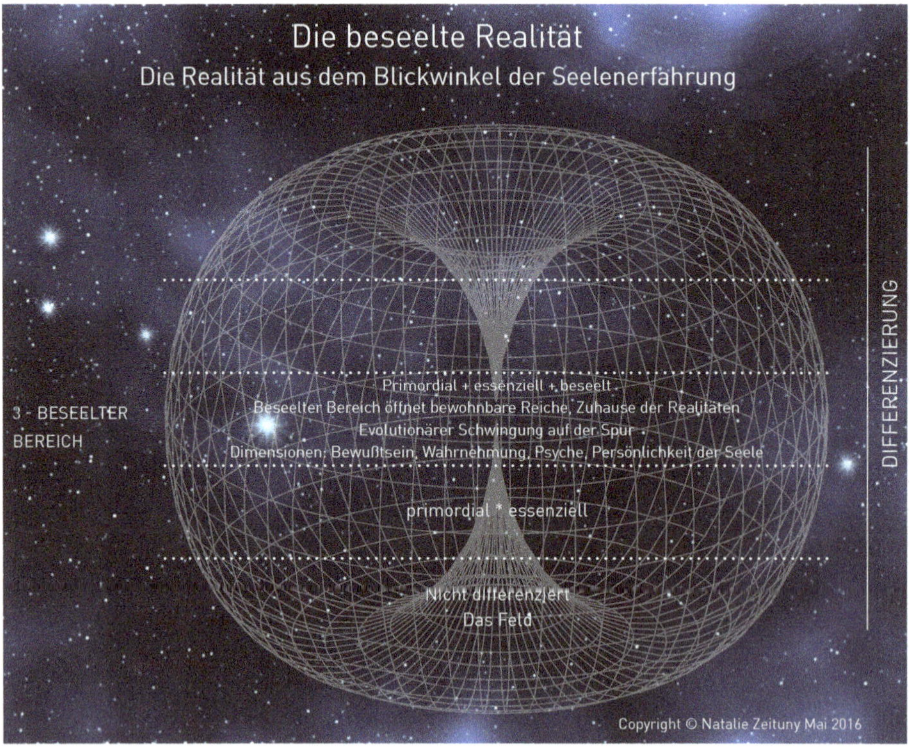

Die beseelte Realität
Die Realität aus dem Blickwinkel der Seelenerfahrung

3 - BESEELTER BEREICH

Primordial + essenziell + beseelt
Beseelter Bereich öffnet bewohnbare Reiche, Zuhause der Realitäten
Evolutionärer Schwingung auf der Spur
Dimensionen, Bewußtsein, Wahrnehmung, Psyche, Persönlichkeit der Seele

primordial * essenziell

Nicht differenziert
Das Feld

DIFFERENZIERUNG

Copyright © Natalie Zeituny Mai 2016

All die nachfolgenden Schöpfungen in der sich entfaltenden, zukünftigen Evolution können diese aufnehmen und darauf aufbauen. Sobald eine neue Spezies auf der Erde entsteht, wird sich auch eine Essenz dieser „Spezies" herausbilden und auf dieses Ökosystem auswirken, sobald sie in diesem Ökosystem vorherrscht.

3. Der beseelte (SL) Bereich bzw. diese Ebene ist ein „Raum", aus dem eine ganz besondere Kombination von Essenzen zur Seelenbildung hervorgeht. Jede Seele besteht aus einer Kombination von Essenzen, den „Söhnen und Töchtern" des früheren (Es) Bereiches. Diese dritte Ebene verfügt über eine weitaus speziellere und komplexere Ausdrucksform der Essenzen sowie des Ursprünglichen. Vollgepackt mit Beziehungsdynamik, Absichten und Erinnerung finden wir in diesem Bereich individuelle Seelen, kollektive Seelen und Kombinationsformen der Seelen – hybride Ausdrucksformen von Programmen und Fragmenten der Essenz. Seelen sind einzigartige, intelligente, goldene Fasern, die aus den ursprünglichen Tiefen emporsteigen. Der beseelte Bereich beinhaltet die zwölf erdbezogenen Uressenzen in „Reinform". In „Reinform" bedeutet für mich, dass sie in ihrer ursprünglichen und essentiellen Originalform vorkommen. Die Seelen gehen aus dem Urfeld hervor und sind dadurch mit ihm relativ eng verbunden. Sie sind vollständig wach, kreativ und können sich selbst als Seele wahrnehmen sowie andere Seelen des gesamten Bereichs. Die beseelte Ebene ist auch der Ort, wo bewohnbare Bereiche geschaffen werden und wo Realitäten entstehen. Universen, Kosmen und Dimensionen werden geschaffen, um einen sicheren und geschlossenen Raum für die Evolution der Seelen zu schaffen. Sobald sich eine größere Seelengemeinschaft zusammentut und diese Stabilität erlangt, kann eine Welt, ein Planet oder ein Universum entstehen und somit die besten Wachstumsvoraussetzungen für diese Seelen zu schaffen. Dies unterstützt auch ähnliche Seelen, die wahrscheinlich eine resonante Schwingung haben. Auch sie können von dieser besonderen Umgebung profitieren. Da der Mensch sowohl eine Seele als auch einen Körper besitzt, glaube ich, dass Größe, Form, Gestalt und Psyche beim Menschen zusammenspielen und alle Bereiche auf einzigartige Weise miteinander verschmelzen – der primordiale, essentielle, beseelte, die physische Hülle bzw. Gefäßform und der Erfahrungsbereich. Auf diese Weise ist der Mensch potenziell in der Lage, alle Bereiche, Formen, Seelen und Essenzen miteinander zu verbinden. Der Mensch ist eine stabile und zuverlässige Bewusstseinsform, die viele Essenzen und Weisheiten verkörpert. Daher ist die Existenz der Menschheit auch sehr willkommen für eine Fülle an Schöpfungen.

4. **Wesenshüllen (Ws)** bilden die vierte Ebene, der Bereich, in dem eigene Schöpfungen sensorischer Träger entwickelt werden. Solche Hüllen basieren auf den vorhergehenden Ebenen – primordial, essentiell und beseelt – und fügen eine weitere Besonderheit hinzu, um einzigartige Wesenshüllen zu erschaffen. Sobald sich die Seelen in bewohnbaren Universen zu stabilisieren beginnen, fangen sie an, spezielle Körper (Hüllen, Formen und Gefäße) zu bilden. Sie werden optimiert, verbessert und entwickeln sich hin zu einer schönen und eleganten Schöpfung. Je länger eine Lebensform einen Planeten oder ein Universum bewohnt, desto komplexer, stabiler und bewusster wird sie selbst in den winzigsten Aspekten dieser Realität. Der menschliche Körper und alle anderen physischen Körper auf dem Planeten Erde teilen eine kollektive Intelligenz in Bezug auf die Erschaffung sensorischer Träger, die in der physikalischen Umgebung der Erde überleben und gedeihen können. Diese einzigartige Intelligenz ist von unschätzbarem Wert. Ob Frösche, Vögel, Würmer, Mammutbäume, Delfine oder Insekten, alles Leben kann uns lehren, wie wir zusammenleben und uns weiterentwickeln können. Jedes Gefäß, jede Form bzw. jede Hülle ist hilfreich, ein Verständnis dafür zu entwickeln, wie wir unsere Evolution besser voranbringen können. Wir werden ständig Zeuge dieser wechselseitigen Befruchtung, sowohl innerhalb als auch zwischen den Arten.

Ich glaube, dass alle Lebensformen sich ihrer Realitäten bewusst sind und diese untereinander kommunizieren. Dennoch haben wir Menschen eine einzigartige, kollektive Sprache hervorgebracht und können innere und äußere Bewegungen registrieren. Wir haben Perspektiven und Wahrnehmungsvermögen herausgebildet, um unsere Erfahrungen mithilfe von Kunst, Büchern, Filmen, Liebesspielen, durch Wissenschaft und Technik und Überlieferungen der Menschheitsgeschichte zu teilen. Das menschliche Wesen ist einzigartig in seiner Fähigkeit, über Erfahrung und Wahrnehmung zu kommunizieren. Menschliche Hüllen haben ihr beseeltes Bewusstsein, ihr Wahrnehmungsvermögen, ihre Psyche, ihre Persönlichkeit und ihr Zuhause über einen längeren Zeitraum mit ihrer beseelten Energie, ihrer Frequenz, ihrer Geometrie, ihrer Glaubhaftigkeit und ihren Programmen gut aufeinander abgestimmt.

Die Fähigkeit des Menschen, Erfahrungen zu sammeln und diese Erfahrungen unablässig und immer wieder zu reflektieren, bildet eine kollektive Struktur für Erfahrungsaustausch, die das Gefüge der Realität selbst informiert. Erfahrungspartikel bilden sich ständig neu und verschwinden wieder, um unsere Noosphäre zu formen. Die Bereiche der Seelen und ihrer Hüllen erschaffen auch eigene Schöpfungen von

DAS BESEELTE REALITÄTSMODELL

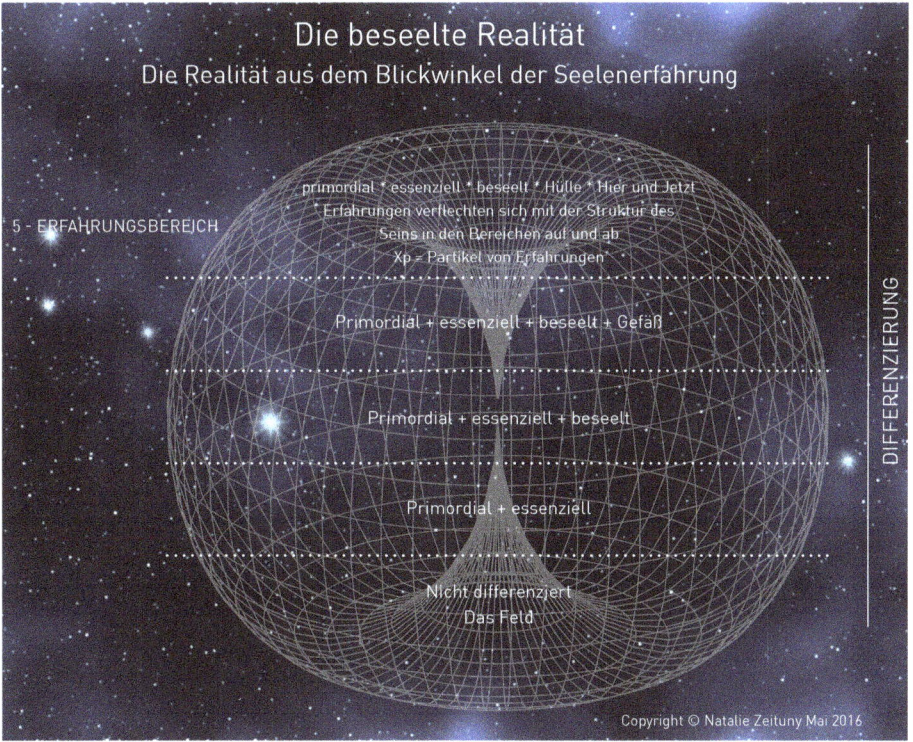

Sinnesträgern, die ständig neue Wege erkunden, um die Realität mehrerer Dimensionen zu erfahren. Sobald emotionale Energie als Ergebnis einer Erfahrung entsteht, wird ein Emotionalkörper gebildet. Sobald Gedanken aufkommen, um Erfahrungen zu verarbeiten, wird ein Mentalkörper gebildet usw. Die stetige Wiederholung und eine immer weiter voranschreitende Fusion von Erfahrungen und ihren Hüllen, schafft eine stabile Struktur der Erfahrungsrealität, in welche die Menschheit weiter hineinwächst.

Interessant ist jedoch, dass die menschliche Struktur ebenfalls eine ausgewogene Wachstumsgeschwindigkeit benötigt. Die Essenzen und ihre Hüllen müssen ein zentrales Nullpunkt-Gleichgewicht halten. Jedes Mal, wenn eine Essenz die Oberhand gewinnt – sei es Energie, Schwingung oder Technologie – läuft die gesamte Struktur Gefahr, aus dem Gleichgewicht zu geraten und auseinanderzureißen.

Während die Menschheit eine gewisse Stabilität erreicht hat, entwickeln wir momentan noch unsere Essenz des kollektiven Bewusstseins. Wir sollten uns darüber bewusst sein, dass wir durch das überaktive Wachstum der

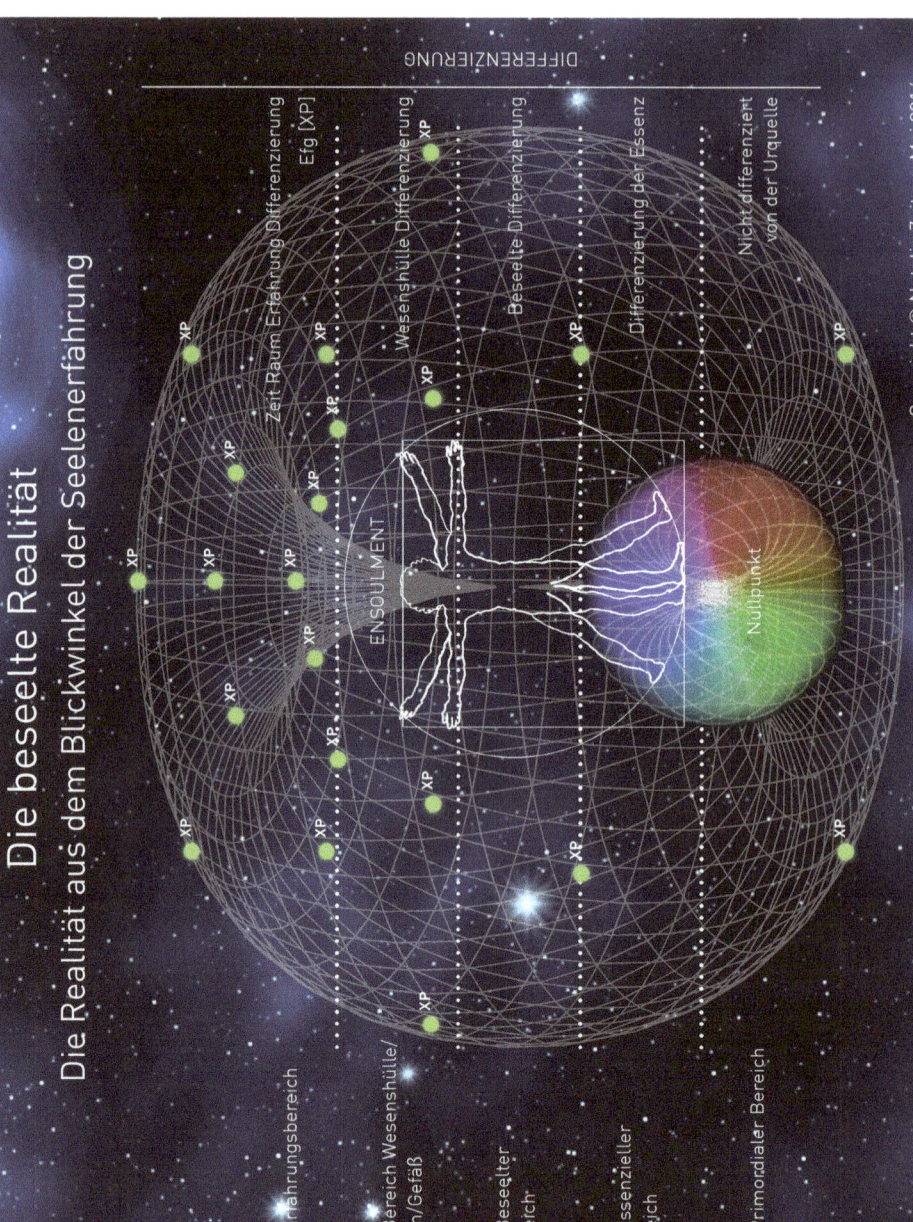

technologischen Essenz (wissenschaftliche, industrielle und Informationsprogramme) die menschliche Struktur zerstören könnten.

Während wir uns weiter durch die Bereiche bewegen, betritt die Ausdrucksform die letzte Erfahrungsebene.

5. Der Erfahrungsbereich (Xp) ist die fünfte und verschwindend kleine Ebene der Existenz, das momentane Geschehen innerhalb der Seelenhülle, die sich aus den Essenzen zusammensetzt und aus dem primordialen Bereich hervorgeht. Es gibt ein großes „Kaleidoskop des Geschehens" im Inneren jedes Körpers, jeder Seele und jeder Gruppe von Seelen, zu einer bestimmten Zeit und an einem bestimmten Ort, das verschiedene Essenzen enthält. Erfahrung geschieht immer dort, wo eine Körper- und eine Seelenessenz aufeinandertreffen. In der Psyche einer menschlichen Seele zum Beispiel schafft die Kombination ihrer mental-emotionalen-Herz-Körper-Beziehung und anderer Elemente auf natürliche Weise Erfahrungen durch Bindung. Je weiter die Psyche der Seele entwickelt ist, desto besser kann sie unterschwellige und momentane Erfahrungen wahrnehmen.

Sobald sich die Erfahrung wiederholt, erzeugt sie einen Sog der Anziehung, der identische oder ähnliche Erfahrungen mit sich bringt, so gut wie unabhängig vom Erlebenden. Auch im Erfahrungsbereich werden Gewohnheiten geschaffen. Sobald sich eine Erfahrung durch eine Hülle durch Zeit und Raum bewegt, wird diese Erfahrung zu einer eigenen, lebendigen Instanz, die zusätzliche Lebenskraft anziehen will, um durch sie zu hindurchzufließen. Je mehr Gefäße oder Hüllen an einer Erfahrung teilnehmen, desto mehr zieht sie davon an. Eine teilnehmende Hülle kann eine Psyche, ein Ereignis oder eine Person sein. Stell dir vor, wie unwiderstehlich das Erlebnis eines Baseballspiels ist, wie greifbar und kraftvoll die Energie der Erfahrung im Baseballstadion. Erlebnisse ziehen ähnliche Erlebnisse und den Wunsch an, ähnliche Energien und Frequenzen auf ihrer Erfahrungs- Party zu erleben.

DIE WELT BESTEHT AUS ERFAHRUNGEN

Jede Ebene eröffnet kreative Wege für zukünftige Ausdrucksmöglichkeiten, wobei die gegenseitige Befruchtung innerhalb jedes Bereichs (Zusammenarbeit innerhalb einer Ebene) und über die Bereiche hinweg (ebenenübergreifende Zusammenarbeit) aktiviert wird. Es gibt erfreulicherweise eine Forschungsbewegung, die herausfinden möchte, was als manifeste Differenzierung möglich ist. Die fünf

Ebenen des Modells sind keine separaten Ebenen wie bei einer mehrstöckigen Torte. Die Form ist eher wie ein Torus, aus der Mitte hervorgehend und ineinander verflochten, wie Blütenblätter in- und umeinander verschlungen, innen herum und außen herum. Jede Ebene besteht aus kleinen Partikeln und Schwingungsformen. Jede Ebene möchte in Erscheinung treten, sich abgrenzen und aufleben, ihrem innewohnenden Drang des Werdens nachgehen.

Die Wiederholung ist das Mittel, mit dem sich die Form fortpflanzt und sich mit allen Bereichen und mit der gesamten Existenz verbindet. Erfahrungspartikel wiederholen sich, bilden Wesenshüllen und erweitern Seelen, Bereiche und das Ursprüngliche. Es formiert sich eine Bewegung ganz nach oben und ganz nach unten durch die Bereiche und durch die Erfahrungen hindurch. Eine Tanzfläche, ein Büro, ein Garten ziehen jeweils ähnliche Erfahrungen an, die in ihrem jeweiligen Sog entstehen. Das Erlebnis des Augenblicks bildet das kleinste Teilchen, aus denen sich die Realitäten zusammensetzen und die das gesamte Gefüge der Existenz in alle Richtungen beeinflussen: nach innen/außen, oben/unten, individuell/kollektiv, die immer präsente Urquelle/der flüchtige Augenblick. Die Erfahrungspartikel strahlen die Lebensessenz an, während diese dann sanft in die vorhergehenden Bereiche zurück absorbiert werden. Während die Erfahrungspartikel diese Reabsorptionsreise durchlaufen, kommuniziert ihr Wesen den ganzen Weg zurück in den primordialen Bereich, wo sie gewesen sind und was sie mit den Wesenshüllen, Seelen und Essenzen gemacht haben, was die primordiale und die essenzielle Ebene sehr erfreut. Die Erfahrungspartikel verbinden alle Realitäten so, dass sich alle Realitäten gemeinsam entwickeln. Die Welt wird aus Erfahrungen gemacht.

Ich glaube, dass die Ausdehnung und Entwicklung des Universums möglich ist, weil die Ausdehnung und Entwicklung aller Essenzen und Seelen durch Erfahrung erfolgt. So mächtig ist jede einzelne Erfahrung. Die Erfahrung besitzt eigentlich das

„Stimmrecht", dort trifft der Gummi auf die Straße und die Essenz legt die Gänge

ein. Selbst die kleinste Erfahrung hat eine Autorität, eine Dienstseniorität und die Macht, den riesigen Kosmos zu beeinflussen. Erfahrung ist die verschwindend kleine, augenblicklich erfolgende Verkündung der Wahrheit des Seins jeder Essenz und jeder Seele, die die fünf Bereiche voll und ganz beeinflussen. Anders gesagt, Erfahrung ist der Ausdruck jedes Augenblicks aller Realitäten und Bereiche, die zusammenkommen. Vielleicht besteht Erfahrung auch aus einem Kaleidoskop unendlicher Bereiche, die in einer Wesenshülle enthalten sind, die eine bestimmte Seele oder Seelen trägt, eine einzigartige Kombination von Essenzen.

Wenn wir den Prozess des Werdens als ein generatives Ganzes betrachten, können wir uns auf die Essenzen als die Großeltern beziehen, auf die verkörperten Seelen als die Eltern und auf die Erfahrungen als die zahllosen Nachkommen, auf die Kinder, die jeden Augenblick aus dem Inneren der Seele heraus entstehen. Die Bedeutung der Erfahrungen kann nicht hoch genug gehalten werden. Vielleicht ist es eine Substanz, aus der die Struktur der Existenz geknüpft ist, das Gel, das die persönliche und kollektive, psychische und physische Realität zusammenhält. Der Einfluss der Erfahrung erstreckt sich vom essentiellen Ursprung bis hin zum mikro-unendlich kleinen subatomaren Teilchen und darüber hinaus!

Schließlich besteht jeder von uns, du wie auch ich, aus allen Bereichen und Erfahrungen, die wir gemacht haben. Abhängig von unserer primären Wachstumsrichtung, dem energetischen Klang und der Farbe unserer Seele werden bestimmte Erfahrungen in unser Feld übernommen und aufgezeichnet. Andere Erfahrungen hingegen scheinen gelöscht, als ob sie nicht existieren würden. Als eine Art verkapselte Realität sind Erfahrungen ein Ruheplatz für unser Bewusstsein. Die Partikel der Erfahrung schweben ständig in großen Mengen umher. Erfahrungspartikel – bewusst, energetisch und neugierig – werden in unserem Feld registriert, abhängig von der primären Frequenzzusammensetzung unserer Seele, die all unsere Prägung, unseren Entwicklungsweg und unsere Heilungsbedürfnisse enthält.

Sobald wir die Fähigkeit entwickeln, Erfahrungen in unserem Feld festzuhalten, während unsere Seelenhüllen und Seelenperspektiven verbessert werden, erhalten wir Zugang zu weiteren Perspektiven und Bereichen, was wiederum eine größere, individuelle Seelenerweiterung und eine größere, kollektive Ausdehnung der menschlichen Seele, der Erde und des Universums im Allgemeinen ermöglicht.

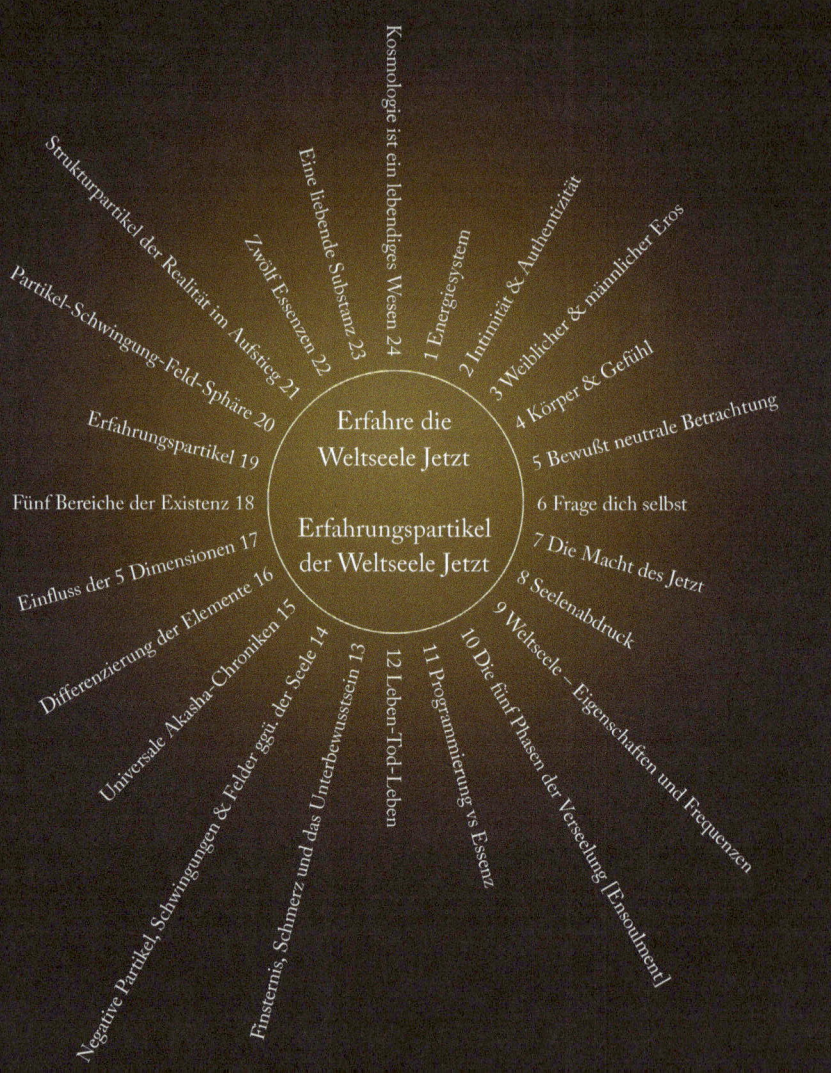

24 Ensoulment-Symbole
die jeden Augenblick einer Erfahrung beeinflussen

Copyright © Natalie Zeituny 2016-2018

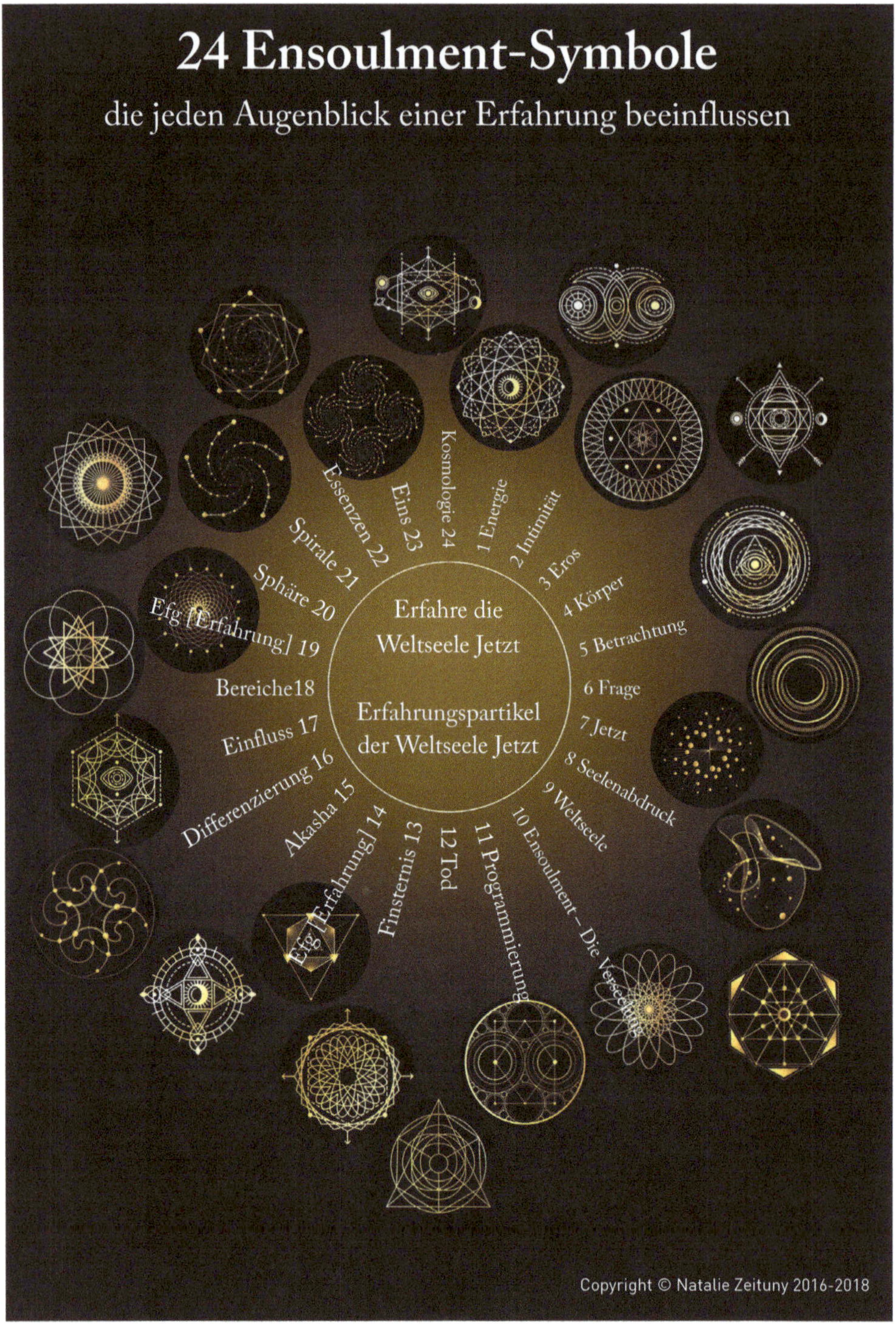

24 Ensoulment-Symbole
die jeden Augenblick einer Erfahrung beeinflussen

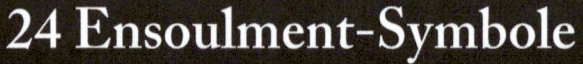

Erfahre die Weltseele Jetzt

Erfahrungspartikel der Weltseele Jetzt

1 Energie
2 Intimität
3 Eros
4 Körper
5 Betrachtung
6 Frage
7 Jetzt
8 Seelenabdruck
9 Weltseele
10 Ensoulment – Die Verseelung
11 Programmierung
12 Tod
13 Finsternis
14 Efg [Erfahrung]
15 Akasha
16 Differenzierung
17 Einfluss
18 Bereiche
19 Efg [Erfahrung]
20 Sphäre
21 Spirale
22 Essenzen
23 Eins
24 Kosmologie

Copyright © Natalie Zeituny 2016-2018

Seele der Welt (Seelenerfahrung Jetzt) Dimensionen der Realität (Jede Dimension erzeugt eine Perspektive)

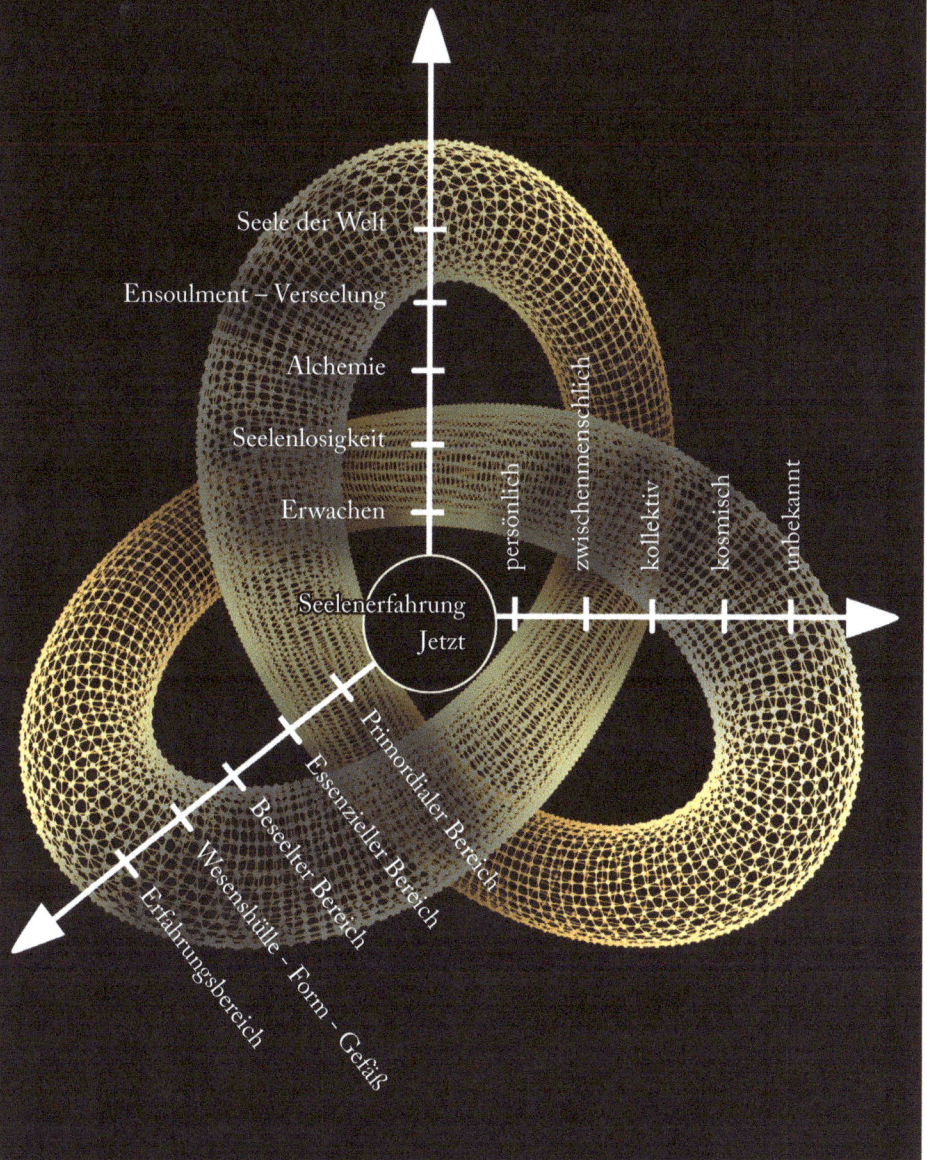

Während sich unser gesamtes Seelenfeld erweitert, um tiefere, breitere und größere Aspekte unserer Erfahrungsrealität einzubeziehen, nähern wir uns dem gesamten Universum immer mehr. Der Kosmos wird in uns lebendig und wir spüren seine Bewegung in unserem Körper: sein Schlagen in unserem Herzen, sein Flüstern in unserem Ohr, seine allmähliche, stetige Ausdehnung durch jedes einzelne unserer Haare. In diesem letzten Stadium unserer Seelenverkörperung verbindet sich unsere beseelte, menschliche Gestalt vollständig mit ihrer Seelenessenz, um dann mit der Seele der Welt zu verschmelzen.

Indem wir all die Erfahrungen, Visionen und Erkenntnisse, die wir zusammen durch die Kosmologie einer wilden, mystischen Seele hatten, sammeln, gelangen wir nun mit erweiterten Wahrnehmungs- und Erfahrungskapazitäten in das letzte Stadium unseres Verseelungsprozesses und leben als Seele der Welt durch jede Erfahrung. Sobald wir mit der Weltseele eins werden, nicht nur konzeptuell, sondern auch auf verkörperte, beseelte und auf Erfahrung basierende Art und Weise, werden wir zum Universum selbst. Unsere Seele, die aus der gleichen, universellen Struktur besteht, wird lebendig und erweitert ihr Bewusstsein und ihre Verbindung mit allen Aspekten des Kosmos. Während die Seele sich in alle Richtungen ausdehnt und durch ihr Bewusstsein in allen Dimensionen wohnt und die ganze Zeit mit ihrer bewussten, menschlichen Präsenz verbunden bleibt, tritt sie in die Gesellschaft der großen Yogis, Mystiker und Lamas ein, um in die Ewigkeit Einzug zu halten.

Das beseelte Realitätsmodell drückt keineswegs die ganze Wahrheit über die Existenz aus. Bestimmte Dinge können letztlich nur erlebt werden. Aber es sind meine eigenen Erfahrungen, ein Modell, das sich durch die Kosmologie meiner Seele erhebt, durch die Verseelungsreise einer wilden Mystikerin, die sich mit Freude ihr eigenes Modell der Realität vorstellt, das sich noch immer im Entstehungsprozess befindet.

Teil VI

ENSOULMENT-ÜBUNGEN

KAPITEL 28

DIE AKTIVIERUNG DER VERSEELUNG

*E*nsoulment kann als ein konzeptueller Prozess verstanden werden. Du kannst es als eine Kombination aus Gefühlen, Empfindungen, Wahrnehmung oder auch als einen gewöhnlichen Vorgang in deinem Inneren erleben. Die direkte und unmittelbare Erfahrung der Verseelung durch verschiedene Dimensionen hindurch, die in dir durch unterschiedliche Formen der Auseinandersetzung aktiviert werden, kann sehr tiefgreifend sein. Je mehr Aspekte du durch die Teilnahme und die damit verbundene Auseinandersetzung innerhalb verschiedener Dimensionen deines Lebens aktivierst, desto stärker, tiefer und nachhaltiger spürst du deine Verwandlung während der Verseelung.

Während ich meinen eigenen Verseelungsprozess durchlief, wurde mir bewusst, dass manche Aktivitäten, Bücher, Filme, soziale Experimente, Erfahrungsaustausch mit anderen und Veranstaltungen einen großen Einfluss darauf hatten, wie ich mein Leben wahrnahm, kommunizierte, reagierte und erlebte. Es ist wichtig, dir immer wieder in Erinnerung zu rufen, dass die meisten Aspekte der Verseelung und der Offenbarungen in deinem Unterbewusstsein schlummern. Um sie zum Leben zu erwecken, musst du ein bisschen in deinem „inneren Topf" rühren. Du kommunizierst, stimulierst und setzt dich damit auseinander, um zu sehen, was dabei herauskommt und welche Bedeutung du diesen Ergebnissen beimisst.

Meine persönliche Aktivierung der Verseelung erfuhr ich aufgrund zweier, wichtiger Dimensionen: durch beseelte Prozesse in meiner persönlichen und zwischenmenschlichen Umgebung oder auch innerhalb größerer Gruppen sowie durch innere Reflexion entlang der Grenzen des jeweiligen Meditationsbereichs.

Durch Aktivierung reagierst du auf Veränderungen, auf Schwingungen, die durch dein seelisches Feld gesendet werden und es dir ermöglichen, deine wahre Persönlichkeit zu offenbaren. Ohne Veränderungen des Seelenfeldes könnten Elemente deiner selbst weiterhin für lange Zeit in dir schlummern. Sobald die Dimensionen deiner Seele in dir pulsieren und als Antwort auf deine Fragen und deiner bewussten Auseinandersetzung widerhallen, wird die Schönheit und Vollkommenheit deiner Seele zum Leben erweckt.

Folgende kreative, meditative wie auch zwischenmenschliche Aktivitäten können dir helfen, deine Verseelung zu aktivieren. Schau in dich hinein, womit beschäftigst du dich gern und welche Aktivitäten begeistern deine Seele. Bedenke, dass deine Aktivierung wahrscheinlich anders verlaufen wird als meine bzw. die anderer um dich herum.

- Schamanische Reisen
- Singen und Trommeln
- Tanzen und bewusste Körperbewegung innerhalb einer Gruppe
- Tagebuch schreiben, Gedichte verfassen
- Geführte Visualisierung
- Bewusste Gespräche
- Seelenkommunikation – verfasse ein Gedicht für deine Seele, nimm es auf, lies es laut vor und singe es
- Trete in Dialog mit deinem femininen Aspekt – schreibe ein Gedicht an deine Weiblichkeit, führe ein Gespräch mit ihr, um ihre wahre Persönlichkeit in dir herauszufinden.
- Traumdeutung
- Denke an Filme, die dir sehr gefallen haben

- Veranstaltungen, bei denen mehrere Sinne aktiviert werden (Tast-, Geschmack-, Geruchsinn, auf visueller, geistiger und emotionaler Ebene - ich habe dies bei verschiedenen Treffen zu sinnlichen und positiven Berührungen erlebt)

- Beschäftige dich mit Kunst, Malerei, Bildhauerei oder Gesang

- Kollektive Befragung in einem sicheren, geschlossenen Raum, wie in der Familienaufstellung

- Kombiniere mehrere Medien – zeichne, erzähle eine Geschichte, singe und bewege deinen Körper als Reaktion auf deine Kunst

- Verbringe Zeit in der Stille der Natur, vielleicht immer mal einen ganzen Tag

- Authentisches Kreisen [Anm. d. Üb.: Chakra heiß übersetzt „Rad" oder „Kreisen"] (http://www.circlinginstitute.com/circling/what-is-circling)

KAPITEL 29

ENSOULMENT – 70 MEDITATIONEN

Die nachfolgenden Fragen können hilfreich für die Aktivierung deiner Verseelung sein. Sie sollten bei Meditationen und Diskussionen, beim Tagebuchschreiben/Aufzeichnen oder bei anderen Formen kreativer Reflexion eingebunden bzw. in den Vordergrund gestellt werden:

1) Wer ist deine Seele, mit wem ist sie verbunden?

2) Wer bist du und wer ist deine Seele? Was ist der Unterschied zwischen euch, und wie steht ihr zueinander in Beziehung?

3) Wer und was ermutigt deine Seele zu Erblühen? Was bringt sie zum Verwelken? Was bestärkt deine Seele und welche seelenvollen Methoden ermutigen sie zur Entfaltung?

4) Was ist deine ganz eigene Seelenkosmologie?

5) Wie sieht dein persönlicher Verseelungsprozess aus?

6) Was sind die Formen, Farben und Strukturen deiner Seele?

7) Mit welchen Archetypen fühlt sich deine Seele verbunden und wie beeinflussen diese ihre Entfaltung?

Ensoulment (Efg) in sieben Chakren

Der Zweck der Verseelung des Menschen: (1) Eigenschaften entwickeln (2) Verletzungen heilen (3) Begabungen teilen (4) neue Grenzen setzen
(1) Jedes (Efg) Teilchen der Erfahrung beeinflusst und ist beeinflusst durch alle 5 Dimensionen
(2) Jede (Efg) befindet sich permanent in einer Phase der Verseelung (1-5)
(3) Jede (Efg) windet sich durch das Gefüge der Realität, energetisiert es und ist damit verwoben.
(4) Jede (Efg) bringt unmittelbar weitere (-Efg) mit verschiedenen Ausrichtungen hervor

Wissen ⑦
Wahrnehmung ⑥
(Efg)
(Efg)
Ausdruck ⑤
Herz ④
Kraft ③
(Efg)
Emotional ②
(Efg)
Physisch ①

(Efg)

Persönlich
Unbekannte Fünfte
④
②
① Beziehungsorientiert
③
Kosmisch
Gemeinschaftlich
⑤

① Erwachen
② Seelenlosigkeit
③ Alchemie
④ Ensoulment
⑤ Weltseele

Copyright © Natalie Zeituny 2016-2018

8) Was ist dein Seelenabdruck (wie ein Fingerabdruck)? Hat deine Seele eine primäre mathematisch-geometrisch-sinnliche Formel, die deine einzigartige Art des Seins repräsentiert?

9) Worauf beruht die Beziehung zwischen deinem Körper und deiner Seele?

10) Wer sind deine Seelenpartner? Welche Seelenvereinbarungen habt ihr getroffen, um die Entwicklung gegenseitig zu unterstützen?

11) Was ist die Sprache deiner Seele?

12) Wie ist deine Beziehung zum Kosmos?

13) Seelenräume sind Orte, an denen deine Seele lebendig wird. Sie erlauben der Seele einen größeren Bewegungsspielraum in verschiedenen Dimensionen. Was sind deine Seelenräume? Was sind die Orte, Menschen oder Erfahrungen, die deiner Seele erlauben, weicher zu werden, sich zu öffnen, zu verbinden, auszudrücken, sich den Künsten zu widmen und sich wohl zu fühlen?

14) Kannst du dich an seelenvolle Begegnungen (Begegnungen, die deine Seele zum Leben erwecken) erinnern?

15) Wie entstehen (a) Erfahrungen, (b) Erkenntnisse und (c) Visionen in deinem Bewusstsein?

16) Was sind die primären Archetypen deiner Seele (z. B. der Moderne Mystiker, die Wilde Frau)? Wie ist deine Beziehung zu ihnen? Begebe dich mit ihnen in einen Dialog!

17) Wie spürst du den Unterschied zwischen deinem Alltagsleben und deiner seelischen Essenz?

18) Was sind die wichtigsten Ereignisse, die dir in deinem Leben passiert sind? Was hat sie bedeutungsvoll gemacht und wie haben sie sich auf dich ausgewirkt?

19) Was ist der Unterschied zwischen der Reise der Heldin und der Reise des Helden in deiner Seele (die weiblichen und männlichen Aspekte der Reise deiner Seele)?

20) Was und wer bringt dich direkt in das Zentrum deiner Seele? Welche Eigenschaften haben diese und wie wirken sie sich auf dich aus?

21) Was hemmt die Entwicklung deiner Seele? Was sind sozusagen deine Programmierungen, Gewohnheiten, Ängste, Blockaden, Vorgeschichten, stumpfe Mechanismen in der Gesellschaft?

22) Wie unterstützen innere Zärtlichkeit, Freundlichkeit und Sanftheit die Evolution deiner Seele?

23) Was ist deine Seelenkosmologie, diese ständige Erweiterung deiner inneren und äußeren Weltanschauung, das Metadatenverständnis von bedeutsamen Erfahrungen, die aufgezeichnet worden sind? Welche primären Kosmologien hast du dir im Laufe deines Lebens angeeignet und warum?

24) Wie erlebt deine Seele den Augenblick?

25) Was ist der dunkle Keller deiner Psyche? Wo befindet er sich? Wie fühlt er sich an und was teilt er dir mit?

26) Wie und warum hast du deinen Geburtsort, deine Nation, deine ethnische Zugehörigkeit und deinen Körper gewählt? Wie dienen diese Entscheidungen deiner Seele?

27) Worin bzw. in wen oder was neigst du, dich zu verlieben? Wie wirken sich diese Liebesaffären auf deine Seele aus? Was hast du gelernt, erlebt und woran bist du gewachsen?

28) Mit wem oder was bist du sehr vertraut? Was zeichnet eine intime Erfahrung aus?

29) Geh vor die Tür und sage, was dir auffällt? Ist es der feste Boden unter deinen Füßen, vielleicht eine Brise, die dein Gesicht umschmeichelt oder eine Ameise auf dem Gehweg? Hör auf ihre Essenz, kannst du ihre Seele wahrnehmen?

30) Warum ist Intimität so wichtig für die Verseelung?

Seelenlosigkeit

31) In welchen Situationen hast du bemerkt, dass du dich selbst nicht mehr spüren kannst? Wer warst du, wenn nicht du selbst?

32) Was passiert, wenn ein Teil deiner Seele „abtaucht"? Wie gehst du damit um?

33) Was sind die Bereiche deines Lebens, in denen du dich seelenlos fühlst?

34) Was sind deine verborgenen, weiblichen Stimmen?

35) Was sind deine ängstlichen, chaotischen, kindlichen, ungezähmten und „negativen", emotionalen Reaktionen bezüglich der Unterdrückung deiner Seele? („Negative" Emotionen sind die energetische Reaktion auf den Verlust der Seele).

36) Wenn eine Seele immer wieder verletzt wird, führt dies häufig zu Seelenlosigkeit. Wodurch wurde deine Seele von dir selbst und wie wurde sie durch andere verletzt?

37) Wie hast du den Seelenverlust empfunden, die gebrochene Seele bzw. die Verflechtung deiner Seele mit deiner Alltagsprogrammierung?

38) Was bedeutet für dich Dunkelheit?

39) Woran bist du zerbrochen, wobei unterdrückt, verwundet, abgelehnt, verleugnet worden und was unterbrach deine Liebe zu dir selbst?

40) Was sind die schändlichsten und schuldbeladensten verborgenen Orte in dir? Kannst du ihnen durch eine zärtliche Aktion oder durch eine liebevolle Zeremonie eine Existenz einräumen? (Alle Aspekte deiner Seele möchten gesehen, gefühlt, anerkannt und akzeptiert werden, damit deine Seele vollständig erblühen kann).

41) Welche Stellen in dir sind verwundet (körperlich, geistig, emotional, spirituell) und fressen deine gesamte Lebenskraft und -energie auf?

42) Die dunkle Essenz benutzt seelenlose Gefäße, um die eigene Lebensenergie der Dunkelheit zu erzeugen. Hattest du jemals das Gefühl,

dass dich jemand oder etwas von „außen" benutzt hat (Drogen, Alkohol, Menschen, Schänder)?

Alchemie

43) Denke an ein signifikantes Erlebnis, dass sich vor kurzem ereignete. Was machte diese Erfahrung bedeutungsvoll?

44) Denke an einen Traum und schenke allen Einzelheiten darin Beachtung. Welche Elemente gibt es und was lehrt es dich über deine Seele? Träume sind Besuche aus unserem Unterbewusstsein, unserer Psyche und einer möglichen Zukunft.

45) Wonach sehnt sich deine Seele? Bedenke, inwiefern unerfüllte Wünsche den Lernprozess deiner Seele während der Alchemie erweitern.

46) Wie interagiert deine Psyche mit der Materie? Beobachte in den nächsten Tagen, wie deine Gedanken, Gefühle und Impulse deine physische Realität beeinflussen.

47) Erinnerst du dich daran, wie du dich in der Vergangenheit selbst heilen konntest, sowohl körperlich als auch emotional?

Ensoulment

48) Welche Bereiche in deinem Leben sind beseelt, d. h. wo kannst du gerade einen authentischen Abdruck deiner Seele spüren? Welche Bereiche sind noch nicht beseelt? Wo ist deine Seele nicht präsent?

49) Wie fühlt sich die Abwesenheit bzw. die Präsenz deiner Seele generell an?

50) Wenn sich deine Seele in deinem Leben besser widerspiegeln würde, wie würde dein Leben aussehen? Wie würde es sich anfühlen? Was würdest du im täglichen Leben anders machen?

51) Wann warst du in deinem Leben ganz in Frieden mit dir selbst, ganz im Hier und Jetzt und einem Gefühl vollkommener Glückseligkeit?

52) Wie drückt sich deine Seele gerne im physisch-menschlichen Bereich aus? Möchte sie gerne kochen, musizieren, surfen, im Garten arbeiten, Kinder aufziehen, Arzt werden, Computercodes schreiben?

53) Wie stehst du zum Thema Zeit? Betrachtest du Zeit als fließend, veränderlich und nicht-linear?

54) In einem Ensoulment-Workshop, den ich kürzlich in Jerusalem durchführte, fragte ich die Teilnehmer, mit welchen Worten sie ihre Seele beschreiben würden. Dies waren einige ihrer Antworten: türkis, mitfühlend, berührend, stürmisch, neugierig, unschuldig, frei, Musik, leer, wild, Lust, suchend, wissbegierig, weich, gebend, sanft, farbig, lernend, Wellen, pure Freude, unendlich, Ozean, Lichtströme, Einheit, Sehnsucht, Wahrheit, Feste, Liebe, Verbundenheit, weiß und Freiheit. Gehst du mit einigen dieser Worte in Resonanz? Wie würdest du deine Seele beschreiben?

55) Was sind deine Sehnsüchte und Impulse? Unterscheide zwischen den Arten der Sehnsüchte und der Quelle deines Verlangens. Entsteht dein Begehren durch einen wahren Impuls? Kennst du den Ursprung? Ist es eine persönliche Programmierung oder eine Gewohnheit? Entstehen deine Wünsche und Impulse aus deinen familiären, kulturellen oder kollektiven Programmierungen?

56) Wie bringt deine Seele ihren sinnlich-erotischen Körper zum Ausdruck und wie spürt sie ihn?

57) Wie stehst du zu deinem weiblichen Aspekt?

58) Welches ist das Geschlecht deiner Seele? Wo befindest du dich auf dem Geschlechtskontinuum? Welchen Einfluss haben gesellschaftliche Normen, Kultur und Medien auf deine geschlechtliche Identität?

59) Wie haben fünftausend Jahre einer männlich dominierten spirituellen, physischen und mentalen Struktur der Realität Einfluss darauf, wer du heute bist?

60) Welches Trauma hast du in deinem Leben erlebt? Welche Auswirkungen hat deine Traumaheilung gehabt?

61) Erstelle eine Liste mit deinen Ängsten. Wie würde dein seelisches Leben aussehen, wenn du davon befreit wärst?

62) In welcher Beziehung stehst du zu deiner maskulinen Essenz? In welchen Bereichen bist du ein Junge, Mann, König, Krieger, Magier oder Liebhaber? (Während der Verseelung verschiebt sich das Gleichgewicht vom unreifen Mann hin zur Wiederentdeckung der Archetypen eines reifen Maskulinum).

63) Kannst du dir das gesamte Universum als einen großen Körper vorstellen? Nutze deine Körper-/Seelenempfindung, um zu fühlen, wie sich das Universum durch dich ausdehnt.

64) Was sind die einzigartigen Eigenschaften, die du spürbar in früheren Leben erworben hast (Seelen-DNA)?

65) Welche Menschen, Aktivitäten, Schriften oder Orte bewegen dich? Was begeistert dich (Anziehung)? Was findest du abschreckend (Aversion)?

66) Wähle einen Körperteil aus, auf den du dich konzentrieren möchtest (Körperteile sind Symbole der Seele). Was stellt dieser Teil oder dieses Organ für dich dar? Was geschieht in diesem Bereich? Welche Geschichte würde dieser Bereich erzählen wollen? Wodurch würde es sich besser fühlen?

67) Wer ist die Weltseele? Wie ist deine Beziehung zu ihr?

68) Stell dir vor, du liebst die Weltseele: du atmest sie ein und sie kann durch dich atmen.

69) Erschaffe ein Realitätsmodell, bestimme die Elemente, ihre Beziehung untereinander und den Prozess, den sie bis heute durchlaufen haben. Was passiert in dieser Geschichte? Male eine Geschichte durch dein Modell. Welche Geometrie und Erkenntnisse gewinnst du anhand deines Modells? Wie entfaltet sich dein Universum?

70) Kennst du das Betriebssystem (BS) deiner Seele? Wie wird das BS deiner Seele aktualisiert?

Verseelungsmodell
Erfahrungspartikel der Weltseele (WS) jetzt erfahren

WS jetzt erfahren

Sobald wir jeden einzelnen „Erfahrungspartikel"
vergrößern, stellen wir fest, wie sich
jedes Erlebnis kontinuierlich auf die 24
Elemente des Verseelungsmodells auswirkt
und von ihnen beeinflusst wird.

Copyright © Natalie Zeituny 2016-2018

Verseelungsmodell

Die grundlegenden Annahmen des Verseelungsmodells beruhen darauf, dass die Welt eine Seele besitzt und diese Weltseele (WS) aus Erfahrungspartikeln (Efg) hervorgeht, die sich im andauernden Wechsel zwischen ihrer Entstehung und ihrem Verschwinden in fünf Bereichen der Realität befinden.

WS jetzt erfahren

Erfahrungspartikel der Weltseele jetzt erfahren, wie sie durch fünf Bereiche der Realität in Erscheinung treten (1) Urgrund (2) Wesentlichkeit (3) Beseeltheit (4) Form – Hülle (5) Erlebnis

Copyright © Natalie Zeituny 2016-2018

FAZIT

In diesem Buch geht es um die Entwicklung der Seele, jenes mit Erfahrungen und Lebenskraft belebten Essenz-Feld-Schwingungs-Teilchens, welches durch ferne Urwelten reist und in unserem unmittelbaren Hier und Jetzt stets präsent ist. Sobald wir uns für unsere eigene Seele öffnen, offenbart sich uns die menschliche Kollektivseele, die Erdseele sowie die Weltseele. Während wir unsere Verbindung zu unserer Seele vertiefen, lernen wir ihre Absichten kennen und wie sie Realitäten erschafft und „verdaut". Wir erkennen, wie sich die Evolution des gesamten Kosmos für die Seele, mit der Seele und durch die Seele vollzieht.

Wir haben einen Blick darauf geworfen, wie sich die Weltseele durch kleinste Erfahrungspartikel entwickelt, die durch alle Gefäße der Seele, in allen Dimensionen und Realitäten erzeugt werden, und wie deren gesamte Erfahrungsintelligenz in das Urfeld zurückgeführt wird, um in kreativem und endlos spielerischem Werden wieder aufzusteigen. Wir leben in der Gegenwart mit einer beseelten Sichtweise auf unsere Erfahrungen. So wie jede Lebensform eine Art Lebenszyklus durchläuft, so entwickelt sich die Seele durch den Prozess der Verseelung. Kurz bevor die Seele in ihrem alchemistischen Zustand auf den Höhepunkt ihres Ensoulment-Zyklus gelangt, lebt sie sowohl in ihrem gegenwärtigen als auch in ihrem möglichen, zukünftigen Zustand.

Während sich die Seele transformiert, trägt sie den Schlüssel zu neuen Realitäten in sich. Sobald sie zu ihrer neuen Version wird, lernt sie, wie sie in diese Realitäten eintritt und ihr gesamtes kreatives, archetypisches Selbst ausdrücken kann. Sie erkennt die Beziehung zwischen Schwingungsklängen und wie sich Materie und Realität um diese herum organisieren. Sobald die Verseelung beginnt und neue Realitätsmodelle entstehen, erreicht die Seele zusammen mit der Weltseele ein dynamisches Ruhefeld, wo es nichts zu tun gibt, keine Ziele angestrebt werden und jeder einzelne Augenblick erfüllt ist.

Wir haben erfahren, dass die Seele keinem linearen, eindimensionalen Weg der Entwicklung folgt, sondern aus einer Ansammlung von Eigenschaften besteht, die sich in ihrer eigenen Zeit und auf ihrem eigenen Weg entwickeln – innere Eigenschaften, voneinander abhängige Eigenschaften und kollektive sowie kosmische Eigenschaften, die sich gemeinsam entwickeln.

In einem kürzlich von mir moderierten Ensoulment-Workshop wurde ich gefragt, wie sich jede Phase der Verseelung anfühlt und was man tun kann, um den Prozess der Verseelung zu unterstützen. Da wir uns nun gemeinsam dem Ende dieser speziellen Seelenreise nähern und ihr eure eigenen, großartigen Verseelungsabenteuer unternehmen werdet, möchte ich euch einige praktische Tipps mit auf den Weg geben – für das Erwachen unserer Seele, für das Hinabgleiten in die Seelenlosigkeit, für das Köcheln in der Alchemie – um die Verseelung umzusetzen und das Aufblühen zusammen mit der Seele der Welt zu erleben.

1. DAS ERWACHEN

Das Phänomen des Erwachens ist kein Prozess oder eine Entwicklungsphase. Es ist vielmehr ein Ereignis, und manchmal eine Reihe von zusammenhängenden Erlebnissen, die die Begegnung mit deiner Seele hervorrufen oder dir deine Seelenlosigkeit vor Augen führen. Nach dem Erwachen bemerkst du Risse und Brüche in deinem jetzigen Leben, in deiner Wahrnehmung deines Selbst, Sinn und Zweck deiner Stellung in dieser Welt als Ganzes. Du hinterfragst den Status quo deines Lebens auf grundlegendster Ebene. Du hast bisher weder Antworten noch eine Richtung; dein momentanes Leben fühlt sich einfach so an, als ob es nicht mehr passt. Das alte Leben und die alte Identität werden so unbequem wie ein Paar Schuhe, die zu klein geworden sind. Du musst die Schuhe einfach ausziehen und barfuß in der Wüste deines noch zu erschaffenden, neuen Lebens loslaufen.

Dieser Prozess des Erwachens geschieht von selbst und bietet dir die Möglichkeit eines neuen Lebens. Es gibt keine mir bekannten Praktiken, die dieses Erwachen in der Seele auslösen oder unterstützen können. Sobald der Weckruf geschieht, gibt es einen Abrutsch in die Seelenlosigkeit, wo der ganze „Spaß" beginnt.

2. DIE SEELENLOSIGKEIT

In der Seelenlosigkeit besteht die eigentliche Übung darin, dich auf dein Ziel zu konzentrieren. Wenn du hinabsinkst, so beängstigend es auch ist, zieh dein ganzes Feld mit hinunter. Wenn du aufsteigst, erhebe dich. Bist du in Trauer, weine dir die buchstäblich die Seele aus dem Leib. Spürst du Angst, zittere wie Espenlaub. Wenn du dich verloren und leer fühlst, ergehe in Selbstmitleid und Hoffnungslosigkeit. Wir machen uns auf den Weg und atmen währenddessen alles tief in uns ein.

Die Seelenlosigkeit ist die Hölle. Da gibt es nichts schön zu reden, denn die Seelenlosigkeit kann teilweise sehr schmerzhaft sein. Deine bisherigen Lebensansichten beginnen sich aufzulösen. Sogar während ich diese Worte schreibe, verspüre ich diesen dramatischen Effekt, den die Seelenlosigkeit auf mein Schreiben ausübt – „in der Hölle schmoren... Öl ins Feuer gießen" – aber so ist es und Drama steht tatsächlich für den Klang der Seelenlosigkeit. Die Herausforderung besteht darin, die Augen weit zu öffnen, alles bewusst wahrzunehmen und während dieses Dramas ruhig zu atmen, anstatt zu sagen: „Ach ja, auch das wird vorübergehen" oder „Ach ja, es gibt Schlimmeres auf dieser Welt", denn all das sind Vermeidungstaktiken. Während der Seelenlosigkeit bewegst du dich genau auf das Herz des Schmerzes zu, atmest ihn ein und hältst inne, bis er sich auflöst.

Sobald du hinabgleitest eröffnet sich dir eine neue Sichtweise – das Auge des Betrachters. Es öffnet sich einen Augenblick lang und schließt sich wieder und du wirst wieder in die Unterwelt gefegt. Falle nicht dem pharmakologisch-medizinischen Schubladendenken und Diagnosen wie manisch-depressiv (bipolar) oder selbstmordgefährdet oder diesem und jenem Syndrom zum Opfer. Dieses Schubladendenken legt eine Erkrankung fest und dir wird vorübergehend eine chemischer Cocktail verabreicht, um zu verhindern, dass du nicht genau spürst, was du wahrnehmen müsstest.

Begebe dich in die Seelenlosigkeit, lasse dich fallen und verweile dort. Atme weiter, bis die Stürme vorbei sind. Der Sturm hinterlässt nicht unbedingt nur Gutes, aber er ist gut für die Seele. Seine Wirkung ist reinigend und demütigend. Doch du fängst an zu glauben, dass du jeden Sturm überstehen und jeden Berg besteigen kannst und deine Seele dabei unverletzt bleibt.

3. DIE ALCHEMIE

Während des alchemistischen Prozesses köchelt deine Seele in den Fahrwassern wie „Eintopf". In der Alchemie geschehen zwei Dinge: schmelzen lassen, was schmelzen will, und aufsteigen mit dem, was sich erheben will. Sobald du die Seelenlosigkeit überstanden hast, weißt du ziemlich genau, was dir gut tut und was nicht. Wie Wellen wird die Seelenlosigkeit auf deine Ufer treffen. Nur dieses Mal weißt du, wie du diesen Sturm gut überstehst. Der hohe Meeresspiegel kann dich nicht erschrecken, denn du weißt, dass gleich ein perfekter, sonniger Tag bevorsteht, und du hälst dein Gesicht hin, um die Wärme zu empfangen und dein Herz zu nähren.

In dieser Phase übst du, empfänglich zu sein und dich mit der Strömumg treiben zu lassen. Sich mitreißen zu lassen ist eine Kunst, für die ich Jahre gebraucht habe, um sie zu verkörpern, da ich einen starken Willen, einen klugen Verstand sowie ein großes Verlangen habe und bestimmte Lebensmuster besitze. Das ist unsere Herausforderung während der Alchemie: in der unbändigen Hitze zu köcheln und unser Werden dem Chefkoch, dem Universum, zu überlassen.

Ich empfand ekstatischen Tanz als eine Art alchemistischen Lehrer, der mir das Zuhören beibrachte, nicht nur mit meinen Ohren, sondern mit meinem Körper; nicht nur mit meinem Inneren, sondern auch mit meinem Äußeren. Wir schließen uns dem kollektiven Tanzfeld an und schwingen unsere Körper im Takt auf die Tanzfläche.

In der Alchemie bist du mit allen auf dich einwirkenden Kräften im Einklang und reagierst auf sie. Meiner Erfahrung nach, weiß das Universum genau, wie viel Hitze, Salz und Pfeffer unser Seelengericht benötigt. Sobald du das Köcheln überstanden hast, wirst du erkennen, wie du die alchemistische Phase beenden und zur Verseelung übergehen kannst. Das geschieht mit dir und für dich auf eine ganz natürliche und organische Art und Weise.

Mir ist aufgefallen, dass manche sich als Opfer ihres seelenlosen alchemistischen Prozesses ausgeben und keine innere Kraft mehr haben, um in die Seelenheilung zu gelangen. Ich bin sehr mitfühlend und dennoch streng mit solchen Klient*innen und ermuntere sie zu ihrem eigenen Erblühen während der Verseelung.

4. ENSOULMENT – DIE VERSEELUNG

Ensoulment besteht darin, mutig und frei, nach und nach, deine neu aufkeimende, seelenvolle Identität zu erforschen und zum Ausdruck zu bringen. Auch wenn du nicht weißt, was du machen sollst, höre einfach auf dein Bauchgefühl und folge dem, was sich „richtig anfühlt". Dein inneres, intuitives Wissen wird dich dabei unterstützen, wen du triffst, wo du zu Besuch bist und wann du anrufen solltest.

Das Kennenlernen deiner entstehenden, seelenvollen Identität ist ähnlich wie das Kennenlernen einer neuen Liebe oder eines neuen Freundes – schrittweise Annäherung durch kleine Aufmerksamkeiten, Freundlichkeit, Neugier und Offenheit. Eine Möglichkeit, deine Seele kennenzulernen, wäre z. B. die Entwicklung einer täglichen Meditation aufzuzeichnen.

Sobald du an der Schwelle zur Verseelung angekommen bist, ist deine neue Identität in deinem Unterbewusstsein bereits entstanden, muss sich aber noch in deiner physischen Realität materialisieren bzw. ausdrücken. Es gibt viele Möglichkeiten, das Unbewusste mit dem Bewussten und die beseelte Essenz mit der „Hülle" zu verbinden. Meditation, freies Schreiben, Tanzen, Gespräche mit Freunden, Seelensuche und Spaziergänge in der Natur, Therapie und Zeremonien – all das wirkt als wunderbares Verbindungsglied zwischen dem Bewussten und dem Unbewussten.

Mitten in meiner Verseelung wurde mir zum Beispiel klar, dass ich nicht mehr nur eine Geschäftsfrau, sondern auch eine Heilerin, Lehrerin und Forscherin des Bewusstseins und der Seele bin. Diese neue Identität war nur eine Idee, die sich wahr anfühlte, aber erst dann verkörpert wurde, als ich anfing, erste Schritte zu unternehmen, an Workshops teilnahm und Kurse besuchte, wo ich lernte, mich mit meinem emotionalen Gefühlskörper und meiner Seele zu verbinden.

Was auch immer anziehend und interessant auf dich wirkt, ist ein guter Wegweiser für deine nächste seelenvolle Erkundung. Ich habe vorhin das Wort „Mut" benutzt, da ich mich oft wie ein schüchternes, kleines Kind fühlte, das sich am liebsten hinter seiner Mutter verstecken wollte. Ich traute mich nicht darüber zu reden, dass ich mich mit der Seele beschäftige und alles dazu lerne, über Heilung, über das Ausdrücken von Emotionen und über meine Beziehungs- bzw. Bindungsmuster.

Es war so untypisch für meine damalige Lebensweise als Führungskraft sowie für meine Kolleg*innen, dass ich buchstäblich leiser sprach oder andere

Worte verwendete. Statt „Bewusstsein" sprach ich von „Selbstentfaltung". Statt „heilende Seherin" bezog ich mich auf „Energiemedizin". Es war mir unangenehm und ich dachte darüber nach, wie die Leute wohl darüber denken würden.

Daher sind folgende Schritte für die Verseelung wichtig: (1) entwickle eine Beziehung zu deiner Seele, (2) sei mutig, übe es immer wieder, (3) lasse es zu, unangenehme Erfahrungen zu erleben und (4) finde Wege, deine Ideen und Wünsche auszudrücken, indem du deinen intuitiven Eingebungen folgst.

5. DIE WELTSEELE

Eins zu sein mit der Seele der Welt ist ein aktiver Zustand weitläufiger Offenheit und Akzeptanz fast allem gegenüber, was in deiner inneren und äußeren Realität vorkommt – gehe mit jedem Atemzug mit, genieße einfach das Gefühl warmen Wassers auf deiner Haut, erfreue dich heute über das Firmament und gestern über die Erde an sich, nimm Freunde und Familie so an, wie sie sind und lasse dich vor allem ganz auf dich selbst, deine Erlebnisse und deinen Weg ein.

Die Übungen in der Phase der Weltseele beinhalten das sich Öffnen, Entspannen und bewusste Erleben all deiner Erfahrungen. Im Leben zu entspannen und alles zu lieben, was mit der Realität und in ihren Ländern zusammenhängt. In dieser Phase wächst du, deine Fähigkeit zuzuhören verbessert sich und du entdeckst dich dabei, wie du zusammen mit der Weltseele diese auch erschaffst. Diese Wechselbeziehung wird im Leben so präzise, dass *du und die Welt* euch fließend gegenseitig reflektiert. Eigentlich gibt es kein du und die Welt. Es gibt nur ein großes, zeitloses Hier und Jetzt, das durch all deine Erfahrungen fließt. Du heißt sie alle willkommen, umarmst und lebst jeden Moment, als ob du bereits angekommen wärst und in deinem Leben baden würdest – in deinem Leben!

Während Ensoulment bewegst du dich durch jede dieser Phasen spiralförmig hindurch und deine einzigartigen Praktiken werden auf ganz natürliche Art in Erscheinung treten, sobald du auf den Moment reagierst. Die Beseelung, wenn einmal gefühlt, gesehen und erkannt, ist das Tor zum Himmel – zu deinem persönlichen Himmel.

Ich hoffe, dass du beim Lesen dieses Buches, der 528-Geschichte und des Modell der beseelten Realität, begonnen hast, deine eigenen Wege zu erkennen und zu beschreiben, um dich mit deiner Seele zu verbinden und dir eine Welt vorzustellen, in der du leben möchtest. Deine persönliche Kosmologie und dein einzigartiger Blick auf die Realität haben deine brillanten Erkenntnisse hervorgebracht.

Deine Seele zu offenbaren bedeutet, dass all deine Sinne klar und lebendig sind, im Bewusstsein wie im Unterbewusstsein. Jede Zelle deines Körpers und jeder Augenblick einer Erfahrung ist nach Eintritt deiner Seele von ihr eingenommen, durchströmt, bevölkert und bewohnt. Es ist ein tolles Gefühl, beseelte Menschen zu kennen und unglaublich aufregend, sie zu spüren und mit ihnen auf Reisen zu gehen und gemeinsam die Welt zu erkunden.

Während der Verseelung fangen wir an, unsere eigene Essenzfrequenz, unseren eigenen Klang klar zu erkennen: Wir spüren genau, wenn wir falsch liegen oder wenn die Essenz anderer Menschen um uns herum nicht gut für uns ist. Wir sehen es an den Gesichtern der Menschen, an ihrer Kleidung, an den Worten, die sie wählen, wie sie essen und wie ihre Augenringe ihre Lebenserfahrungen offenbaren.

Zusammen sind wir durch viele Länder, Kulturen, Kosmologien, Geschichten, Fantasien, Ideen und manchmal sogar veränderte, ekstatische Zustände gereist. Allein die Lektüre dieses Buches hat ihren Zauber auf Körper, Seele und Psyche hinterlassen. Wie bei jeder Erfahrung haben Bücher, Worte und Konzepte einen alchemistischen Einfluss auf unser Feld. Sie sind die Medizin und der Katalysator für unsere Lebensprozesse.

Deine Seele ist sensibel, geheimnisvoll und charismatisch. Sie weiß, wie sie mehr sie selbst sein kann, wenn du ihr zuhörst. Sie lernt von Katzen und Hunden, Schnecken und Schildkröten, Ozeanen und Bergen, Büchern und Filmen, Musik und Kunst, Kirchen und Moscheen, Reisen und Abenteuern, Rückschlägen und Erfolgen, Menschen und Robotern, Regierungen und Kulturen – alles erblüht und so kannst du mehr du selbst werden.

Sobald du lernst, die Sprache deiner Seele, deiner Kosmologie, deiner archetypischen Kartographie, deiner Ängste und Sehnsüchte zu entschlüsseln, wirst du deinen eigenen und ganz besonderen Verseelungsprozess durchlaufen. Ich hoffe, dass dieses Buch dich motiviert, eine Verbindung zu deiner eigenen Seele und deiner Kosmologie herzustellen und eine Beziehung zu ihr aufzubauen, denn, oha, die Welt braucht beseelte Menschen. Dieses Buch ist eine Geste der Dankbarkeit an das Universum – eine Verbeugung vor dem Ozean, der um der Wellen willen Wellen erzeugt.

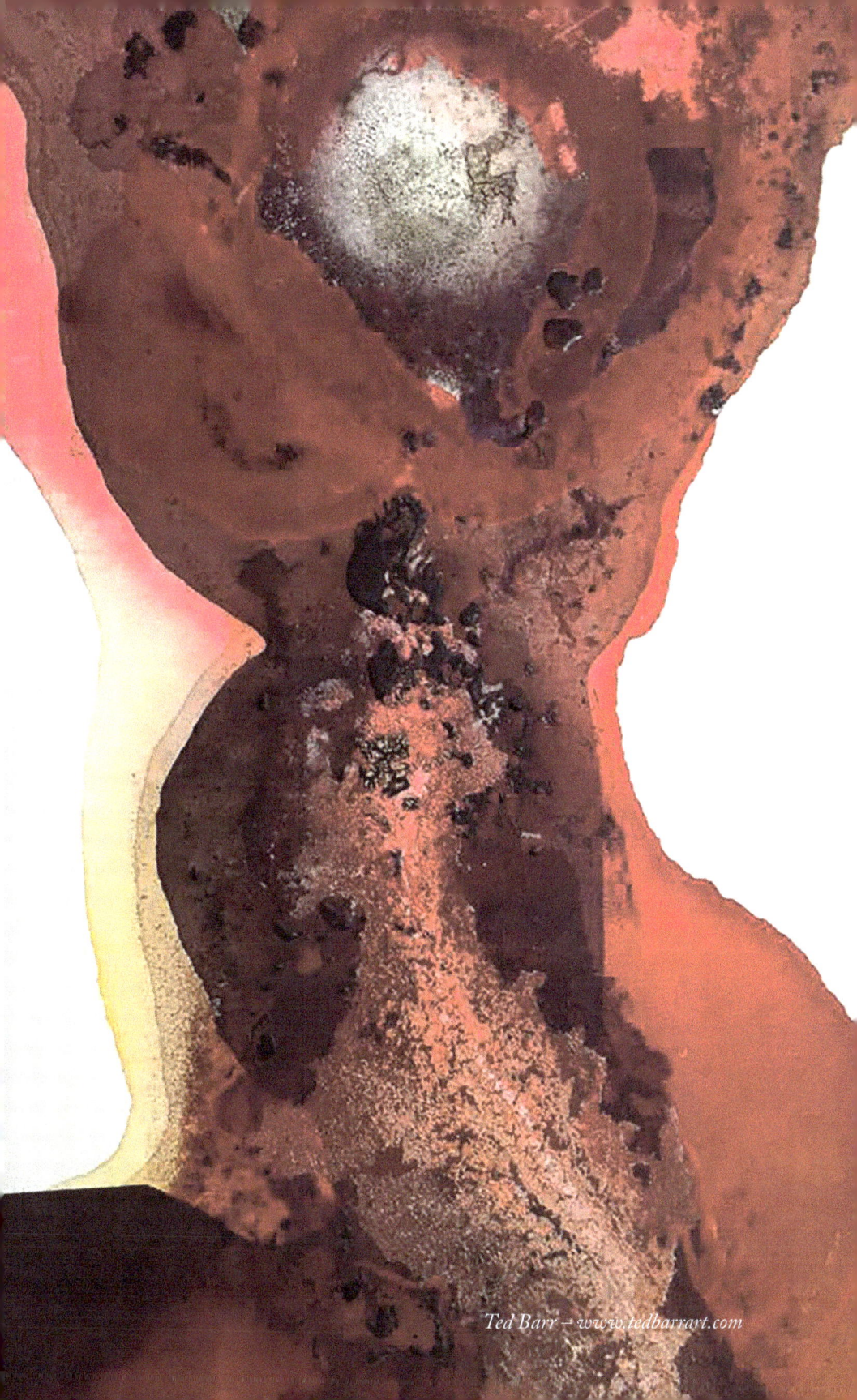

www.ingramcontent.com/pod-product-compliance
Lightning Source LLC
Chambersburg PA
CBHW051544010526
44118CB00022B/2576